Competition Demystified

A Radically Simplified
Approach to Business Strategy

竞争优势

透视企业护城河

（珍藏版）

[美] **布鲁斯·格林沃尔德　贾德·卡恩** ◎著
（Bruce Greenwald）（Judd Kahn）

林安霁　樊帅 ◎译

机械工业出版社
CHINA MACHINE PRESS

图书在版编目（CIP）数据

竞争优势：透视企业护城河：珍藏版 /（美）布鲁斯·格林沃尔德（Bruce Greenwald），（美）贾德·卡恩（Judd Kahn）著；林安霁，樊帅译 . —北京：机械工业出版社，2024.2

书名原文：Competition Demystified: A Radically Simplified Approach to Business Strategy

ISBN 978-7-111-74881-6

Ⅰ. ①竞…　Ⅱ. ①布…　②贾…　③林…　④樊…　Ⅲ. ①企业竞争–研究　Ⅳ. ①F271.3

中国国家版本馆CIP数据核字（2024）第013694号

机械工业出版社（北京市百万庄大街22号　邮政编码100037）
策划编辑：张竞余　　责任编辑：张竞余　　石美华
责任校对：闫玥红　　责任印制：常天培
北京铭成印刷有限公司印刷
2024 年 4 月第 1 版第 1 次印刷
170mm×230mm·21印张·307千字
标准书号：ISBN 978-7-111-74881-6
定价：99.00元

电话服务　　　　　　　　网络服务
客服电话：010-88361066　机 工 官 网：www.cmpbook.com
　　　　　010-88379833　机 工 官 博：weibo.com/cmp1952
　　　　　010-68326294　金 书 网：www.golden-book.com
封底无防伪标均为盗版　　机工教育服务网：www.cmpedu.com

业内赞誉

"布鲁斯，本杰明·格雷厄姆在 20 世纪 20 年代于哥伦比亚大学商学院开创了价值投资之路，随后在 20 世纪 30 年代出版了史诗般的《证券分析》。但他从未想到，多年后你会来到哥伦比亚大学商学院，给成千上万的年轻人上课，帮助他们成为优秀的价值投资者。我遇到过很多人，他们把自己投资的成功归功于你的课程。我在伯克希尔－哈撒韦的两位投资经理中就有一位是你的高徒，托德·库姆斯。我也多次参加过你的课程，每当看到年轻人有机会向你学习投资时，我就倍感高兴！"

——沃伦·巴菲特

伯克希尔－哈撒韦董事长、哥伦比亚大学商学院 1951 届校友

格林沃尔德教授是我在哥伦比亚大学商学院的老师，正是在他的课上，我第一次听到了巴菲特的演讲，从此开启了我的投资事业，对此我万分感激。这本书讨论的核心问题——企业的竞争优势正是企业长期价值里最重要的源泉，值得每一位对商业和投资感兴趣的人认真学习和思考。

——李录

喜马拉雅资本创始人及董事长，美国人文与科学院院士

哥伦比亚大学董事会成员，哥伦比亚学院、法学院、商学院 1996 届校友

与布鲁斯合作，我在各方面都棋逢对手。他拥有一种以全新视角分析事物的能力，从而打破常规，创造出具有极大普遍性和影响力的简洁模型。对我们俩来说，打磨与创造新思想远比加紧写作要有趣得多。

——约瑟夫·斯蒂格利茨

哥伦比亚大学商学院教授、诺贝尔经济学奖获得者

这是一本讲述企业战略的书，其中案例公司的名字中国人耳熟能详，对企业战略有兴趣的中国企业家不妨一读。第一位作者是美国哥伦比亚大学商学院教授，是价值投资学术与实务领域的权威，同时在生产力和信息经济学方面颇负盛名。通过案例研究，作者为企业战略分析提供了一个清晰的分析框架。本书是一本关于如何识别、理解、预测和影响企业外部的市场和竞争者，指导企业建设"护城河"竞争战略的重要指南。

——姜洋

全国政协委员、中国证监会原副主席

2016 年夏季，格林沃尔德教授专程来北大光华讲授"价值投资"课程。他的价值投资理念与本书的战略思维方法相互支撑，是企业管理者和价值投资者的必修课。

——姜国华

北京大学光华管理学院会计学教授、北京大学博雅特聘教授、

教育部长江学者特聘教授、中国证监会第十七届发审委委员

这是一部不朽的著作，对企业竞争优势的分析鞭辟入里，不仅帮助企业家制定更有效的战略计划，而且还指导读者从投资者的角度识别企业是否拥有竞争优势及其来源，并做出相应的正确决策。对于投资人而言，本书不仅能帮助我们理解顶级投资大师决策背后的基本面逻辑，还帮助我们理解过去十年投资行业发生的巨大变化。谨遵格林沃尔德教授的教诲，我受益匪浅——变得更加聪明、幽默和富有。

——马克·库珀

MAC Alpha Capital 首席投资官、哥伦比亚大学商学院 2002 届校友

布鲁斯·格林沃尔德是我在哥大读书时最尊敬的教授。他是哥伦比亚大学价值投资理念的继承者、传播者、放大器。从格雷厄姆与多德的资产负债表价值分析，到巴菲特对拥有经济特许权生意的价值分析，再到布鲁斯的竞争性分析，价值投资的理念随着商业环境的变化，一直在自我进化和发展。布鲁斯在哥大的授课非常强调理论结合实际，大部分课堂时间都邀请行业里著名的价值投资者来分享自己的理念和进行案例分析。他对不同流派价值投资的兼容并蓄，让他对不同竞争环境下商业模式的价值有自己独特的见解。

随着中国的商业从野蛮成长期进入到相对低速增长期，随着国家更加鼓励企业建立良好环境保护、社会责任和优秀治理，商业竞争策略会从简单粗暴的竞争进入到一种更加理性的状态。对商业竞争进行理性预判会成为长期在中国资本市场上获取超额收益的正道。如果你想学习如何分析商业竞争、理解价值投资理念，这是一本我极力推荐的书。

——张小刚

兰溪资本创始人、哥伦比亚大学商学院 2004 届校友

讲企业战略的书有很多，但大都从管理学、经济学等角度出发，从专业价值投资者的视角出发的却不多，本书就是其中令人回味无穷的一本。看完书中的多个经典商业案例，感觉竞争战略与价值投资的理念是相通的：企业战略最难的地方，是如何在中长期的竞争不确定性中建立独特的竞争优势；而价值投资的护城河理论所讨论的本质上是企业是否拥有穿越周期波动、相对确定的壁垒。一理通，百理明。

书中第 5 章关于沃尔玛的案例分析尤为有意思。国内现在各种新零售、新渠道发展迅猛，大家都在比拼不同的商业模式、交付行为，以及各种武装到牙齿的获客手段。但零售行业真正的竞争优势和壁垒在哪里？书中对局部规模经济效益的分析，就提出了这类业态的核心优势所在。书中的案例，越读越爱不释手，希望大家能享受阅读这些案例带来的乐趣！

——刘潇

太古公司中国业务发展总经理、哥伦比亚大学商学院 2011 届校友

10 年前，我怀揣着近乎朝圣的心情走进格林沃尔德教授在哥伦比亚大学商学院的课堂——战略行为经济学，阅读作为课程教材的本书，十几个企业的经典案例引导我们抽丝剥茧般参透了竞争中最核心的要素：进入壁垒（即护城河）。在我之后的投资生涯中，每当发现具有较高进入壁垒行业中的优秀公司，它们所拥有的特质，总能与本书的方法体系产生共鸣。

企业的战略决策往往是经营者基于企业内部情况，由内而外形成的对策。而格林沃尔德教授的这本书站在外部投资者、第三方的客观视角，系统性地提供了对竞争环境分析的工具和方法。不但适用于投资人评估投资标的，对于身处局中的企业管理者，也提供了难得的外部参照视角。

——周知然

中庸资本合伙人、哥伦比亚大学商学院 2011 届校友

在我投资职业生涯的初期，本书如明灯一般指引我，给予我很多启迪与帮助。书里把商业世界的实际运作方式讲透了，并提供了长期创造财富的分析框架——投资于复利增长型企业。

——杰夫·穆勒

波伦资本基金经理、哥伦比亚大学商学院 2013 届校友

长期投资人对于企业有两个关键评估：一是企业是否拥有竞争优势，二是如何合理对其进行估值。本书的经典之处在于通过多个典型案例和独到解读把竞争优势讲透了，成本优势、客户锁定、规模经济效益、政府保护、信息优势和局部市场垄断等都是竞争优势的来源。在过去二十年，网络效应也是重要的竞争优势来源。我希望读者阅读本书就跟我当年聆听格林沃尔德教授的战略行为经济学课程一样深受启发——本书包含了教授当年课程的主要内容。我也要表达对林安霁先生的感谢，作为业内专业人士，他百忙之中把本书翻译成中文版，这对中国读者非常必要和有意义。

——彭志豪

某国际著名投资机构资深投资人、哥伦比亚大学商学院 2014 届校友

本书是首席执行官、创业者及投资专业人士的必读书籍。格林沃尔德教授提供了一个简洁直接的框架来分析企业竞争与行业结构，并通过鲜活的案例进行讲解。本书是我读过的最有见地的投资书籍之一。

——刘玉刚

Fidelity China Region Fund 基金经理、哥伦比亚大学商学院 2014 届校友

格林沃尔德教授在本书里的洞见带领哥伦比亚大学商学院以格雷厄姆与多德的投资思想为根基，继续把价值投资发扬光大：重视企业的竞争优势为投资者带来安全边际，使其不仅仅关注支付的价格。格雷厄姆与多德式价值投资的演进转型，得益于罗伯特·海尔布伦终身金融与资产管理讲席教授格林沃尔德在哥伦比亚大学商学院长达 30 年的辛勤耕耘和传道、授业、解惑。

——托马斯·鲁索

Gardner Russo & Quinn LLC 基金管理人

本书是目前最好的战略图书，与波特的《竞争战略》相比，本书的分析框架更加简洁和实用。投资者必须能够识别企业竞争优势的来源，评估企业如何维护和加强其竞争优势与护城河，因为可持续的竞争优势是增长可以为股东不断创造价值的必要条件。本书可谓是写给投资者的战略分析必读著作，帮助我们评估企业未来面临的各种竞争挑战。

——保罗·约翰逊

资深投资人、哥伦比亚大学商学院客座教授、

《证券分析师进阶指南》作者

本书详细分析了竞争优势的来源和表现形式，让读者特别是投资人能够体会到关键点：由于企业拥有竞争优势，从而经营业绩的确定性提高、资本支出变得更可控可规划，企业的自由现金流拥有可预测性和潜在增长空间。

格林沃尔德教授进一步结合具体企业的商业模式、经营管理特点，在企业战略方面进行解读和推演，这种将经营、管理、决策有机结合在一起综合分析的思维能力，可能正是现代职业经理人或战略投资人亟须提升的胜负手。作为

本书十多年的老读者，我相信读者在反复阅读书中众多案例分析之后，会深刻感受到：将保持和扩大竞争优势作为企业的OKR（目标与关键结果法），围绕这一点建立企业战略，才能确保企业的长期生存与发展。活得久才有机会。

——南添
望岳投资总经理

竞争战略的核心问题应该被重新审视。格林沃尔德教授的著作发人深省且十分实用，不仅改变了我们对战略的理解，更具有在现实世界中的实用价值。这是一本不可多得的好书。

——诺埃尔·蒂奇
密歇根大学罗斯商学院教授、
《决断》《领导力引擎》《领导力循环》《高管继任》作者

恭喜你已在商业世界有所成就，现在是你真正需要这本书的时候了。格林沃尔德和卡恩与众不同地专注于创造与保护价值，即使竞争对手正试图窃取你的独家"配方"。他们关于竞争战略的独一无二的分析方法是一项卓越成就，无论现在或未来都无法被超越。

——拜瑞·内勒巴夫
耶鲁大学教授、《创新DIY》与《合作竞争》作者

本书是对迈克尔·波特《竞争战略》的有益思辨，布鲁斯·格林沃尔德教授表明了企业战略人员应该像棋手一样，多关注自己的实际行动及对手的反应。

——西尔维娅·纳萨尔
《美丽心灵》作者

这是我学过的最好的战略管理"课程"，着实帮我揭开了管理世界的迷雾。

——沃伦·本尼斯
南加州大学教授、领导力之父、《成为领导者》作者

媒体赞誉

在这本市面上最好的战略书籍里，格林沃尔德教授为读者提供了一种易于理解、简洁又不简单的战略分析法。

——《纽约时报》

本书精彩的案例研究和敏锐的分析值得读者仔细研读和思考。

——《商业周刊》

格林沃尔德教授培养了一代的价值投资者，他教授的课程备受赞誉。

——《巴伦周刊》

卓越之作，巧妙地实现了理论与案例研究的平衡，生动地讲述了商业巨头的战略征程。

——《多伦多环球邮报》

着实绝妙的阅读体验。

——MarketingSherpa.com

翻译格林沃尔德教授的经典图书，始于多年前我对教授的承诺。

在北大光华恩师姜国华教授的引导下，我在研究生阶段接触到了价值投资。在我投身业界多年后，姜国华教授又给了我回学校修读价值投资课程的机会，授课人正是来访的格林沃尔德教授。课程参考书是格林沃尔德教授所著的 *Value Investing: From Graham to Buffett and Beyond* 和 *Competition Demystified: A Radically Simplified Approach to Business Strategy* ⊖。由于没有合适的中译版，部分同学难以在课程期间读完这两本书。格林沃尔德教授当时告诉樊帅（时任课程助教）和我：*Value Investing* 虽然长期畅销，但仍有改善空间，他会撰写第 2 版⊜；*Competition Demystified* 虽然已出版多年，但是书中的分析框架和案例背后的逻辑都不过时，如果能将这两本书高质量地翻译成中文出版，也算是对价值投资在中国的普及和教育有所贡献。我们备感荣幸，欣然应允。

人生如此奇妙，我从未想到自己后来能够在哥伦比亚大学（以下简称哥大）商学院圆梦，入选前身为格雷厄姆价值投资课程的价值投资项目（MBA Value Investing Program），荣幸地成为格林沃尔德教授的关门弟子，亦未曾想自己能够在毕业后拜在投资大师门下，继续潜心学习和实践价值投资。

翻译本书的过程也是我自己回顾和再次学习的过程，偶尔思绪飞越 4000 千米回到纽约，仿佛听到格林沃尔德教授课堂上洪亮的声音和在同学错误回答

⊖ 即本书的英文原版，被收录在李录先生《文明、现代化、价值投资与中国》的附录《推荐阅读书单》。

⊜ 格林沃尔德教授领衔撰写的 *Value Investing*（英文第 2 版）已于 2020 年 11 月出版。

问题时"无情"的调侃。格林沃尔德教授说,你们作为哥大商学院的 MBA,将来都会发展得很好,所以你们不应该也不会在意我直白地表示不同意见和指出问题的本质。你们要有韧性,我也不会对你们太温柔,因为在你们将来犯错时,市场是公平的,它不会考虑你们的情绪。另外,格林沃尔德教授对当时作为助教的我嘱咐:不是每位同学最后都会成为投资者,在批改作业时多给建设性意见,给成绩时别太难为大家。格林沃尔德教授对知识诚实,对学生严格又宽仁。

从哥大商学院毕业前夕,我与格林沃尔德教授道别,临别时他嘱咐道:"我希望你从我这里得到的最重要的收获是认识自己的秉性,时刻从自己的错误中学习。"随后,他翻开我手里的教材,给我题词留念:"Andrew, a great future value investor. Bruce Greenwald."

价值投资四大核心理念的第一条是:股票不仅是可以买卖的证券,还是对一个生意的部分所有权。⊖在企业创造价值的过程中,投资者持有股份的价值也随着公司价值的增长而增长。那么什么样的企业能够持续为股东创造价值,提供较高的投入资本回报率呢?答案是拥有显著护城河的优质企业。在我看来,格林沃尔德教授的这本书不仅是一本通透感极强、解构竞争与战略本质的佳作,还是指导价值投资者深刻理解进入壁垒与护城河的必备书。

为了准确呈现本书精要,在翻译中樊帅和我虽然有所分工,但是我们相互校阅,反复斟酌。感谢专业编辑欧阳敏女士的逐页细心修改,感谢张千玉、孙逸非、黄光源等业内朋友在出版前阅读初稿,提出了宝贵的修改意见。本书的翻译工作分工如下:中文版前言、英文版前言及第 1 章~第 8 章由林安霁翻译,第 9 章~第 18 章和附录由樊帅翻译。全书由林安霁统稿、斟酌与校对修改。感谢余乐博(Hugues Le Bras)和陈赛特在本书翻译过程中提供的各种帮助。需要在此说明:本书的翻译和出版与我所任职的机构喜马拉雅资本无关,文责自负。

翻译若有错漏,敬请读者诸君批评指正。译者联系邮箱:andrew.aj.lin@hotmail.com。

林安霁

于美国西雅图艾略特湾

⊖ 参见李录先生《文明、现代化、价值投资与中国》第 *190* 页。

　　本书旨在简化和厘清关于商业战略的各种讨论，以及为制定商业战略提供指导。本书探讨的原则和案例与中国企业高度相关。当代中国企业家都熟知这一理念：企业的成功取决于能否掌控与现存及潜在竞争对手之间的竞争。主要有两种基本方法能够帮助企业获得成功。第一种方法是接受要与众多其他企业竞争的现实，大家在获得客户、技术和各种资源方面基本上是平等的。在这种情况下，只有一个"药方"能够确保企业获得成功，那就是尽可能地高效运营，通过精巧有效的产品设计、低成本又保证适当质量的生产技术及利益合理分配的分销渠道，尽可能地满足客户需求。把这些工作做好，意味着企业要坚持不懈地紧盯运营细节，持续改进与提升各项流程，以及最重要的一点——专注于一系列具备详细定义且可复制性强的客户需求。只把几件事做好远比试图做好许多事要强得多。所谓大舍大得，企业若设定太多目标，大概率是做不好的。第二种方法是通过对潜在竞争对手设置进入壁垒来限制竞争。这意味着企业要调整成本结构和获得客户的方式，使得竞争对手无法有效模仿与复制。在商业战略的理论里，这被称为持久的竞争优势，进入壁垒相当于市场里的在位企业享有的竞争优势。

　　持久的竞争优势最终取决于规模经济效益、需求侧的网络效应或者供给规模增长而带来的成本下降。规模经济效益使得像谷歌、微软和英特尔这样的企业能够在前后几代的新技术竞争中获胜。由于具备上述持久竞争优势的决定因素，阿里巴巴和亚马逊这样的企业在零售行业占据主导地位多年。即使客户年龄增长，购物方式或者风格喜好发生变化，它们在各自市场的行业地位仍然相对稳固。规模经济效益通常由特定市场里规模最大的竞争者享有，这意味着除了高效运营之外，一个构思良好的战略目标还应该包括取得市场支配地位，但并非所有的市场都能被支配。企业在维护其市场统治地位时，需要一定程度的客户黏性。这意味着企业必须拥有客户忠诚度高的品牌，而不仅仅是一个被广泛认可的品牌。否则，新进入者就可以通过提供物美价廉的替代品，来"窃取"行业市场份额，从而导致主导企业规模优势的流失。这就是为什么在技术更迭迅速的市场里，早期企业几乎无法靠抢占先机而获得好处。对于在这种市场上参与竞争的企业而言，由于客户一直在寻找最新的产品，它们几乎不可能长期占据市场的主导地位。

如果行业里客户忠诚度并不高，那么市场规模就是市场主导地位的最大敌人。在全球范围内的大市场中，如汽车市场或者密集性本地市场（如中国的服务业市场），新进入者往往可以在只占有 1% 或 2% 市场份额的情况下可持续地经营下去。试图将新进入者的规模限制在这一规模几乎是不可能的，结果就是许多"小"企业拥有可持续占据的市场地位，行业里也没有明显的主导企业。好的商业战略要求企业寻找细分市场，无论是在地理维度还是在产品维度上。如果你拥有一家大型超市，那么一个仅能容下一家门店的村庄显然比一个能够容下数百家门店的人口密集城市要好得多。

当今中国市场有着客户喜好变化快及市场密集性高的显著特点，是一个特别具有挑战性的商业环境。与此同时，随着制造业市场变得更加全球化、竞争程度加剧，中国或其他国家的企业都难以支配市场。在这种环境下，制定成功的商业战略并非易事，本书的目的就是帮助中国企业制定合适的商业战略。

布鲁斯·格林沃尔德
2020 年 8 月于纽约

所有经营企业的人都知道竞争与战略⊖举足轻重。不过，尽管身经百战的企业家大多都能认识到这两个关键要素息息相关，却鲜少有人理解它们的本质特征及两者之间的直接关系。

本书穿破弥漫在竞争与战略各种讨论之外的迷雾，旨在帮助读者厘清对战略的理解并重新构建自己的方法。我们希望企业高管在阅读本书之后，能够深刻认识市场是如何运作的，企业的竞争机会在哪里，以及如何利用和保护这些机会。为此，我们不仅对一般性原则进行了广泛讨论，还对企业间竞争性互动的真实案例做了详细探讨。通过将原则与案例相结合，我们认为本书能够为真正做战略决策的人士提供有益的指导。

企业高管经常把战略和规划混为一谈。他们认为任何规划（如吸引客户或者提高利润率）都是战略，任何需要大量资源或者执行时间较长的大规模规划都被视为战略。基本上，任何能够回答"我们如何赚钱"这一问题的规划都被当作战略。结果企业家前赴后继地投身于一场场注定打不赢的战役，却未能保护和充分利用真正能够为胜利奠定基础的竞争优势。

战略的确是关于企业如何获得胜利和保持成功的计划，但绝不仅仅是关于如何制造产品或提供服务，销售给客户并赚取利润的一切构想。确切地说，战略是那些专门关注企业竞争对手行动与反应的规划。

战略思考的核心是创造、保护和利用竞争优势。在一个公平竞争的环境中，在一个对所有竞争者平等开放的市场中，竞争将把所有参与者的回报降低

⊖　为兼顾译文准确性和流畅性，本书不严格区分商业战略与战略。——译者注

到同样的最低限度。因此，要想获得超过这一最低限度的利润，企业必须能够做一些其竞争对手做不到的事情。换句话说，企业必须从竞争优势中获益。任何战略分析的恰当出发点都是针对企业所处市场的状况，仔细评估那些竞争对手无法复制或者只有极少数竞争对手能够模仿的竞争优势。

就战略而言，竞争优势存在与否有天壤之别。实际上，市场分为两大类。

在第一类市场里，没有企业能够从明显的竞争优势中获益。在这样的市场里战略根本无足轻重，大量竞争者在获得客户、技术和其他成本优势方面基本平等。各家企业都或多或少地处于类似的竞争地位。任何一家企业为了提高自身竞争地位所做的任何事情都会迅速被同行模仿。在没有任何一家企业享有竞争优势的情况下，这种创新与模仿的过程将不断重复下去。在这样的市场里，明智的做法并非设法在谋略上胜过对手，而是通过尽可能地高效运营来超越竞争对手。在缺乏竞争优势的市场中，坚持不懈地提升运营效率对于企业而言至关重要。然而，高效运营只是战术，而不是战略。它专注于企业内部的制度、结构、人员和惯例等。而战略，顾名思义，是着眼于企业外部的市场和竞争者的行动。

在第二类市场里，战略拥有举足轻重的地位。在这样的市场里，在位企业拥有竞争优势，其盈利能力取决于企业处理同业竞争及抵御潜在新进入者的能力。关注外部主体是商业战略的核心。本书就是一本关于如何识别、理解、预测和影响这些重要外部主体的手册。

我们在本书的创作过程中得到了许多人的帮助，其中最重要的人包括保罗·约翰逊、南希·卡德韦尔、巴里·纳尔波夫、约翰·赖特、斯蒂芬妮·兰德、阿德里安·扎克赫姆、阿蒂·威廉姆斯、保罗·松金、艾琳·贝利西莫及哥伦比亚大学商学院的同事和蜂鸟价值基金的朋友。我们各自的家人艾娃·西弗、安妮·罗金和加布里埃尔·卡恩的协助和支持尤其不可或缺。

我们还要感谢聪明绝顶而又精力充沛的学生们，他们参与了本书缘起的课程，贡献良多。本书源于哥伦比亚大学商学院工商管理硕士项目二年级课程——战略行为经济学（Economics of Strategic Behavior）。该课程于1995年首次开设，最初计划招收60名学生。近10年之后，该项目每个年级80%以上的学生都选修了这门课程。商学院的另一个学位项目高级管理人员工商管理硕士项目的成员主要是雇主资助的经验丰富的学生，在 300 人规模的年级里，通常有 200 名以上的学生选修战略行为经济学。当初我们开设这门课程的目标是帮助学生对商业战略这一复杂领域建立清晰的认识。从课程受欢迎的程度来看，这一目标已基本实现。我们也希望本书能够把对战略的理解分享给更广泛的受众，尤其是那些商业战略对其异常重要的企业高管。

布鲁斯·格林沃尔德

贾德·卡恩

战略、市场与竞争

何为战略

在过去至少半个世纪里，战略一直是管理领域的核心问题。盟军在第二次世界大战中的胜利凸显了战略在战争中取得成功的必要性。在随后的几十年里，企业高管将这一概念应用于商界战场。如今，战略已成为商学院的一门主要课程。大多数大型企业都有内部的战略规划部门，那些没有类似部门的企业通常会聘请外部顾问团队来指导企业的战略规划。

几十年来，战略的定义已然改变，制定战略的过程也在不断改进和革新。一些企业甚至完全放弃了正式的战略制定程序。在所有这些变化之中，战略的一项特征却脱颖而出，使其与其他管理职责泾渭分明。

这项特征就是"宏大"。与战术选择不同，战略决策关乎组织的长期投入，需要分配大量的资源。战略决策由高层管理者制定，意味着它需要严谨的研究与会议讨论。改变战略就像改变一艘航空母舰的方向一样，既无法快速改变，也不能立竿见影。

在"二战"中，美国做出的最高级别战略决策是先在欧洲还是太平洋参加这场大型战役。一些相对级别较低的战略决策包括是否开辟第二战场及是否选择诺曼底作为进入欧洲的登陆点。在商界，美国电话电报公司（AT&T）决定进入信息处理行业及分拆本地电话服务业务的两个独立决定就属于战略决策，[⊖]但均未取得成功。通用电气早在杰克·韦尔奇出任首席执行官之前就制定了一项战略原则：企业将退出任何一个无法占有领先市场份额的行业。

　　有时，一些当时看起来并非战略性的决策却给企业带来了深远影响。在 IBM 进入个人计算机业务时，它选择了开放标准，还做了两个自建或外购的决策，在当时看来这似乎只是无关紧要的战术选择。IBM 没有开发操作系统，而是使用一家名不见经传的小企业授权的操作系统。IBM 对于CPU 做了类似的选择，把业务交给了一家供应商。这些决定创造了有史以来最成功的两家拥有经济特许权的企业，即微软和英特尔。这两家企业而不是 IBM 成了个人计算机浪潮的最大受益者。回顾过去，这些决策显然是有着深远影响的战略决策。如果仔细研究历史上的重大成就或者成果，我们无疑会发现许多成就或成果不是任何战略规划的结果，它们要么是其他决策的意外副产品，要么仅仅是因为规模远超预期。

　　但是，无论是用投入财务资源规模的大小、规划过程花费时间的多少，还是用最终结果影响力的强弱来衡量"宏大"的程度，"宏大"这个特征都无法与战略等同。尽管规模和重要性是大多数企业战略决策的共性，但是我们仍然认为这些并不是战略的判断标准。我们认为战略与战术的分界线应该划在别的地方（见表 1-1）。

表 1-1　战略与战术

	战　略	战术（运营、职能）
管理层级	高级管理层、董事会	中层、职能部门、地方区域
资源分配	企业层面	部门、事业部层面
时间跨度	长期	年、月、日
风险程度	涉及企业的生死存亡	程度有限
问题举例	我们想从事哪些行业 我们必须发展出什么样的核心能力 我们将如何应对竞争对手	如何缩短送货时间 提供多大的商品促销折扣合适 销售代表的最佳职业路径是什么

⊖　虽然美国司法部曾要求以某种方式重组 AT&T，但是该企业自身也在积极制定将从事本地电话服务业务的贝尔运营公司拆分出去的战略。

　　我们认为，战略是那些结果取决于其他经济主体行动和反应的决策。战术可以在独立的状态下制定，而且在很大程度上取决于能否有效执行。理解这一区别是制定有效战略的关键。

　　制定有效的战略对于企业成功是至关重要的，也是极具挑战性的。管理层尤其是核心管理层的精力都应聚焦于企业最宝贵的资源。他们的精力不应该被浪费在一些不分主次或者不合适的目标上，也不应该被浪费在关于企业正确发展方向的无休止讨论上。本书的目标是为战略分析提供一个清晰的分步流程，先帮助企业理解其在竞争环境中的位置，然后指导企业进行战略决策。

战略与战术

　　看一下这个例子：鉴于吉普在 20 世纪 80 年代中期获得的成功，许多汽车制造企业选择生产运动型多功能车（SUV）。对于这些企业而言，进入 SUV 市场的决策具有战略意义，而这个决策之后的一切都是战术，包括对工厂与设备的合理投资、有效的市场营销活动、适当的工程设计及管理层对组织改进的持续关注。鉴于 SUV 市场的竞争性质，所有企业均可以轻松地进入这个市场，所以企业无须关注竞争对手的行为。成功与否取决于熟练与高效的执行情况。

　　与战术相反，战略是外向型的，后者涉及每个企业都必须面对的两个问题。

　　第一个战略问题是选择竞争领域，即企业要参与竞争的市场。我们之前提到的所有例子——美国在"二战"中对主要战场的选择，AT&T 对要进入与放弃的市场的选择，通用电气关于参与竞争的行业的选择都有涉及。IBM 决定将其个人计算机的操作系统和 CPU 外包的决定也是如此，它选择不参与这些市场的竞争。根据我们的定义，市场的选择具有战略意义，因为这一选择决定了谁会是影响企业经济前景的外部主体。

　　第二个战略问题涉及管理外在力量。想要制定和实施有效的战略，企业必须预测甚至尽可能地控制外在力量的反应。理论和经验都表明这不是一件容易的事，这些力量的相互作用既复杂又充满不确定性。对于必须做出战略决策的经理人，或是对于不得不尝试解释为什么有些战略决策比其他战略决策效果更好的商业学者来说，其实并没有任何明确的解决方式来面对这样的复杂性与不确定性。所有世界上一流的训练都无法帮助你预测某些"疯狂"的首席执行官会对你的最新行动做出什么反应。然而，如果在制定战略时不考虑这种反应，就可能会酿成大错。

决定竞争优势的唯一力量

得益于波特于 1980 年出版的开创性经典著作《竞争战略》，近年来战略思维越来越强调经济参与者之间互动的重要性。波特致力于探讨外在力量及其表现，将战略规划带到正确的方向上。不过，要识别波特复杂模型里的诸多因素并梳理清楚它们之间的关系、角力的方式，对于很多人而言难于登天。所以，我们在本书中提出一个更为简单的方法。

我们赞同波特的观点，即行业内的五种力量——替代品的威胁、供应商的议价能力、新进入者的威胁、购买者的议价能力和同业竞争者的竞争程度，会影响竞争环境。但是，与波特及其许多追随者的观点不同的是，我们认为上述这些力量并不是同等重要的。其中一种力量显然比其他力量要重要得多，以至于只要是寻求发展和追求制胜战略的领导者都应该首先忽略其他力量，只专注于这种力量。这种力量就是进入壁垒——波特理论里的新进入者的威胁。

进入壁垒使得新企业难以进入市场，现有企业也难以扩张，这两点基本等同。本质上只有两种可能性：要么市场里现有的企业受到进入壁垒或扩张壁垒的保护，要么并不存在任何壁垒。在竞争格局里，其他因素对企业获得成功的影响力都无法与这两种壁垒相提并论。

如果没有进入壁垒，那么许多战略上的考虑都可以忽略。企业不必担心如何对付台面上的竞争对手，也不必担心如何预测并影响它们的行为。因为竞争对手太多了，根本应付不过来。

所有企业都在寻求有利可图的投资机会，对于一个没有进入壁垒保护的行业，回报将被压低至没有经济利润，即不存在投资回报率高于投入资本成本的机会。如果市场需求使得任何一家企业获得了非同寻常的高回报率，那么其他企业也将关注到同样的机会并蜂拥而至。历史发展和经济理论都支持这一命题的正确性。随着越来越多的企业进入，市场需求会被瓜分。一方面，单个企业的销量下降，单位产品分摊的固定成本增加，单位产品的成本上升；另一方面，产品供给增加，价格下降，原本吸引新进入者的高利润逐渐消失。

没有进入壁垒保护的市场就像是公平赛场上的竞技游戏，谁都可以加入。这样的市场经常被错误地认为是"大路货"市场，⊖只有最优秀的市场参与者才能生存下来、繁荣发展，还必须不断地努力。如果没有进入壁垒的保护，那么企业唯一的选择就是尽量提升自己的运营效率。

在没有进入壁垒的市场里，企业实际上可以将高效运营视为一种战略，这也是唯一合适的战略。不过，迈克尔·波特认为高效运营就是做竞争对手所做的，但是比对手做得更好，因而这是企业的内部事务。根据我们对战略的定义，这是战术而非战略。但这并不意味着这一点不重要。高效运营可能是任何企业获得成功或生存下来的唯一最重要的因素。在本书的最后一章里，你会发现坚定聚焦高效运营可以使一家企业遥遥领先于其竞争对手，尽管这家企业在基本经济状况上与不那么成功的竞争对手之间并无显著差异。

然而，追求高效运营并不需要考虑企业与外部力量的互动、攻防，而这些你来我往却是战略的真正核心。

进入壁垒与竞争优势

进入壁垒的存在意味着现有的在位企业能够做到潜在新进入者无法做到的事情，这就是竞争优势的定义。因此，进入壁垒和在位竞争优势实际上是一个问题的不同表述，而新进入者的竞争优势是没有任何价值的。根据定义，成功的新进入者成了在位企业之后也会受到下一个新进入者的纷扰与攻击，后者可能受益于新技术、廉价劳动力或其他临时的竞争优势。

⊖　本书后文将讨论，企业无法通过差异化产品逃脱深陷高度竞争市场的厄运。事实上，大部分差异化产品仍然在无进入壁垒的市场里相互竞争。

由于没有进入障碍，这一循环将永无止境。因此，根据我们对战略的定义，只有当在位竞争优势存在时，谈战略才有意义。

局部霸主

在全球化持续深化的大环境下，贸易壁垒更少，运输成本降低，信息流通加快，加上已有竞争对手和新开放经济体带来的激烈竞争，看起来竞争优势和进入壁垒都将逐渐消失。那些曾经在机床、纺织甚至汽车等行业里威风一时的美国企业现在江河日下的事实似乎支持了这一观点。在进口商品的冲击下，这些美国企业要么利润缩水，要么消失在历史的尘埃里。但是这一观点并未考虑竞争优势最重要的特点之一——从根本上来说，几乎总是基于"局部"环境。

沃尔玛是20世纪末的商业传奇之一。零售业，尤其是折扣零售业，是一个既没有很多商业秘密，也不需要特殊技巧的行业。沃尔玛众所周知的做法，如"天天低价"和效率超群的供应链，并不是其他企业无法复制的专有技术。然而，沃尔玛成功占领了很多它参与竞争的市场，其获得成功的方式非常具有启发意义。

沃尔玛以区域性的低价百货超市起家，最初其所在的市场几乎没有什么竞争。它从发源地逐渐向外扩展，不断在现有市场的外围新建门店和配送中心。由沃尔玛主导并最先获得竞争优势的市场并不是整个美国折扣零售市场，而是明确界定的有限区域内的折扣零售市场。在不断扩大区域边界的过程中，沃尔玛先巩固其在新进入区域的地位，然后才会考虑继续扩张。当新开的门店距离大本营太远时，绩效便会走下坡路。

首先建立在当前局部区域的主导地位，然后拓展到相近或相联系区域的做法，也是与沃尔玛同时期另外两家伟大企业取得成功的原因。只不过对于这两家企业来说，局部指的是产品的市场空间，而不是地理上的区域。

微软最开始主导了一个特定的细分市场，即IBM个人计算机的操作系统。在一开始微软就面临一些竞争者，包括IBM，但是微软建立并保持了自己的竞争优势，使得其他竞争者被边缘化。随后，微软成功扩展了操作系统业务的边界，增加了与其相联系的软件产品，如文字处理、电子表格和其他生产力工具。即使微软现在成了一家拥有广泛产品线的大企业，其盈利能力的核心仍然是操作系统和相关软件。

苹果最初的发展与微软形成了鲜明对比。从一开始，苹果涉猎的领域就比微软要广泛很多。它既是计算机制造商，也是软件企业。苹果的麦金塔（Macintosh）操作系统在一些功能上领先微软达数年之久，正如人们所说，"Windows 5 = Macintosh 87"。然而，苹果的综合产品战略最多也只能算是在一定程度上偶然的成功，尤其是与微软更为聚焦的产品战略相比较而言。

英特尔的发展脉络与微软更为接近。它在 20 世纪 70 年代靠生产存储芯片起家，并一度在这个市场获得利润。英特尔还设计和生产 CPU，其中一款于 1980 年被 IBM 挑选为其最新个人计算机的"心脏"。在随后数年里，英特尔继续经营这两项业务，但它的存储芯片业务逐步被成本更低、良品率更高的企业淘汰。1985 年，尽管存储芯片业务早已成了企业基因的一部分，但是英特尔还是决定放弃这项业务。通过专注于 CPU 业务，英特尔恢复并提高了企业的盈利能力，并从此确保了在这一更大市场里的主导地位。

无论是一家企业还是少数几家情况类似的企业，帮助它们获得市场主导地位的竞争优势通常来自局部因素，无论是地理空间还是产品范围，而不是大而分散的因素。这背后的原因就是：竞争优势从本质上来说是局部的和特定的，而不是普遍的和分散的。

有意思的是，在一个日益全球化的世界里，市场选择的关键战略要务是本土化思考，在特定局部区域取得主导地位可能比人们最初想象的容易。如果全球经济追随发达国家的发展轨迹，那么服务业会变得越来越重要，而制造业的重要性会下降一些。大多数服务业的一个显著特征是服务在本地提供，也在本地被消费。因此，如果正确理解服务业的这一特点，那么获得可持续竞争优势的可能性就会增加，而不会降低。或许企业成为下一个沃尔玛或微软的希望比较渺茫，但专注于正确认识所处的市场和自身优势的企业仍然可以蓬勃发展。

何种竞争优势

战略分析应从两个关键问题开始：在企业当前所处或计划进入的市场，是否真的存在任何竞争优势？如果存在竞争优势，那么它们属于什么类型的竞争优势？

这一分析并不困难，因为只有三种真正的竞争优势。⊖

- 供给侧竞争优势——成本优势。这一侧的竞争优势是严格的成本优势，使得企业能够比其竞争对手更便宜地生产和提供产品或服务。有时成本优势来自独享的关键原材料渠道，如铝矿石或者易于开采的石油储备，更常见的情况是来自专有的技术，这些技术被专利保护，来自经验积累的技术诀窍，或者两者兼有。

- 需求侧竞争优势——需求优势。一些企业能够获得竞争对手无法匹敌的市场需求。这种市场需求的获取不是简单的产品差异化或品牌的问题，因为竞争对手可能同样能够差异化或品牌化其产品。这些需求优势的本质是客户锁定⊖，其源于消费者习惯、转换成本过高，或者寻找替代品的难度大、成本高。

- 规模经济效益竞争优势。如果固定成本在总成本中占比较高，那么单位成本就会随着产量的上升而下降。这样即使技术上并无差别，在位企业也可以通过大规模生产而享受相较于竞争对手的低成本优势。

除了这三种基本的竞争优势之外，政府保护或者金融市场里的信息优势也可能是竞争优势，但它们往往适用于相对少见的特定情况。上述三种

⊖ 在互联网时代，某些"网络效应"在特定商业模式下也会形成竞争优势，比如梅特卡夫效应和双边市场效应。但究其本质，是通过规模经济效益、协同效应和互联网虚拟空间的极大拓展性获得竞争优势。参见许小年教授的《商业的本质和互联网》和帕克教授等人的《平台革命》。——译者注

⊖ 这里原文术语为"customer captivity"，其中"captivity"的原意为"束缚、困住"，我们翻译成"锁定"，以体现由于企业的生意特性，客户或消费者很难离开，在某种程度上是"被迫"的。"客户忠诚"体现出一定程度客户或消费者的主动性，在某些案例里"客户锁定"和"客户忠诚"表达的意思相似，但其本质的含义并非完全一样。——译者注

主要竞争优势背后的经济力量最可能出现在地理或产品概念上的局部市场。

百事可乐汽水的忠实消费者对百事可乐旗下的乐事薯片系列零食并没有任何特别的依恋。同样，在哥伦比亚电影公司被可口可乐收购之后，可口可乐汽水的忠实消费者也没有对其电影表现出特别的兴趣。而沃伦·巴菲特带领伯克希尔－哈撒韦收购的内布拉斯加家具商城主导了奥马哈及其周边的家具市场，在当地要比伊森－艾伦公司或其他任何大型全国性家具卖场更有竞争力。

随着研究一个又一个具体案例里企业的竞争优势，我们可以明显地发现在一个范围有限的市场里经营生意的益处。相反，在幅员辽阔的市场里建立或者保持主导地位是极其困难的。大多数能够保持增长且实现高利润率的企业都是通过上述三种竞争优势之一来实现的。它们像可口可乐一样，在各个市场复制自己的局部竞争优势；像英特尔一样，持续聚焦于自己的产品与行业；像沃尔玛和微软一样，从已获得主导地位的市场的边缘逐步扩展生意。

战略分析的程序

任何战略分析的自然起点都是对逐个市场是否存在竞争优势及竞争优势的来源进行评估。

如果竞争优势不存在，那么就不涉及真正的战略问题。战略分析第一步如图 1-1 所示。在沿着"竞争优势：不存在"这一分支的市场里，高效运营（效率，效率，还是效率）是唯一的头等大事。

在沿着"竞争优势：存在"这一分支的市场里，企业确实因竞争优势受益，下一步是确定竞争优势的性质，并确认如何管理竞争优势。其他的替代方案并不尽如人意。如果失去了竞争优势，无论是由于战略不善、执行不力还是仅仅由于竞争性经济里不可避免的摩擦，那么企业都将跌落到平等竞争的经济环境，即"竞争优势：不存在"这一分支的市场里，终日辛劳但利润率充其量处于平均水平，除了极少数管理水平异常出色的企业之外。

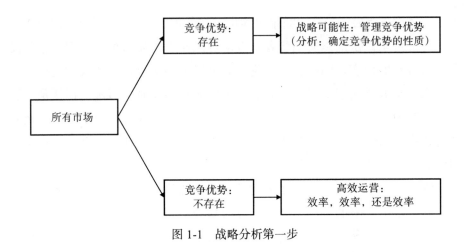

图 1-1　战略分析第一步

竞争格局

管理竞争优势

根据定义，在任何一家企业享有竞争优势的市场里，真正意义上的竞争对手其实并不多。在极端情况下，就像微软在个人计算机的操作系统领域或者黄金时期的 IBM 那样，它们在市场里鹤立鸡群，周围对手都不值一提。从企业的角度来看，由于市场进入壁垒的阻挡，它们的竞争对手就像是一群无法享受野餐的蚂蚁军团。这些享有竞争优势的企业可以自由地做决策，而无须考虑蚂蚁会采取怎样的反应。它们也无须花费时间预测竞争的相互作用与影响。

在这种情况下（通常是由一家大企业和很多小企业组成的市场），企业要么是蚂蚁，要么是大象。在墙外向内张望的蚂蚁显然在竞争中处于不利地位。对于一家处于蚂蚁地位的企业来说，其战略是明确的：如果已经进入了这一行业，那么应该考虑以尽可能小的损失退出市场，然后将掌握的经济资源如数返还给企业所有者。实事求是地说，能够愿意这么做的首席执行官并不多。如果处于蚂蚁地位的企业正在考虑进入这一行业，那么应当立即停止，将目光转向其他地方，因为在这里取得成功的微弱机会完全依赖于大象的一时失足。

而且，即使在位企业的竞争优势减弱，行业进入壁垒降低，新进入的企业也只是在基本平等的竞争环境中追求利润的众多新进入者之一。它们应该用格劳乔·马克斯的原则来提醒自己，即不要加入任何主动邀请你成为会员的俱乐部。蚂蚁充其量不过是经营业绩平平，赚取正常的利润而已，而大概率出现的情况是被大象踩踏得粉身碎骨。

对于在行业进入壁垒内侧的大象来说，生活美好，回报也很高，但是依然需要妥善管理竞争优势。自满可能是致命的，因为忽略或误解自己竞争优势的来源非常危险。大象的头等大事是维持现有的地位，这就要求其客观认识竞争优势的来源和局限性。

能否彻底认识和理解竞争优势会带来截然不同的效果。

- 加强和巩固现有竞争优势，还可以循序渐进地进行拓展现有优势的投资。
- 区分可能提供高回报的潜在增长领域（无论是地理维度还是产品维度）和看似诱人、实则破坏竞争优势的领域。
- 突出强调能在现有情况下获得最大盈利的策略。
- 识别可能出现的威胁，并识别需要采取强力反制措施的竞争性入侵。

对于企业内部的各职能部门而言，理解竞争优势的本质对于资本预算、市场营销、并购机会评估及创新业务都是至关重要的。

在由一家独大的主导企业和众多蚂蚁军团组成的市场里，主导企业的战略分析几乎就是理解和管理竞争优势，完全不需要考虑与竞争者之间的互动。我们将图 1-1 稍许扩展，战略分析第二步如图 1-2 所示。

竞争博弈：与竞争对手的互动

在余下的战略情景中，一个市场里的几家企业享有大致相当的竞争优势。美国软饮料市场就是一个很好的例子。在全国范围的市场里，可口可乐和百事可乐是两只大象，其他竞争者则要小得多，尽管在某些特定区域的市场里存在着像胡椒博士这样有实力的竞争对手。商用飞机制造市场也有类似的结构。波音和空中客车控制着大型客机市场，像巴西航空和庞巴迪这样的小型制造商则在支线客机市场上争雄。在个人计算机市场里，尽管英特尔和微软在各自的细分市场中占据主导地位，但为了抢占行业创造的整体价值，彼此还是会间接竞争。

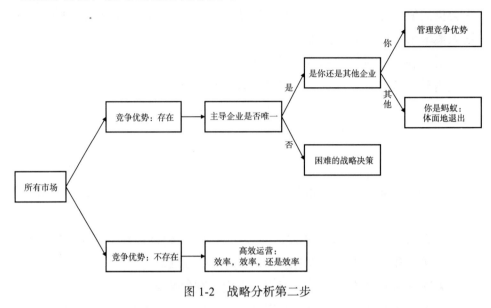

图 1-2   战略分析第二步

在这样的市场里，企业已经享受到竞争优势带来的收益，但是同时也面临具备同等能力的竞争对手。这时的战略规划最为复杂严苛，需要直面竞争对手的挑战。

为了制定有效的战略，企业不仅需要"知敌虚实"（知道竞争对手的行动），而且还要"料敌先机"（预测竞争对手对于自己采取任何行动的反应）。这是战略规划的实质所在。当竞争对手的反应对业绩至关重要时，企业所有的应对都应被囊括在战略规划之中，如定价策略、新产品线、地域扩张、产能增加等。

在制定战略上，有几种特别有价值的独特方法：博弈论、模拟和合作分析。

博弈论为搜集和整理竞争对手行动的大量信息提供了系统性方法。根据《斯坦福哲学百科全书》的定义，博弈论"研究理性对手之间的战略互动带来的结果，这些战略互动会由于理性对手各自的偏好或效用而产生未曾预期的结果"。

竞争状况的主要特征如下。

- 竞争参与者的多寡：如果可以识别的竞争参与者数量有限，那么它们通常是竞争对手；如果竞争参与者的数目不小还都不易对付，那么可能表示并不存在进入壁垒。
- 竞争参与者的行为：对其而言可供选择的行动措施。
- 竞争参与者的动机：在商业社会里，追求利润最大化是最常见的动机，但是其他目标，如不惜一切代价打败对手，也可能占上风，因此也值得多加考虑。
- 游戏规则：谁在何时行动，谁知道谁何时行动及具体动作，以及违反规则的惩罚措施。

幸运的是，绝大多数竞争状况的本质都可以用两种相对简单的博弈加以刻画。

博弈论里的囚徒困境在理论、历史和实验等各方面都得到了深入研究。它刻画了有关价格与品质的竞争。关于囚徒困境可能发展的态势，大家已经比较了解，只要价格或品质是竞争互动的关键，这个理论就能派上用场。我们将在第 8 章阐述囚徒困境，随后在第 9 章和第 10 章应用囚徒困境分析竞争中的你来我往。

博弈论还有一个话题是进入 / 先占博弈，刻画了数量与产能竞争的动态（遗憾的是它没有一个脍炙人口的名字）。只要企业决定在竞争对手服务的市场新建工厂或是开新店，就是"进入 / 先占"博弈了。关于这一博弈的进程与演化已经有了大量相关知识理论。我们将在第 11 章探讨这种博弈，并在第 12 章和第 13 章说明其应用原则。

掌握这些洞见，将这些智慧应用于实践是战略分析的良好开端。首先，你必须判断当前的竞争状况是否适用于上述两种博弈之一。举例来说，如果一个行业发展历史的主轴是大伤元气的价格战，那么自然要研究如何在囚徒困境下赢得博弈。如果行业中一家企业的扩张总是招致其竞争对手也进行扩张来反制，那么进入 / 先占博弈就提供了在这种情况下的战略分析框架。

在简单、直观的情况里，可能将各种行动路径全部列出来再对结果加以比较就可以预测博弈会如何演化了。然而在真实的商业世界里，不同的可能性或替代方案层出不穷，导致分析工作无从下手。在许多情况下，进行模拟是更好的办法。可以让一些人或小组扮演各个竞争者的角色，提供可供选择的行动方案及背后的考虑与动机，然后进行多次博弈。尽管结果几乎很少是确定的，但这种模拟可以展现出当前竞争格局的大致动态，提供粗略的感觉。

另一种选择：与竞争对手合作

除了博弈和模拟之外，分析大象之间的竞争还有一种方法：假设企业能够避免彼此之间的竞争，认识到如何进行合作以获得共同利益，并且公平地分享拥有竞争优势带来的收益。竞争对手之间的这种互动也可被称为协商或讨价还价，能使得所有竞争参与者都得到更多的好处，但达到这样的状态需要大家都有一定的视野、远见和定力，这样的情况实在极为罕见。

尽管不是立即可行，但竞争参与者还是应该思考这种理想状态是什么样的。它们需要认清达成双赢的利益，并规划最理想的市场活动。在这种状态下，成本最小化，企业最有效率地生产产品或提供服务，定价也能实现收入最大化。在这种理想的安排下，市场的每个参与者都将受益。换句话说，如果市场的核心是卡特尔或垄断企业，将会怎样？竞争参与者还是必须公平分配"战利品"，因为如果有任何竞争参与者认为自己受到了不公平待遇，那么合作将无法延续下去。

分析这种理论上的理想市场状况有两个明显的好处。第一，指出了合作可能带来的好处。第二，可以帮助处于受保护市场边缘的企业或者市场潜在新进入者制定合理的战略目标。

举例来说，对于相对成本较高且没有忠诚客户群的供应商而言，它们应该意识到自己不可能指望通过战略联盟、竞争威胁或其他手段获得任何优势。因为如果市场有效配置，那么这类供应商根本没有什么角色可扮演。其他更强大的竞争对手凭什么以降低整个行业的效益为代价来支持这类供应商？尤其是这些更为强大的竞争对手还会不可避免地为此买单。换句话说，你若没有贡献，就别想得到任何收获。

在这种情况下，高成本企业能够持续存活于世，通常得益于其他企业非理性的不合作行为。于是，识别并利用这种行为（确保其他企业不会连成一气）成为高成本企业的战略核心。

在真实的商业世界里，任何市场里企业间的高度合作都很罕见。然而，即使充分合作的可行性较低，思考合作可行性的过程仍然会揭示企业所处的战略状况，指导企业做好决策。研判的过程至少为我们增加了协商或讨价还价的视角，对于经典博弈论和竞争互动里的其他方法论背后蕴含的传统非合作假设而言，这是一个很好的补充。

总而言之，在少数真正竞争对手既势均力敌又彼此关注的市场里，运用特定的博弈论知识（囚徒困境、进入 / 先占博弈）、模拟和合作分析三种方法，可以有效解决战略规划的问题，制定平衡且全面的决策。

战略分析第三步如图 1-3 所示。在图 1-2 的基础上，我们在图 1-3 里增加了拥有竞争优势的数家企业分享市场的情况。

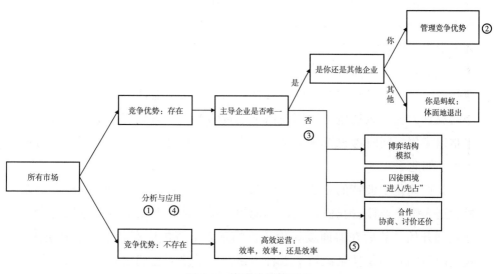

图 1-3　战略分析第三步

本书章节安排

在本章和接下来的两章里，我们从总体上分析竞争优势（见图 1-3 ①）。只存在很少几种类型的竞争优势（供给侧竞争优势、需求侧竞争优势和规模经济效益竞争优势），而且只有两种检验方法（市场份额的稳定性和较高的投入资本回报率）可以确认竞争优势是否存在。我们将考察由单个企业独占市场的情形，运用历史案例来探讨不同企业如何识别和管理它们的竞争优势。其中，有些企业获得了成功，而有些企业以失败告终（见图 1-3 ②）。接着，我们将讨论分享市场的数家企业之间的竞争性互动（见图 1-3 ③）。对于这些企业而言，它们的战略抉择既可能导致连年"战争"（偶尔"停火"），也可能带来实现互惠互利的长期合作。

在本书后面的章节里，我们把竞争优势的概念运用于估值、兼并收购和品牌拓展等具体职能领域（见图 1-3 ④）。最后，我们将探讨那些没有进入壁垒或竞争优势的市场（见图 1-3 ⑤），并解释为什么在基本经济条件没有差异的情况下，某些企业的业绩表现要比其他企业好很多。优秀的管理水平举足轻重。高效运营的关键在于不懈地集中注意力，要先抛弃其他各种关于所谓战略愿景和可能性的幻想，这也是本书的初衷。

诚如近年来在战略领域著书立说的作者一样，我们真诚地感谢波特。他强调了经济主体之间互动的重要性，并且提出了他认为能够解释企业竞争的五种力量。虽然他为我们提供了宝贵的方法，但是其模型的复杂性使之难以应用。同时考虑五种力量并不容易，尤其是在没有优先级之分的时候更是如此。

我们简化了波特的方法，将注意力聚焦在能够支配其他力量的那个力量：进入壁垒。接着我们再探讨其他的力量，从行业竞争者和直接的竞争性互动开始，然后在协商或讨价还价的背景下将供应商和客户囊括进来。我们的目的并不是抹杀波特的五种力量，而是厘清它们之间的关系并分出主次。简单明晰应该是战略分析的重要优点。我们要谨记爱因斯坦的告诫："一切应尽可能简单，但不能过于简单。"

竞争优势
供给与需求

差异化迷思

避免进入"大路货"行业是经商常识。在这种行业里，不同企业将大同小异的产品出售给价格敏感的客户，不得不为生存而苦苦挣扎，被迫接受比平均水平更低的利润率。

战略思考看起来都是以这一告诫开始的：不要让自己陷入任何一个"大路货"行业。羽翼未丰的商科生都曾学过，制定任何可靠的战略的第一步就是让自己的产品与竞争对手差异化。但差异化作为逃避"大路货"行业困境的战略有一个重大缺陷——它没有成效。

差异化或许可以使你的产品避免成为所谓的"大路货"，但是它无法消除竞争激烈和利润微薄这两个"大路货"行业的重要特征。虽然竞争程度可能会有所改变，但是对利润的侵蚀会持续下去，因为问题的本质不是缺少差异化，而是没有进入壁垒。理解进入壁垒的重要性及其作用机理是制定有效战略的关键。

在与全球范围内的竞争对手实现差异化方面，恐怕没有哪个产品比奔驰轿车做得更成功。许多刚攀上高位者都至少要买一台奔驰轿车来彰显地位，更奢侈一些的则会买一个车队的奔驰轿车。就差异化而言，塑造品牌是一项主要的战术，而奔驰的"三叉星"标志可能是在全球市场里最广为人知的高品质象征了。凯迪拉克也曾在美国享有相同的地位，它的名字在美国成了高品质的象征——"汉堡中的凯迪拉克"（20世纪50年代纳特·科尔对 P. J. Clarke's 汉堡的评价）、"摇篮中的凯迪拉克"（www.epinions.com）、" PC 中的凯迪拉克"（《商业周刊》，1999年5月19日）。然而，尽管被认为是高品质的代名词，奔驰和凯迪拉克却没能够将品牌的力量转化为高盈利性的生意。实际上，它们的经济绩效与那些人们急于摆脱的"大路货"差别不大。

高回报被侵蚀的过程很直接。还是以豪华轿车行业为例，"二战"后凯迪拉克（以及林肯）和奔驰分别在美国和德国称霸，并获得绝佳的利润。较高的利润水平吸引了别的企业进入市场，试图分一杯羹。在美国豪华轿车市场，20世纪70年代第一批"入侵"的是奔驰、捷豹和宝马等欧系企业。紧接着在20世纪80年代，讴歌、雷克萨斯和英菲尼迪等日系企业也接踵而至。

如果豪华轿车行业是"大路货"行业，那么新进入者会压低价格，但事实并未如此。尽管进口车打入市场，但凯迪拉克和林肯依然以高昂的价格出售，因为进口车并不在价格上与它们竞争。但是，随着可供选择的豪华轿车品牌越来越多，凯迪拉克和林肯的销量与市场份额都开始下降。与此同时，它们差异化战略的固定成本却没有减少，包括产品开发、广告、维护经销商与服务网络，结果分摊到每辆车上的固定成本上升，于是每辆车的利润空间被压缩了。凯迪拉克和林肯不仅销量下降，而且利润率也同时下降，所以盈利水平大幅收缩，尽管它们的产品差异化程度很高。

上述价格稳定、销量下降且单位固定成本上升的过程，不同于价格驱动的"大路货"行业，但是对利润的最终影响别无二致。在豪华轿车行业，上述"双降"也并不是"一次到位"。当第一批欧系车进入美国市场的时候，凯迪拉克和林肯已经遭受了销量下滑和利润率被侵蚀。但在第一波冲击之后，豪华轿车行业的资本回报仍然很高，足以吸引其他的新进入者，只不过这一次是本田、丰田和日产的高端品牌。

唯有豪华轿车行业丰厚的盈利机会消失，蜂拥而至的新进入者才会望而却步。当新进入者使得市场份额足够碎片化，以至于高额的单位固定成本侵蚀了所有超额利润之后，就不存在对于新进入者而言有意义的机会了。当行业的资本回报变得平庸，对新进入者的吸引力消失时，进入行业的行为也就消失了。

根据上面的分析，即使是奔驰这样著名品牌的资本回报也并不比平均水平高多少，就并不令人奇怪了。就其本身而言，产品差异化并不能消除竞争对利润的侵蚀。相较于"大路货"，广受赞誉与认可的品牌其实并没有受到更好的保护。高回报率或吸引新进入者分一杯羹，或促使现有竞争对手积极扩张势力范围，或两者兼有。这一过程的冷酷本质引出了我们关于战略原则最为重要的陈述：

"若没有力量阻挡竞争者的进入，行业利润率就会被拉低，效率高的企业也最多只能获得正常的投入资本回报率。创造战略机会的是进入壁垒，而不是差异化本身。"

效率的重要性

上述观点有几个重要的含义。第一个是在所有没有进入壁垒的市场里，效率与生存之间的关系。

显然，在铜、钢铁或纺织行业，如果企业无法以低于或等于市场价格的成本进行生产，那么早晚会失败离场。因为长期来看，"大路货"的市场价格是由最高效生产者的成本水平决定的，无法达到这一效率水平的竞争者将无法生存。基本上，相同的状况也适用于产品差异化的市场。

产品差异化就像是午餐——天下没有免费的午餐。企业必须分配资源投资于广告、产品开发、销售与服务、采购、分销渠道及一系列其他方面，以期相较于竞争对手差异化自己的产品。如果它们无法高效地运营，那么就会输给做得更好的竞争对手，其产品的售价和市场占有率也将落后于对手。从结果上来看，它们在产品差异化上的回报率将低于效率更高的竞争对手。

不可避免地，当成功的企业开始扩张时，低效率企业的市场份额就会进一步下降。即使这些效率低下的企业能把产品卖出好价钱，它们在差异化投资上赚取的回报率也会下降。

当回报率低得让投资失去意义时，低效率企业只能奋力挣扎以求生存。这是许多产品差异化行业的历史，如汽车、家电、零售、啤酒、航空与办公设备等行业。只有少数成功的竞争者存活下来，而很多曾经主导市场的企业走向衰弱甚至消失在历史的尘埃里，如通用汽车、真力时、大西洋与太平洋茶叶公司、库尔斯、凯马特和泛美航空。

在产品差异化行业里，对高效率的要求并不亚于"大路货"行业，甚至要求更高。对于"大路货"行业里的生意，高效运营主要是为了控制产品成本，对市场营销的要求很低。在产品差异化行业里，高效运营不仅意味着控制生产成本，还必须有效执行市场营销的每个环节。

竞争的维度已经超出了简单的成本控制维度。处在产品差异化行业里的企业必须高效地管理产品与包装研发、市场研究、产品组合、广告与促销、分销渠道和销售人员等，而且所有的这一切都要在不浪费钱的条件下完成。除非有某种力量能够阻止来自新进入者的竞争与扩张，否则在各方面实现高效运营就是取得商业成功的关键。

前面观点里蕴含的第二个含义是对于"正常"回报率的本质理解。投资者会因为企业使用了其资本而要求得到一定的回报。在"正常"情况下，经过适当的风险调整之后，回报率应该等于投资者在其他地方能够获得的回报水平。如果投资者通过购买平均风险水平企业的股票能够获得12%的回报，那么其投资的企业也应该在自己平均风险水平的投资上获得12%的回报，否则投资者最终会撤回自己的资本。在现实中，"正常"回报率意味着多年回报的平均水平。无法提供"正常"回报率的管理层可能可以硬撑一段时间，但长远来说，企业终将倒闭。

进入壁垒与竞争优势

进入壁垒是战略的核心。我们简化战略思考的第一要务是理解什么是进入壁垒及它是如何产生的。必须将企业拥有的特殊技术和能力与真正的进入壁垒区分开来，后者是特定市场的结构性经济特征。

至少在理论上，纵使是经营能力一流的企业，其竞争对手也有办法获得其技术与能力：制度可以被复制，人才可以被挖走，管理水平可以提升，上述这些最终只是企业高效运营的组成部分。

战略关心的是结构性的进入壁垒。战略规划的核心内容是识别这些进入壁垒，理解它们如何运作、如何被构建，以及如何捍卫这些进入壁垒。如果存在进入壁垒，那么进入壁垒之内的企业必然能够做某些潜在新进入者无法做到的事情，无论后者花多少钱或是能够多么高效地模仿成功企业的最佳实践。换句话说，进入壁垒之内的企业享有相对于潜在新进入者的竞争优势。

虽然进入壁垒和竞争优势经常被作为战略的不同方面，但是它们仅仅是描述同一事物的不同方式。如果想让前述观点更为严谨，那么可以做一个必要的修正：进入壁垒等同于在位企业的竞争优势，而新进入者的竞争优势只有短暂和有限的价值，例如能够运用先进的技术、使用新颖的设计及无须负担老旧产品维护和照顾退休员工的成本。

一旦新进入者确实进入了市场，它就变成了在位企业。它用以打入市场并从在位企业抢到生意的优势，如先进的技术、较低的劳动成本、新颖的设计，也会造福下一个新进入者。如果之后进入市场的企业总是享有优势，那么根据我们的定义，其实并没有进入壁垒和可持续的超额回报。

由于竞争优势只属于在位企业，它们的战略规划必须聚焦在维持并利用自己的优势上。与此同时，任何雄心勃勃试图进入有进入壁垒保护市场的企业都应该巧妙地设计方案，使得在位企业容忍自己存在的成本要比消灭自己低一些。

∷ 进入、退出与长期利润率⊖

在没有进入壁垒的行业里，也存在相对于进入与扩张相反的一面：退

⊖　这里讨论的是退出壁垒，也是在中国供给侧改革大背景下的常见现象。退出壁垒是指当在位企业市场前景不好，业绩不佳时，意欲退出市场，但由于各种因素，资源不能顺利转移出去。——译者注

出与收缩。正如不寻常的利润会吸引新的竞争者或者激励在位企业扩张一样，低于平均水平的利润率也会促使企业离开。如果这一过程持续足够久，那么低效率的企业最终将萎缩和消失。但是，这两个相反的过程并不是对称的。有孩子的家庭都知道，买小猫、小狗很容易，但是由于各种原因把它们转送他人十分困难。在商业社会中，各种各样的新厂房、新产品和新产能就好像是前述的"小猫、小狗"，获得它们比处理掉它们简单。

由于这种不对称性，拥有过剩产能、回报率低于平均水平的行业处理不需要的资产所花费的时间，要长于回报率高于平均水平的行业新增产能所需的时间。供给过剩持续的时间要比供给不足的时间更长。尽管长期而言企业必须向投资者提供与其风险水平相匹配的回报，以补偿资本成本，但是这个长期可能远超除管理层以外的人认为的合理期限。新厂房和产品的寿命又使这个问题变得更为严重。对于成熟的资本密集型行业，退出与缩减规模所需的时间通常要长于对厂房和设备需求较少的新兴行业。

"大路货"行业通常属于成熟行业，它们效益不彰，往往是因为纵使不再赚钱，但还是能够继续惨淡经营。但是强大的驱动力仍然是进入与退出背后的机制，而不是"大路货"与差异化产品之间的区别。正如航空业历史证明的，有耐心资本支持并且对行业有深厚感情的企业，会给更有效率的竞争对手的盈利能力带来数年之久的损害。

竞争优势的类型

真正的竞争优势只有少数几种类型。竞争优势可能源于先进的生产技术、取得独特资源的权利（供给侧竞争优势），也可能源于消费者的偏好（需求侧竞争优势），或者是规模经济与某种程度消费者偏好的组合（关于供给侧与需求侧竞争优势的相互作用，我们将在第3章中讨论）。以效力和持续性来衡量，生产优势是最弱的进入壁垒，与客户锁定叠加的规模经济是最强的进入壁垒。

此外，还有源于政府干预的竞争优势，如许可、关税与配额、授权垄断、专利、直接补贴和各种监管措施。例如，电视广播许可证就为它的持有者提供了强大的竞争优势。美国证券交易委员会授予的"国家认可统计评级组织"这一认证帮助标准普尔、穆迪和其他几家相对小一些的机构维持了在信用评级市场的统治地位，尽管它们收费高昂。哪怕是在自由经济体，某些企业从国家获得的利益仍比其他企业要多。不过抛开政府因素不谈，竞争优势的其他来源仍然根植于基本的经济状况。

供给侧竞争优势：有竞争力的成本

在位企业获得竞争优势的一种方式是拥有潜在新进入者无法复制的低成本结构。因此，在当前的市场状况（价格与销量水平）之下，在位企业能够获得诱人的回报，而潜在新进入者由于更高的成本结构无法做到。

这种竞争优势使得大多数明智的企业打消念头，决定不进入在位企业的市场。如果有些盲目乐观的企业非要尝试进入市场，那么在位企业可以利用其低成本结构，提供比新进入者更低的价格、更频繁的广告、更好的服务等进行反击，将其逐出市场。最终，新进入者将失败离场，并且给有类似想法的企业留下前车之鉴。

低成本结构可能源于较低的投入成本，更为常见的是专有技术。专有技术最基本的形式是受专利保护的产品线或工艺流程。在专利期，这样的保护几乎是全面且彻底的。侵犯专利会受到的惩罚和相关法律费用使得试图进入市场的企业面临着极高甚至无法估量的潜在成本。

历史上，无论是复印机行业的施乐、胶卷行业的柯达和宝丽来，还是制药行业的很多医药企业，都在产品的专利期享有这种优势。工艺流程的专利也同样强大。美国铝业公司通过生产工艺上的专利垄断铝市场多年，杜邦凭借其在产品和生产工艺上的专利取得了经济上的长久成功。然而，专利通常会在 17 年之后过期。因此，以专利为基础的成本优势仅能在有限的时间内维持。相较于 IBM 从 20 世纪 50 年代到 90 年代在计算机市场的长期垄断，或者可口可乐在汽水市场叱咤风云 1 个世纪，专利的保护期相对较短。

除了制药行业，由于拥有专利而获得市场垄断地位的案例相对较少。

即使在制药行业里，类似药品也会削弱技术优势，想想市场上有多少种抗抑郁药就明白了。但是，专利并不是专有技术的唯一来源。

在生产工艺复杂的行业里，学习和积累经验是降低成本的主要途径。对于大多数化工和半导体行业的生产工艺，良品率会随着时间积累、生产流程和原材料方面的诸多细微调整而得到大幅提升。更高的良品率意味着生产成本的直接降低，还会间接节省质量控制方面的成本。这样的一系列调整还减少了生产环节所需的人工和原材料投入。在生产上锲而不舍、精益求精的企业可以沿着学习曲线持续改善，保持比大多数专利所能提供的更为长久的成本优势，并领先于业内的竞争对手。

然而和专利一样，这种基于学习和经验的专有成本优势在可持续性上也存在与生俱来的限制。这在很大程度上取决于技术进步的速度。如果技术进步很快，那么由于生产工艺本身的过时，基于此的学习经验及成本优势也会失去意义。因此，在如半导体、半导体设备、生物技术等技术发展迅猛的行业里，成本优势的寿命比较短。

另外，如果技术进步随着行业成熟变得缓慢，那么竞争对手终将获得领先的在位企业习得的经验。20世纪20年代，生产收音机的美国无线电公司（RCA）是美国著名的高技术企业。但随着时间推移，竞争对手追赶了上来，而且制造收音机变得并不比生产烤面包机更为复杂。把视角拉长，长期来看几乎任何产品都会变得和烤面包机一样，而烤面包机的制造并没有什么重要的专有技术优势，同样也不会有较高的回报率。

此外，对专有技术优势而言，简单的产品与工艺并不是沃土。它们难以申请专利，并容易被复制和转让。如果某种产品或服务的窍门可以被少数员工彻底掌握，那么竞争对手就可以通过挖墙脚来获得这些窍门。⊖如果窍门背后的技术含量并不高，那么先获得窍门的企业很难控告对方剽窃专有技术，因为大部分技术被视为"常识"。对于如医疗保健、交易处理、金融服务、教育、零售等占全球经济活动约七成的服务业，这一限制因素带

⊖　1789年，塞缪尔·斯莱特将理查德·阿克赖特的棉纺技术从英格兰带到美国罗德岛州的波塔基特，因为塞缪尔·斯莱特记住了棉纺机械设备的设计原理。他违反了英格兰的法律——不得出口任何技术，无论是机器还是制造机器的知识。

来很大的影响。这些服务业的技术要么简单初级，要么由专业第三方合作企业开发。真正意义上的专有技术必须在企业内部开发。由咨询公司或供应商来负责绝大多数产品和流程创新的市场不可能存在明显的、基于技术的成本优势，因为任何企业只要愿意付费就能获得这种"优势"，如 NCR公司为零售企业提供销售点终端、自动柜员机、条码阅读器等设备。

这也正是为何我们认为"信息技术将成为竞争优势来源"这一想法极具误导性。信息技术行业的很多创新都来自埃森哲、IBM、微软、思爱普、甲骨文等企业，一些小型、更为专业化的企业通过普及这些技术创新谋求生存发展。所有企业都能得到的创新不会给任何企业带来竞争优势。有些企业能够更好地利用这些创新，但这只是组织效率问题，与竞争优势无关。

如果说基于专有技术的成本优势并不多见且持续的时间也不长，那么源于较低投入成本的成本优势则更少见。劳动力、各种形式的资本、原材料和中间投入品通常都在竞争性市场上出售。有些企业需要对付能够提高劳动力成本的强大工会，可能还要处理存在资金缺口的养老金计划和退休员工的医疗费用问题。不过，如果一家企业的员工福利负担较轻且没有工会，它就能够进入市场且享有这方面的成本优势。当然，其他类似企业也能够追随并进入市场，而类似企业不断进入市场的过程终将消除低劳动力成本带来的超额回报。

有工会的企业会停滞不前或者走向死亡，但是幸存者也不会享受到竞争优势。第一家获得低成本劳动力的企业相对于行动稍慢的竞争对手也许获得了短暂的收益，但随着其他企业的跟进，这种收益将迅速消失。

获得便宜的资本或雄厚的资金支持则是另一个虚幻的优势。互联网泡沫给我们的教训之一就是：即使募集资金非常容易，也并不代表这就是所谓的竞争优势。很多连令人信服的商业计划都没有的企业获得了几乎无限的资本。而与未经验证的新商业模式的风险相比，资本要求的回报率简直低得难以置信。但是，募资容易并不代表未来商业上的成功。

历史里充斥着企业被更有效率的竞争对手逐出某个行业的故事：钢铁行业、家电制造业、小型零售业、全国连锁行业等。但是，只有少数企业是因为对手具备雄厚财力的优势，而被逼得走投无路的。在多数情况下，如 IBM、AT&T、柯达和"日本公司"⊖等资金雄厚的企业在错误的投资上撒下大笔银子，部分原因就是它们认为自己有钱，以至于最后自作自受、蒙受损失。

有时候，尤其是在日本进军美国和欧洲制造业的高潮期，人们认为有一些企业能够优先获得资本支持，使得资本对于它们来说变得"便宜"。这种优先渠道经常是由政府支持的，空中客车就是如此。有时候这些资本之所以"便宜"，是因为其是昔日以很低的成本筹集的。但是在这种情况下，资金的实际成本其实并不低。

如果资本市场普遍的回报率是 10%，那么将资本投资到回报率只有 2% 的项目就是赔钱——损失了 8% 的回报率，即使筹集资金的成本只有 2% 也是赔钱。以这种方式利用"便宜"的资本根本就是愚蠢的行为，而不是什么竞争优势，这种做法没有可持续性。

在缺乏政府支持的情况下，所谓的"便宜"资本不过是经济谬误。最好把因政府支持而来的"便宜"资本视为一项来自政府补贴的竞争优势。

有一些企业确实拥有更优的原材料渠道，如沙特国家之于石油，或者地理位置优势，如芝加哥奥黑尔国际机场之于联合航空。然而，这些优势无论是在有效的市场范围，还是在防止新竞争对手进入的程度上，往往都很有限。沙特国家石油在每桶原油上的获利比挪威国家石油要多，但只要对原油的需求够充足，挪威国家石油就不会被市场淘汰。此外，联合航空也无法将它在芝加哥奥黑尔国际机场的优势扩展到其他机场。

同样的道理也适用于特殊人才。朱莉娅·罗伯茨或汤姆·克鲁斯等巨星也未必永远是票房保证，但在开拍新片时，签下他们的制片厂享有凌驾

⊖　"日本公司"是一个强调日本传统上高度集中的经济体系的术语。"日本公司"的主要特征是日本经济产业省在国家发展上的关键作用，它引导了"二战"后日本的经济发展。"日本公司"的另一个主要特征是经连会（keiretsu），企业之间结成紧密的联盟为彼此成功而共同奋斗，也被称作"政府发起的企业联合"。纵向经连会存在于制造商与供应商之间，横向经连会则是多家公司以一家银行为中心交叉持股。这与西方的供应商关系截然不同，占据了日本经济活动的绝大部分。很多美国公司认为受到了这种日本官僚与企业之间紧密联盟及不公平贸易政策的影响，20 世纪 80 年代"日本公司"一词在西方的商业社会很流行。——译者注

其他制片厂的竞争优势。然后，就像其他基于特殊资源的优势一样，这种优势也受到多方面的限制。首先，拥有引流能力的是明星本身而不是制片厂。在拍摄下一部新片时，他们可以和任何制片厂签约。其次，明星会过气，合同也会到期，而且正如一个个渴望成功的演员和经纪人证明的一样，创造下一个朱莉娅·罗伯茨或汤姆·克鲁斯是没有进入壁垒的。最后，任何明星的价值都局限于特定的观众群体，他们无法成为更为广阔市场的万人迷。

这些基本的限制同样适用于其他特殊资源，从丰富的矿藏储备到黄金地段的有利租赁合同。除了极少数例外情况，仅仅在局部市场（无论是地理还是产品维度）投入成本较低只是显著竞争优势的一个来源。至于其他情况，较低的投入成本并无助于形成进入壁垒。

需求侧竞争优势：客户锁定

在位企业若要享有市场需求侧的竞争优势，就必须能够获得竞争对手无法企及的客户。传统意义上树立高质量形象和企业声誉的广告本身并不足以提供上述优势。如果另一家企业有同样的机会建立和维护一个品牌，那么在位企业没有任何竞争优势，也无法通过进入壁垒来阻止潜在新进入者进入市场。

需求侧的竞争优势需要客户在某种程度上被在位企业锁定。这种锁定给予了在位企业有利的地位。在很多年前的香烟广告里（那时还有香烟广告），烟民宣称他们"宁可抗争也绝不换牌子"。每个企业都希望能拥有这么忠诚的客户。

对于新进入者而言，它们可能无法将忠诚的客户从在位企业那里挖走。但它们可以大幅降价甚至赠送产品吸引人们试用。它们可以将自己的产品与其他产品捆绑销售以增加吸引力。但是客户锁定依然构成一种竞争优势，因为新进入者无法在相同的条件下像在位企业一样吸引客户。

除非新进入者能够找到某种方法，以大大低于在位企业的成本生产产品或提供服务。但这不太可能，否则它们制定的价格或达成的销量都不会有利可图，因此也不可持续。在位企业有竞争优势，是因为它们能够做到挑战者无法做到的事情：将产品以一定的利润卖给被锁定的忠诚客户。

客户被商家锁定主要有三个原因。

习惯

吸烟会上瘾，而购买特定品牌的商品是一种习惯。当客户经常购买同一品牌的商品，形成了既难以理解又不易破坏的忠诚时，这种习惯就形成了客户锁定。尽管在烟瘾难耐时，烟民会抽其他品牌的香烟作为替代品，但在正常情况下，他们一定忠于自己喜欢的品牌，这就是上瘾的结果。

汽水消费者也对自己喜欢的品牌很忠诚。对于通常只喝咖啡、茶或水的人来说，可口可乐和百事可乐的味道差不多。但是，可口可乐和百事可乐有各自的拥戴者，而且对于自己的选择都相当忠诚。20世纪80年代，可口可乐决定调整配方，增加可乐的甜度，以期挽回流失的年轻消费者，并阻止不够忠诚的消费者转向百事可乐。可口可乐对消费者进行了口味测试，在确信新口味获得了更多支持后，才改变了配方。但当该企业推出新可乐并将传统可口可乐下架之后，可口可乐的忠实消费者怒不可遏。在犹豫几个月之后，该企业撤回了之前的决定，重新将原来的可口可乐树立为旗舰品牌，从而幸运地摆脱了自己惹出的麻烦。从这个故事中我们得到一个教训：千万不要得罪忠实客户（消费者）。

由于尚不清楚的原因，啤酒消费者并不具备上述忠诚度。那些通常在家里和本地餐厅喝百威和库尔斯啤酒的人，在墨西哥餐厅就想尝试科罗娜或多瑟瑰啤酒，而在中餐馆则会选择青岛啤酒。这也许解释了为什么百威英博投资购买了青岛啤酒的股份。然而，对于可乐消费者而言，他们从不会想尝试"长城可乐"或者类似的当地本土可乐品牌。

当购买行为足够频繁并且实际上是自动进行的时候，习惯就成功地锁定了客户。我们更多地在超市而不是汽车经销商或电脑卖场观察到这样的行为。大多数人乐于购买新品牌的汽车。事实上，他们曾经拥有一辆雪佛兰或宝马轿车，并不意味着他们不会去试驾福特或者雷克萨斯轿车。

无论是个人计算机消费者还是 IT 经理，在采购硬件的时候都会根据价格、性能和可靠性进行选择，而不太在乎他们现在电脑的品牌是 IBM、戴尔还是惠普。他们确实需要考虑与当前软件的兼容性问题，不过这是转换成本的问题，不意味着他们被习惯锁定。

习惯通常是局部的，这表现在它只和企业的某个产品而非全部产品相关。佳洁士牙膏的忠实消费者并不一定会经常使用汰渍洗衣粉或者宝洁旗下的其他产品。

转换成本

当客户需要花费大量的时间、金钱和精力才能更换供应商时，他们实际上已经被现有供应商锁定了。在计算机时代，软件是我们最容易想到的高转换成本产品。更换软件的转换成本令人望而却步：不仅要重新编写自有或商业代码，还要重新培训软件的使用者。

除了要花费必要的额外金钱与时间，更换任何新软件都可能提高出错率。当涉及软件的功能对企业的运营十分关键时，如订单输入、收货、开发票、发货、记录档案或银行交易，除非面临系统崩溃导致的业务中断风险，几乎没有企业愿意放弃现有软件，即使新软件能够极大地提升效率。

这种转换成本由于网络效应变得越加沉重。如果你的软件必须与别人兼容，那么只要别人不换软件，你就很难更换软件，即使新软件在某些方面性能更为优越。为了确保可持续的兼容性，更换软件的成本变得更高，而且一旦新软件无法很好地与现有软件兼容，就可能会造成灾难性的后果。

不过，软件并非客户转换成本巨大，进而让在位企业比潜在新进入者更具优势的唯一产品或服务。只要供应商必须花费很多时间和精力理解新客户需求的方方面面，那么对于客户而言就一定存在转换成本。客户不得不提供这些信息，供应商也有压力去理解与掌握。这正是客户不轻易换律师的原因之一。同样的道理，习惯开某种药的医生可能不愿意换成另一种不太熟悉的新药，哪怕新药相关信息充分，销售代表勤勉尽责。

标准化，尤其当不是专利标准的时候，是降低转换成本的方法。这也是客户喜欢标准化产品的原因。在 IBM 的辉煌时代，它的大型机产品由自家组件装配而成，运行 IBM 自己的操作系统，使用 IBM 自己的应用程序，甚至从 IBM 租赁使用。虽然从一台 IBM 计算机换到另一台是困难的，但是完全转换到一个 IBM 之外的全新体系却是极其危险和艰巨的。在其他企业开始提供兼容的外围设备、应用程序和融资支持之后，转换变得简单了一些。由于 IBM 在个人计算机上的设计决策，新进企业找到了将开放标准构建进计算机系统的办法，并实现了计算机之间的连接，在此之后整个 IBM 大厦便开始瓦解。

更换信用卡要谨慎，因为在获得新的信用卡之前必须先偿还旧信用卡的欠款余额。后来，信用卡发卡机构开始提供预批准并鼓励客户将旧信用卡的欠款余额转到新的信用卡。由于客户在更换信用卡上的转换成本降低甚至完全消除了，信用卡发卡机构之间的竞争加剧了。

搜寻成本

当寻找可接受的替代品或服务代价高昂时，客户就被绑定在现有的供应商上了。如果客户需要的是一台新冰箱，那么搜寻成本几乎可以忽略不计，因为关于竞争性产品的信息与评价唾手可得。但对于很多人来说，寻找新的医生⊖不仅仅是找到医生的联系方式那么简单。潜在患者没有获得所需信息的现成渠道，而考虑到医患关系里患者的隐私问题，除了个人亲自体验，别无其他选择。

当产品或服务非常复杂、个性化，且对客户十分重要时，较高的搜寻成本是一个不可忽视的问题。具体来说，汽车保险基本上是标准化产品，以多大的成本获得多少保险保障都是明确的，而且美国各州政府的相关法规还使得投保人减少了对保险公司可靠性的担心。相反，房屋所有权保险则更为复杂，涉及不同的保险保障范围、免赔额、包含或排除条款、保险公司信誉及其历史理赔记录和其他一系列问题。

这一切细节都使人们倾向于避免改变。只有那些对其保险公司的保费

⊖　这里指美国的家庭医生，主要在基层提供预防保健、常见多发病诊疗和转诊、病人康复和慢性病管理、健康管理等一体化的基础非专科医疗服务。一般来说，家庭医生是掌握患者情况最多的。美国的家庭医生通常开诊所独立执业，也有规模化的群体执业形式。——译者注

或服务水平非常不满意的房屋所有者才会愿意承受这些麻烦去寻找替代的保险产品，尤其是在选择一家不够格的保险公司可能会招致很大损失的情况下更是如此。在这个例子里，服务客户的可能是保险经纪人而非承保的保险公司，所以经纪人由于高昂的转换成本而享有客户锁定带来的收益。

对于企业而言，其产品或服务越专业化和个性化，其客户寻找替代品的搜寻成本就越高。专业服务就属于这一范畴，其涉及大量人与人之间的沟通交流。复杂的制造与仓储系统在专业化和个性化程度上也很高。哪怕不是完全满意，改进现有供应商的服务或继续和现有律师事务所合作仍然是较好的选择，寻找更好的替代者既会耗费不菲的成本又有潜在的风险。这就是许多企业为了避免受到单一供应商的牵制，与多家供应商和专业服务机构保持关系的原因。

总而言之，习惯、转换成本和搜寻成本创造了需求侧的竞争优势。与供给侧或成本方面的竞争优势相比，需求侧的竞争优势更为普遍和强大。不过即使是需求侧的竞争优势，也会随着时间流逝而消失殆尽。新的客户与任何企业都没有联系，可以被任何企业获得；现在被锁定的客户最终都会离开，他们可能搬家了、成熟了，抑或是离开人世。在青少年消费品市场上，现有的消费者会不可避免地长大成人，而新一代青少年，也就是之前的儿童，则不属于任何品牌。这一过程随着生命周期不断重复，给客户锁定的持续时间加上了一个自然的期限。就像我们看到的，即使是可口可乐，也在百事可乐发掘了"百事一代"之后损失了大量消费者。少有像亨氏番茄酱这样从代代相传的食用习惯中长期获益的老牌产品。

竞争优势
规模经济效益与战略

规模经济效益与客户锁定

到目前为止，我们探讨的竞争优势都不复杂。在位企业之所以能够击败新进入者，要么是因为享有可持续的低成本，要么是因为客户锁定而享有更多的需求。合起来看，前述两项涵盖了决定利润的收入和成本两大要素。竞争优势还有一个潜在的来源。事实上，真正持久的竞争优势来自供给侧竞争优势与需求侧竞争优势的相互作用，即规模经济效益与客户锁定的有机结合。一旦企业理解这两者如何相辅相成，就能够设计出有效的战略来加强这两种竞争优势及其相互作用。当然，有时候这种作用机制与人们对于成长市场吸引力的普遍观念恰恰相反。

规模经济效益带来的竞争优势并不取决于龙头的绝对规模，而取决于龙头与其竞争对手在市场份额上的差异。如果随着企业产量提升，平均单位成本下降，那么只要小企业的业务规模追不上大企业，即使它们能够平等地获得同样的技术与资源，也无法在成本上与大企业竞争。由于上述成本优势，大企业可以让自己在盈利性很好的价格水平上出售产品，小企业会因受制于更高的平均单位成本而亏损。形成规模经济效益的成本结构基础通常是：①大量的固定成本；②随着产量上升而以恒定量变化的可变成本。举例来说，服装企业每生产一件产品都需要同样数量的布料和人工，但并不需要用到太复杂的机器，所以可变成本与固定成本之比很高。相反，对于软件企业而言，其成本大部分是固定成本，即开发软件花费的编写程序与测试软件的成本。一旦软件开发完成，生产一个新拷贝的成本就可以忽略不计。因此，无论软件企业的客户数量有多少，总成本都增长得相对较慢。随着企业的规模增长，固定成本被分摊在更多的产品上，而单位可变成本不变，于是产品的平均单位成本就下降了。

然而，规模经济效益要成为真正的竞争优势除了成本结构之外，还需要一个额外的条件配合。如果新进入者和在位企业拥有相同的获客渠道，新进入者就有可能发展到在位企业的规模。如果一个市场里的所有企业都有平等的获客渠道和同样的成本结构，而且在位企业和新进入者以相似的条款售卖类似的产品，那么这个市场通常会被市场参与者相对平均地瓜分。对于存在产品差异化的市场也是如此，如家电市场、"大路货"市场等。所有能高效运营的企业应该都能够达到类似的规模和平均成本水平。

因此，要使规模经济效益成为竞争优势，在位企业享有一定程度的客户锁定是必须条件。对于一家运营效率正常的在位企业，如果它能够在价格和其他营销条件上与其竞争对手匹敌，那么由于客户锁定的存在，这家企业就能够捍卫自己占优势的市场份额。虽然新进入者可能运营效率高，但是它们无法达到在位企业的规模，进而在平均成本上也永远是较高的。

如此一来，在位企业能够压低产品的价格，迫使竞争对手无利可图而自己仍然实现盈利，进而提升自己的市场份额。由于在位企业享有客户锁定这个优势，新进入者无论如何也达不到在位企业的规模，永远是规模经济效益的受害方。所以，哪怕只有一定程度的客户锁定，只要和规模经济效益结合起来，就会变成强有力的竞争优势。

这一动态过程值得我们进一步考察。如果新进入者拥有与在位企业类似的技术和资源，而且坚持不懈、不屈不挠地在市场耕耘，那么可以合理预期：新进入者或早或晚，总会接近在位企业的规模。如果在位企业对维护自己市场地位不够警惕，那么新进入者可能就会追上来。商业历史上有太多鲜活的例子：日本车商进入美国轿车市场；富士胶卷与柯达胶卷的较量；20世纪80年代比克一次性剃须刀夺取吉列的市场份额。这些都是规模经济效益没有被完好保护的案例，显示出在疏于保护的情况下，规模经济效益也有其脆弱性。

但只要在位企业积极保护自己的市场份额，就仍然在竞争中占有清晰的优势。这就是为什么我们强调在位企业应该清楚地认识到自身竞争优势的本质，并确保自己的战略能够充分地保护自己的竞争优势。这方面也有一些不错的案例：微软在系统软件细分市场的打法；波音与麦道在商业客机领域的竞争；必能宝在邮政、快递行业的举措。

一个简单的例子可以解释为什么在小市场比在大市场中更容易获得竞争优势。对于一个位于美国内布拉斯加州、人口只有五万或更少的偏远小镇而言，其需求只能支撑一家大型商店存在。只要有企业动真格地开了一家大型商店，那么它就享有不可动摇的垄断地位。如果另一家商店进入了这个小市场，那么两家商店都没有足够的客流来支持自身的盈利。如果其他影响因素相同，那么新来的商店也不可能把在位商店挤走。所以对于新商店而言，最好的选择就是不进入这个偏远小镇的市场，也就不会对在位商店的垄断地位造成纷扰。

与内布拉斯加州的偏远小镇形成鲜明对比的是纽约的市中心。这个大市场可以支撑很多个实质雷同的商店。即使是一个实力强大、财源充足的在位商店，其阻止新商店进入市场的能力也十分有限。换句话说，在位商店无法基于相对于竞争者的规模经济效益建立有效的进入壁垒。由此类推，中等规模与密度的城市市场在建立和维持进入壁垒方面介于大城市和小城市之间。这个规律既适用于地理上的市场，也能够在产品领域得以应用。比如，相较于处于大市场的通用计算机企业，位于细分市场的专用计算机企业更容易获得规模经济效益并由此获得利润。

在成为零售业全球巨头之前，沃尔玛聚焦美国中南部，享受在配送、广告和门店管理方面的局部规模经济效益，获得了较高的盈利能力和局部垄断地位。沃尔玛通过"天天低价"的策略捍卫自己的区域性地位。西南航空聚焦在得克萨斯州及其周边的州，同样获得了很好的盈利能力。此外，在零售、电信、住房开发、银行和医疗服务等行业均有一些强大的区域性企业，它们都是很好的例证。

捍卫规模经济效益

对于享有规模经济效益的在位企业，最好的战略是与新进入者挑衅的做法保持一致，以降价对抗降价，以新产品对抗新产品，以细分市场对抗细分市场。这样一来，客户锁定甚至仅仅靠客户惰性就能帮助在位企业保住优势的市场份额。由于新进入者的平均单位成本在抢占份额的任何一个阶段都高于在位企业，尽管在位企业的利润率也会受到损害，但新进入者的利润率会更低，并且经常低到不可持续的水平。于是在位企业的竞争优势最终会得到保护，虽然曾经面临直接攻击。

在争取新客户和新技术时，规模经济效益与以后更易获得现有客户的渠道相结合能创造竞争优势。比如，英特尔与 AMD 在 Windows 个人计算机下一代 CPU 上的竞争就是一个很好的例子。

计算机生产商已经习惯了与英特尔合作，并且对英特尔的质量水平、供应稳定性和售后支持服务感到满意。AMD 在这些方面也许表现得几乎与英特尔相当，但由于市场份额较小，再加上与客户的沟通交流也较少，AMD 与计算机生产商之间没有英特尔那种与客户之间的紧密关系。如果 AMD 与英特尔同样制造出了下一代 CPU，且同等先进、价格相同、同时上市，那么英特尔会毫无悬念地获得占支配地位的市场份额。英特尔只需要匹配 AMD 的产品与服务，就可以继续保持目前大概 90% 的市场份额。在规划下一代芯片时，英特尔有能力投入更多的资源，纵使芯片并不比 AMD 更好，英特尔也有把握获得较高的利润。

从经验法则可以大概得知，英特尔和 AMD 应该按照现有市场份额分别按比例投资。如果两家企业都将现有销售额的 10% 投在研发上，那么英特尔的研发经费会比 AMD 多 3 亿～26 亿美元。如此庞大的差距使得英特尔在下一代技术的竞争中占尽优势。事实上，现实对于 AMD 更加残酷：即使 AMD 能够生产出比英特尔更好的芯片，计算机生产商也大概率会给英特尔一些额外的时间跟上节奏，而不是马上转换为 AMD 的芯片。这两家企业过往的竞争史证明了英特尔对高新技术的投资通常会得到丰厚的报酬，即使当 AMD 短暂领先时，英特尔享有的客户锁定也总是能帮助它迎头赶上。规模经济效益帮助英特尔在很多代技术革新上保持了优势。

分销与广告上的规模经济效益也能够帮助企业保持和扩大客户锁定，且跨越多代客户。规模较小的竞争对手也能够和家乐氏、麦当劳、可口可乐这些大企业一样，把相同比例的销售额投入到产品开发、销售队伍和广告等当中。但是，在投入的绝对金额上小企业与上述大企业相比相差甚远。如此大的差距使得在位企业不仅能够赢得新一代客户，还可以开发出新一代的技术。规模经济效益与客户锁定的组合创造了可持续性最高的竞争优势。

从在位企业做决策的角度来看，规模经济效益有三大特征，具有重大意义。

首先，为了长盛不衰，企业必须保护自身基于规模经济效益的竞争优势。任何市场份额的损失都会削弱主导企业在平均单位成本上的优势。相较而言，基于客户锁定和成本优势的竞争优势并不受失去市场份额的影响。当规模经济效益对于生意非常重要时，主导企业必须时刻对潜在的威胁保持警惕。如果竞争对手推出有吸引力的产品或功能，主导企业必须迅速跟进。如果竞争对手发动了大规模广告宣传活动或是使用了全新的分销体系，主导企业必须想方设法让它们无功而返。

对于寻求仅达到最小可生存与运营规模的新进入者而言，未开发的细分市场很有吸引力，也提供了潜在机会。在位企业不能将这些细分市场拱手相让。当互联网成为个人计算机应用的主要场景时，微软不得不推出自己的浏览器以抗衡网景，同时提供互联网接入服务以应对美国在线（AOL）获得的细分市场。20 世纪 50 年代，百事可乐进军超市，将其作为一个新增的分销渠道，而可口可乐反应迟缓，结果让百事可乐夺得市场先机，获得市场份额。20 世纪 60 年代，本田等日本车企开始在美国销售廉价摩托车，美国摩托车行业没有采取任何有效措施应对来自日本的竞争对手。这几乎成了所有美国摩托车企业末日来临的序曲。哈雷－戴维森勉强幸存，一方面得益于美国政府的帮助，另一方面由于日本车企让哈雷－戴维森控制重型摩托车这一细分市场。企业必须永久警戒，毫不松懈地维护其规模经济效益。

其次，企业必须理解纯粹的规模并不等同于规模经济效益。规模经济效益的本质是：市场中的主导企业能够把固定成本分摊到比其竞争对手更多的产品上。创造规模经济效益的是相对的市场份额，而不是绝对的规模。

上述市场指的是固定成本维持不变的地理区域或者某一领域。对于零售企业而言，每个城市圈或地区的分销基础设施、广告费用和管理费用大多是固定的，如果要在特定城市圈或地区以外增加销售，固定成本就会上升，规模经济效益也会被削弱。AT&T 的移动电话业务在美国东北和大西洋沿岸各州的固定成本占收入之比高于威瑞森，后者在这个区域的市场份额大幅领先。虽然 AT&T 在全国范围内的市场份额占比更大，但与这个区域并不相关，也没有帮助。

当市场的概念是产品而非地理区域时，上述对于规模经济效益的理解同样适用。研发费用包括新生产线的开办费用、产品管理间接费用等，对于特定的产品线而言是固定费用。虽然 IBM 的总销售额比英特尔要大得多，能够投入研发的总资金也多得多，但是 IBM 的研发费用被分配在更为广阔的各种产品上。如果只看 CPU 的开发与生产——这个产品有其自身独有的技术特点和研发需求，显然英特尔企业享有在 CPU 上的规模经济效益。

网络的规模经济效益也具有相似的特性。虽然客户由于置身于密度较大的网络中受益，但是这种受益和规模经济效益仅限于这个网络覆盖的范围。安泰保险的医疗保险计划服务的客户数量在全国范围内多于牛津医疗计划，但是由于医疗服务是一种本地化服务，更为重要的是在某个区域市场里份额的多寡。在纽约都会区，牛津医疗计划的客户数量和医生数量都多于安泰保险。具体来说，牛津医疗计划签约了 60% 这一地区的医生，而安泰保险只与 20% 的医生有合作关系。对于一个新加入网络的客户而言，显然牛津医疗计划更具有吸引力。安泰保险在芝加哥、洛杉矶、达拉斯甚至费城也都分别占有市场 20% 的份额这一事实与纽约都会区的市场毫不相关，衡量规模经济效益的合适方法是比较相应网络内的固定成本。

只有少数几个行业的规模经济效益与全球规模相关。个人计算机系统软件和 CPU 的关联市场就是一个例子——微软和英特尔是全球范围的规模经济效益受益者。由波音和空中客车控制的全球商用飞机行业是另一个例子。但是，除了一些其他基于利益的考虑，上述四家企业都聚焦在某一个产品线，也就是局部产品概念上的规模经济效益。作为最成功的大型企业之一，通用电气总是将注意力集中在其参与竞争的特定市场的相对市场份额上，而不是自己的总体规模上。

最后，对于源自规模经济效益的竞争优势而言，一般而言市场规模增长会削弱竞争优势，而不是增强竞争优势。这种竞争优势的强度与固定成本的重要性直接相关。当一个市场快速增长时，固定成本在一定程度上是保持不变的，然而可变成本至少和市场增速一样增加。于是，不可避免的结果是固定成本占总成本的比例随着市场规模增长而下降。

这削弱了在位企业规模较大带来的优势。试想有两家企业，一家是在位企业，另一家是新进入者，它们在一个每年需要投入 10 万美元固定成本的市场中竞争。如果新进入者的年销售额为 50 万美元，在位企业的年销售额为 250 万美元，那么固定成本占新进入者年销售额的 20%，占在位企业年销售额的 4%，差距为 16%；如果市场规模翻倍，每个企业的销售额也将跟着翻倍，对于固定成本占销售额的比例而言，两家企业之间的差距会从 16% 缩小到 8%；如果市场规模增长到原来的 10 倍，上述差距会缩小到仅 1.6%，如表 3-1 所示。

此外，市场规模增长降低了新进入者必须跨越、以切实发挥竞争力的障碍。在上面的例子里，假设规模经济效益的门槛不超过 2%（即固定成本占销售额的比例不超过 2%），超过这个门槛新进入者就能与在位企业竞争。如果固定成本为每年 10 万美元，那么只要新进入者的年销售额达到 500 万美元，就能超越规模经济效益的门槛。所以，如果市场规模是 2500 万美元，新进入者需要斩获 20% 的市场份额，而如果市场规模是 1 亿美元，新

进入者只需要获得 5% 的市场份额。这显然是一个更低的进入门槛。纵使
在位企业是新进入者在行业内的唯一竞争对手，拥有 9500 万美元年销售
额，新进入者面对的规模经济效益门槛依然不超过 2%。

表 3-1 市场规模增长对竞争优势的影响

	新进入者	在位企业	在位企业 – 新进入者
初始市场规模			
年销售额（万美元）	50	250	200
固定成本（万美元）	10	10	0
固定成本 / 销售额	20%	4%	−16%
市场规模翻倍			
年销售额（万美元）	100	500	400
固定成本（万美元）	10	10	0
固定成本 / 销售额	10%	2%	−8%
市场规模增至原来的 10 倍			
年销售额（万美元）	500	2 500	2 000
固定成本（万美元）	10	10	0
固定成本 / 销售额	2%	0.4%	−1.6%

有一些显而易见的案例表明，随着一个个市场从局部市场变成全球市
场，在市场规模大幅增加的同时，规模经济效益带来的竞争优势变弱了。
全球汽车市场如此之庞大，以至于其中许多竞争者只需要达到一个不大的
规模（也就是很少的市场份额）就可以避免规模经济劣势。对于潜在的市场
规模巨大的互联网服务和在线销售市场而言，固定成本变得不那么重要了。
如果新进入者获得了能够支撑其生意所需基础设施投入的市场份额，那么
如亚马逊这种地位稳固的在位企业也将难以把新进入者完全阻挡在市场
之外。

虽然看起来与直觉相悖，但是多数以规模经济效益为基础的竞争优势
都建立在局部或者细分市场里。在这些市场，地理区域或产品空间是有限
的，与此同时固定成本占有很高的比例。

放松管制之后的美国电信业就是表明局部规模经济效益重要性的好例

子。由于局部市场小到容不下第二家企业，那些使用老旧技术的区域电信企业的利润率要比 AT&T、MCI、世通和斯普林特等全国性长途与移动电信企业的利润率高不少。

供给侧或需求侧的竞争优势与相关的战略

对于任何特定市场提出的战略方针都取决于该市场是否存在竞争优势，以及竞争优势的种类。

第一种也是最简单的情况是市场中不存在竞争优势。在位企业与实际或潜在的竞争对手之间不存在本质差异，经济竞技场完全平等。历史和逻辑都已经证明，单个企业为了自身利益改变市场的基本结构是十分困难的。

在这种不存在竞争优势的市场里，企业应该忘记与战略和愿景相关的梦想，致力于尽可能高效地运营。在这种情况下，重要的是成本管理、产品开发、市场营销、对特定客户群体的定价、融资，还有其他一切关键职能。如果一家企业能够相较于竞争对手更加高效地运营，那么它就能取得成功。

纵使在没有竞争优势的市场——每家企业都能平等地获取客户、资源与技术，实现规模化生产，但是高效运营仍然能够使得一家企业获得比同行业竞争对手更高的利润率。在本书最后一章，我们给出了一系列行业案例来说明这种由高效运营带来的差异有多大，多么重要。不过，那些高效运营的企业通常都专注于单一生意及内部绩效。

第二种情况是，如果一家企业享有与专有技术、客户锁定相关的竞争优势，那么它的战略应该是尽可能地利用和强化巩固自己的竞争优势。

利用自己的竞争优势有很多种形式。享有客户锁定的企业能够制定比竞争对手更高的产品或服务价格。如果企业的竞争优势源于较低的成本，那么可以在下面两个方案之间衡量得失，取得平衡：①制定比对手更低的价格以促进销量；②制定与对手一样的价格以获得更高的利润率。只要企业在市场里一枝独秀或是被一众弱小的竞争对手围绕，就能够通过试错过程找到最为合适的价格水平。企业需要监测自己每一步的行动，识别出哪个价格水平与其相应的营销活动能够为自己带来最大的收益，但不必担心特定竞争对手的反应。

事实上，这些利用自身竞争优势的过程在很大程度上仍然属于高效运营的范畴。只有当少数强大企业同时享有竞争优势时，制定战略才变得复杂。本书后文的绝大部分内容致力于探讨少数企业之间战略互动举足轻重的案例。

为了巩固竞争优势，企业需要识别和确认自己竞争优势的来源，然后加强其背后起到核心作用的经济因素。如果竞争优势源自专有技术的成本优势，那么企业需要精益求精，不断推出专利创新技术以维持和扩大现有的优势。这个策略也与组织的高效运营直接相关，包括确保在研发上的投资能够发挥效能、产生回报。

如果竞争优势的来源是客户锁定，那么企业就要帮助新客户养成消费习惯，增加客户的转换成本，并使搜寻替代产品的过程更为复杂和艰辛。对于相对昂贵的产品，企业需要使购买行为发生得更为频繁，将支付分摊到较长的时间里，以引诱客户陷入容易保持且难以替换的与企业的持续关系之中。

客户换车的间隔时间较长，这是汽车企业一直面临的问题，因此它们很久之前就掌握并灵活运用了上述技巧。20 世纪 50 年代末和 60 年代初，它们开始每年对款式做明显改动，以鼓励客户更频繁地换车，同时也开始提供以旧换新和按月付款等方法减轻客户的财务负担。最近它们还量身定做了租赁计划以达到同样的效果，并且在旧的租约到期之前就给客户提供新租约以供选择。

如航空公司常旅客计划、各种联名信用卡和其他客户回馈计划的客户忠诚计划一样，本质上的目标就是：保持对客户的黏性与锁定。吉列的著名战略已经被很多其他行业的企业复制：以便宜的价格出售剃须刀，然后从经常性购买的刀片上获得丰厚的利润。杂志社提供便宜的初始订阅价格，然后从更高的续订价格中获利，这是吉列做法的翻版。这些手法的共同点是：鼓励重复的并且实际上自动和无意识的购买行为，从而阻止客户认真考虑和寻找替代产品。

提高转换成本通常是通过扩展和加深提供的服务来实现的。微软经常性地为 Windows 操作系统增加各种功能，使得客户转换到其他操作系统并重新学习各种功能变得更加麻烦。随着银行从提供简单的支票处理和 ATM 取款业务，发展到提供自动账单支付、预设信用额度、工资直接入账和其他一些日常功能的服务，客户变得越来越不愿意换到另一家银行，即使同样的服务对方能够提供更好的条款。

更大程度整合多项功能的战术提高了搜寻成本。如果替代产品或服务同样复杂但又不完全相同，那么客户在进行比较时就更加困难。很少有人会把闲暇时间花费在分析移动电话的套餐内容和价格上。与此同时，随着产品与服务的重要性和附加价值上升，换到另一个替代产品或服务带来糟糕后果的风险也上升了。

同样，潜在的糟糕后果增加了客户的"抽样成本"：在试用其他替代产品或服务期间可能会出现严重的差错。这个问题并不局限在寻找一个新的心脏科医生或住宅保险经纪人这么显而易见的情况中。菲利普－莫里斯花费巨资树立了万宝路烟民的形象。如果一个万宝路烟民在社交中的形象取决于其抽什么品牌的香烟，那么改抽骆驼牌香烟的风险可能就会超出其所能承受的限度。复杂性、高附加值和重要性是构建高搜寻成本的要素。

规模经济效益与相关战略

由于下面的两个原因，基于规模经济效益的竞争优势自成一格。

第一，如我们之前提及的，基于规模经济效益的竞争优势的持续时间比其他两种更为长久，因此也更有价值。可口可乐是世界上最具价值的品牌之一，不仅是由于它的品牌广为人知，还因为可口可乐的客户锁定，更重要的是其在广告与分销渠道上获得的局部规模经济效益。由于这些竞争优势，可口可乐在赢得新消费者方面处于更为有利的位置——相较于规模较小的竞争对手，可口可乐可以用单位成本更低的广告和渠道来吸引和服务新消费者。不过，这些优势被限制在特定的地理区域之内。尽管可口可乐举世皆知，但是未必在任何地方都是占主导地位的软饮料。比如在韩国，与百事可乐结盟的当地企业独占鳌头，可口可乐并非韩国最具价值的品牌。再比如委内瑞拉，只因为当地最大的灌装厂突然"抛弃"百事可乐而"投靠"可口可乐，可口可乐就很快获得了百事可乐之前的领先地位。

第二，基于规模经济效益的竞争优势容易受到侵蚀，因此需要积极地大力维护。一旦竞争对手成功扩大了运营规模，即缩小了与主导企业在单位成本上的差距，其每一步扩大规模的行动都会使得下一步更容易，因为利润率和资源都随着成本的下降而增加了。如此下去，在某个时点，在位企业的全部优势都会丧失，甚至如果新进入者变成了规模更大的企业，那么整个形势就会倒过来。

这些优势可以被毁灭，同样也能被创造。在一个所需固定成本庞大、只有很多小规模企业参与竞争的市场中，单个企业有机会获得占支配地位的市场份额。如果还能获得一定程度的客户锁定，那么这个占支配地位的市场份额就是可以保护和维持的。

创造竞争优势最好的路线是先在一个局部市场中取得支配地位，然后再向外扩张。这也是山姆·沃尔顿带领沃尔玛发展的历程：先在阿肯色州的小镇获得垄断地位，然后以此为基地一步一个脚印逐步扩张至全国。微软在产品上的扩张也有异曲同工之妙：从操作系统扩张到 Office 办公软件。即使在位企业拥有行业的支配地位，如果缺乏警觉，也可能给对手提供逐步蚕食市场份额的机会。

沃尔玛通过将自己的规模经济效益战略扩展到竞争对手的地盘，从而超越了凯马特和其他众多低价百货超市。微软也运用同样的手法针对了办公软件领域的竞争对手莲花和 WordPerfect。规模经济效益，尤其是局部市场的规模经济效益，是建立可持续竞争优势的关键。

在追求这些机会时，一定要记住目标市场规模的迅速增长对于在位企业而言是"负债"，而不是"资产"。庞大的市场可以支撑更多的竞争对手生存，即便运营的固定资产投入门槛很高。市场规模高速增长的原因是有更多的新客户进入市场，他们自然也还没有被在位企业完全"锁定"，因而给新进入者提供了能够存活下来的基础。

无论对于在位企业还是新进入者，识别细分市场都是合适的战略。当然，也需要理解并非所有的细分市场都具有吸引力。一个有吸引力的细分市场通常有以下特征：能够被"锁定"的客户；相对于固定成本而言，市场的整体规模较小；没有占支配地位且警惕敏感的竞争对手。在理想情况下，这个细分市场还具备一定的可扩展性，企业能够从此出发逐步拓展生意，核心点在于"局部市场思维"。

另外，当一家企业在一个局部市场享有竞争优势时，它应该不遗余力地保护自己支配的局部市场，对任何竞争性行为给予有力回击。

在位企业也可以先发制人，不用等到对方有了行动才反击。在位企业可以考虑任何增加行业内企业所需投入固定成本规模的做法，如广告轰炸。这样的打法会使得规模较小的竞争对手陷入两难境地：跟进在位企业的做法会降低自己的利润率，不跟进则会失去吸引新客户的机会。如建立集中化的设备，以提供自动化处理等需要资本支出的生产流程和产品功能也会使规模较小的竞争对手难以生存。加快产品开发周期、增加研发投入是另一个让规模较小的竞争对手跟不上节奏的做法。总之，任何将可变成本转化为固定成本的措施都会巩固规模经济效益带来的竞争优势。

考虑不周的增长计划则会适得其反。"要么增长、要么死亡"这样的企业管理思想经常导致"增长并死亡"的后果。凯马特、柯达、美国无线电公司、西屋电气、哥伦比亚广播公司（CBS）、最初的美国银行及AT&T这一串曾经名噪一时的企业的宿命都证明了失控的增长对企业的发展有致命危险。它们没有把精力放在保护自己占支配地位且利润颇丰的市场，而是挥霍巨资进入新市场，与强大的在位企业拼得你死我活。

相反，那些留在自己享有竞争优势领域的企业则生存了下来并发展壮大，如金佰利、沃尔格林、高露洁和百思买。竞争优势无一例外都根植于特定的市场，现实不会满足痴迷于增长的首席执行官主观上一厢情愿的幻想，企业在特定市场的竞争优势无法转移到其他市场。

竞争优势、战略规划与局域性机会

在下一章中，我们将给出评估竞争优势的详细方法与步骤。这个方法需要在适当的背景下运用。制定战略的第一步是从竞争优势的角度，列出企业现有和潜在的市场。

　　一些市场现在不存在竞争优势，将来也不会出现竞争优势，唯一的出路就是高效运营。在另一些市场里，占据竞争优势的在位企业警惕性很强，潜在新进入者最好放弃尝试进入市场，而不占有竞争优势的在位企业将黯然离去。还有一些市场里，一家企业将保有现存的竞争优势。在这种情况下，企业的战略应该是管理好自己的竞争优势并全力维护。

　　最后，在有些市场里企业能够通过获得可以维护的规模经济效益来建立竞争优势。在大多情况下，此类市场都是局部性的，无论是地理空间维度还是产品范围维度。这些局部性市场是战略分析适当的聚焦点。许多企业如果仔细观察，都会发现在某些市场中自己能够建立统治地位并获得超过正常水平的回报率。但不幸的是，许多企业往往只顾追求那些放眼全球却不明智的增长机会，而忽略了这些局域性的发展机会。

评估竞争优势

三个步骤

由于竞争优势是经营战略的核心，我们必须判断企业是否享有竞争优势。如果答案是肯定的，那么接着要识别竞争优势的来源。

这一评估过程包括三个步骤：

- 确认企业所处的竞争领域。企业实际上位于哪些市场？每个市场的竞争者分别是谁？
- 检验每个市场是否存在竞争优势。在位企业是否保持稳定的市场份额？它们是否长时间拥有非常强的盈利能力？
- 识别任何存在的竞争优势及其可能的本质属性。在位企业拥有专有技术还是享有客户锁定？在位企业是从规模经济效益还是法规壁垒中获益？

第一个步骤，也是最重要的步骤是制作展现相关市场竞争结构的行业地图。这个行业地图应标出组成整个市场的各个细分市场，并列出每个细分市场的领先者。细分市场之间的界限并非黑白分明，但是如果一家企业同时出现在好几个相邻的细分市场里，那么这些细分市场通常可以被当成一个市场。制作行业地图的过程可以帮助一家企业以更广阔的视角审视自己的位置及主要的竞争对手，尽管细分市场之间的划分可能不是完全精确的。

第二个步骤是针对每个细分市场判断在位企业是否受到进入壁垒的保护，换句话说，细分市场内的在位企业是否享有竞争优势。判断是否存在进入壁垒或竞争优势有两个明显的指标。

（1）企业间市场份额的稳定

- 如果企业之间总是存在相互从对方那里夺得市场份额的现象，那么它们都不太可能享受到竞争优势的保护。相反，如果每个企业都长时间地保有自己的市场份额，那么应该是竞争优势在保护它们各自的市场地位。⊖

- 企业在市场里相对地位的稳定性也是一个重要方面。这方面的关键指标是占支配地位的企业在细分市场的历史状况。如果占支配地位的企业在相当长的时间里保持其领先地位，那么这一事实表明竞争优势存在。另外，如果无法确定谁是主导细分市场的企业，或者占据第一位的企业经常变化，那么就可能没有任何一家企业享有可持续的竞争优势。

- 企业进入和退出某个细分市场的历史状况也是一个有用的线索。企业进入和退出越频繁，留在细分市场的企业的相对地位变动越剧烈，市场里的竞争对手越多，就越不可能存在进入壁垒和竞争优势。相反，细分市场内企业越少、越稳定，在位企业就越可能享受进入壁垒的保护并从竞争优势中获益。

（2）细分市场里企业的盈利情况

- 在缺乏竞争优势的细分市场里，新进入者的到来会使在位企业失去

⊖ 也存在这样的可能性：在受到进入壁垒保护的市场里，两三个在位企业相互争夺市场份额。但如果市场份额的变化较大，那么这表明在位企业客户锁定的程度较低，离新进入者跨越进入壁垒、挑战在位企业为时不远了。

超出资本成本的回报。如果一个市场里的企业能够维持显著超过其资本成本的回报率，那么大概率这些企业会从进入壁垒和竞争优势获益。上述可持续的超额回报可能仅由一个占支配地位的企业享有，或者仅仅少数几个企业由于拥有相对于规模较小竞争对手的竞争优势，而能够维持高于资本成本的回报率。

- 衡量盈利能力的方法有很多种，能够跨行业进行比较的指标是净资产收益率或投入资本回报率。

- 如果在 10 年或更长的时间里，税后投入资本回报率平均为 15%～25%，相当于在税率 35% 情况下 23%～38% 的税前投入资本回报率，那么这是竞争优势存在的清晰证明。假如税后投入资本回报率只有 6%～8%，那么基本表明竞争优势并不存在。

- 在很多特定市场中，衡量回报率都存在一个难题。企业通常作为一个整体来披露经营业绩，可能也包含基于大行业和地理大区的分部业绩，但是竞争优势存在的市场通常是局部的，是相较而言更狭窄的地理空间或产品范围。一个典型的中等规模企业可能在多个前述局部市场中因为享有进入壁垒获益，但是当与其他盈利性没那么好的业务合并报告经营业绩时，这些局部市场的优秀业绩就被遮盖住了，要确定特定市场的历史盈利能力需要一定程度的推测。最好的方式是研究生意相对简单、聚焦在一个局部市场的"纯业务"企业，分析其报表利润。据此，对目标局部市场的企业盈利能力的计算，对于发掘竞争优势或是降低竞争劣势带来的不良影响都至关重要。

如果市场份额稳定性和盈利情况的分析结果是一致的，那么对于竞争优势是否存在的判断就比较准确了。例如，安然在盈利情况最好的年份（即 2000 年）回报率仅为 6%，而且这个低得可怜的回报率还需要通过会计操纵才能实现。这个业绩本应该招来对该企业声称业务拥有竞争优势的质疑，无论是对于如带宽等新大宗商品交易业务，还是对于包括能源在内的旧大宗商品交易业务。纵观华尔街大型投行交易业务的发展史，各家企业相对市场份额的持续变化是长久规律，因此安然更不可能在大宗商品交易业务上拥有竞争优势了。

第三个步骤是识别和确认竞争优势的可能来源（如果前述步骤里市场份额稳定性和盈利情况能够交叉验证竞争优势切实存在）。行业里占支配地位的企业是受益于专有技术、其他成本优势，还是由于消费者习惯、转换成本或搜寻成本高而享有客户锁定？企业运营是否享有明显的规模经济效益，并与一定程度的客户锁定有机结合？如果上述情况都不存在，那么在位企业是否由于许可证、补贴、管制或其他政府干预措施获利？

确认一家企业竞争优势可能的方式还有检验其市场份额稳定性与盈利情况。纵使企业的市场份额稳定、盈利能力强，更进一步分析也可能无法发现明确的成本优势、客户锁定或规模经济效益优势存在。

这种矛盾的现象可能有两个原因：要么是因为市场份额稳定和盈利情况好是短暂的，要么是优秀管理层也就是高效运营的成果。不过，保持高效运营或聘用优秀管理层都可以被任何目标专一、聚焦运营的新进入者模仿。对竞争优势来源的分析必须涉及可持续性，这是在位企业和潜在新进入者做战略规划的必要步骤。

竞争优势评估的三个步骤如图 4-1 所示。

竞争优势评估的实战演练：对苹果未来发展的分析

现在我们应用前述步骤来考察苹果。我们将回顾该企业的历史并预测其未来。过去，苹果选择了全面出击的战略，几乎涉足个人计算机行业中每个重要的细分市场。该企业先后由史蒂夫·乔布斯、约翰·斯卡利掌舵，接着乔布斯又回归担任首席执行官。他们不仅在个人计算机行业掀起革命，革新软件和硬件细分市场，还引领了相关的个人通信和消费电子行业的变革。

苹果有意识地用包容性的思路，将看似互不相关的细分市场整合在一起。该企业希望从整合芯片与组件开发、硬件设计、生产、软件功能甚至通信协议中获得协同效益。1992 年，约翰·斯卡利在描述苹果推出的 PDA 产品时说道："我们其实并没有发明新产品，一流的产品其实已经在那里，等待我们去探索。"

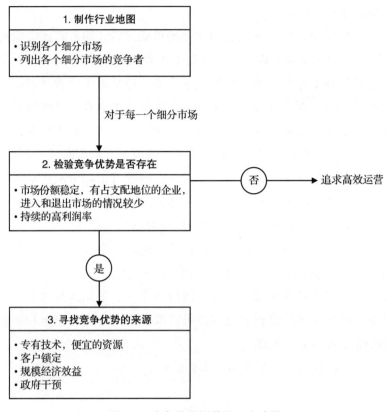

图 4-1   竞争优势评估的三个步骤

纵观苹果盛衰无常、起伏不定的发展历程，我们只能初步推定：它的志向与当时所处市场的经济现实并不相符。因为苹果从来就算不上一个特别高效的运营者，所以获得成功的重担落在了其做出的战略选择，以及从竞争优势中获益的能力。处境相同的不只是苹果，本书的观点之一就是，与相对局部和具体的战略愿景相反，那些宏大和不清晰的战略愿景几乎总让企业误入歧途。

制作行业地图：个人计算机行业里的苹果

就像地图册里的地图一样，我们可以用不同的比例尺来制作行业地图。我们一开始先将个人计算机行业分为六个部分，如图 4-2 所示。个人计算机由各种部件组成，其中 CPU——个人计算机的核心，是最为重要的。领先的 CPU 制造商包括英特尔、摩托罗拉、IBM 和 AMD。除此之外的组件包括键盘、电源、主板／显卡、硬盘、内存、显示器、扬声器等。

图 4-2　个人计算机行业地图（第 1 版）

戴尔、IBM、惠普、康柏（于 2002 年与惠普合并）及其他计算机制造商将这些部件组装成个人计算机。它们还在计算机里安装操作系统（如微软的 Windows 操作系统），以及一些应用软件（如文字处理软件、电子表格软件、网络浏览器、财务管理软件、图形处理软件、杀毒软件等）。应用软件通常直接销售给客户。有些应用软件是由操作系统软件企业开发的，有些来自专业软件开发商，如 Adobe 和 Intuit。

现在的计算机客户几乎毫无例外地会通过 AOL、Earthlink、MSN、时代华纳或本地电信企业提供的网络服务将机器连接到互联网。广义来看，雅虎、谷歌和其他互联网网站也属于网络细分市场的范畴。

最初的行业地图需要在简单易分析和全面性之间取得某种平衡。太多的细节可能会使得行业地图上有太多的细分市场，但是细节不够又有遗漏细分市场之间重要区别的风险。

具体合适的精细程度取决于具体案例的情况，也取决于我们最初分析的结果。例如，在图 4-2 里的其他部件还包括打印机、调制解调器、硬盘、显示器等，应用软件也可以进一步细分为数据库管理软件、排版软件、图片与图像编辑软件等。

我们从简单着手，具体体现在我们处理个人计算机制造这部分的方法。我们刻意没有包括游戏机、工作站、PDA 和其他一些在某种程度上和个人计算机形成竞争的产品。只有我们在进行初步分析之后，认为苹果将来发展可能极大地受到这些市场里竞争结构的影响时才有必要进行更为细致的市场划分。除非有其他因素使得我们要把图 4-2 弄得更复杂一些，否则从这六个细分市场开始可以使得分析更为简单。

接下来在图 4-3 里，我们列出行业地图里每个细分市场的竞争者，并根据市场份额排名将占领先地位的企业放在最前面。

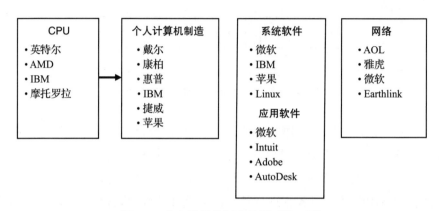

图 4-3　个人计算机行业地图（第 2 版）

就 CPU 细分市场而言，英特尔显然是龙头，其次是 AMD、IBM、摩托罗拉，后者是苹果推出 Mac 个人计算机时的主要 CPU 供应商，后来 IBM 加入一起合作。⊖计算机（硬件）制造商包括戴尔、惠普、康柏、IBM、捷威、东芝等。当然，还有苹果。

在分析的初步阶段，浮现了两个明显的重要事实：第一，几乎没有哪个企业横跨两个细分市场。这意味着每个细分市场都要单独进行分析（IBM 在两个细分市场都出现了，但是它自己生产的计算机主要使用英特尔的 CPU）。第二，在 CPU 细分市场里只有四家企业，而在个人计算机制造细分市场中有很多家企业，并且书里列出的名单可能还不全，也看不出来明显占支配地位的企业是哪家。

在系统软件细分市场里，微软是龙头，其他企业如苹果、IBM（开发了 OS/2 系统，曾经是潜在竞争者）和 Linux 在规模上都要小很多。有两家

⊖　1991 年，苹果与 IBM、摩托罗拉成立了 AIM 联盟，其主要成果之一是 PowerPC 处理器，供苹果 Mac 个人计算机使用。2005 年，苹果宣布将转换到英特尔 x86 处理器。——译者注

企业（IBM 和苹果）同时也是个人计算机制造商，但是微软既不生产 CPU，也不从事制造个人计算机的生意。对于企业同时出现在多个细分市场的情况，只要其不是龙头，我们都先单独分析每个细分市场。

微软也是应用软件细分市场里的主导企业。无论是销售额还是用户规模，微软的一系列办公软件和网络浏览器都在各自品类名列第一。其他有知名度的企业，包括财务软件领域的 Intuit、图像处理与排版软件领域的 Adobe、建筑设计软件领域的 AutoDesk，都没有在其他细分市场出现，所以需要决定要不要合并处理这两个细分市场。

通常比较好的方法是先将各个细分市场分开处理，然后再寻找它们之间的联系。合并处理容易忽略某些分开处理能够揭示的重要战略问题。简便起见，在这个案例里我们把微软在系统软件和应用软件细分市场都拥有主导地位作为将这两个细分市场合并作为软件细分市场的依据，不过在后面的分析过程中，我们还会再评估是否要分开处理。

在网络细分市场，AOL 是主导企业。在这个细分市场和其他细分市场里同时出现的企业是微软，它的 MSN 已经成为网络细分市场的有力竞争者。然而，因为 AOL 只在这个细分市场运营，苹果不在其中，所以我们将网络细分市场单独处理。个人计算机的批发与零售其实也是一个独立的细分市场，尽管苹果有 80 家零售店。由于它与企业的竞争地位相关性不大，我们忽略这个细分市场。

在图 4-3 这一版的行业地图里，我们还忽略了其他部件细分市场。这个市场产品种类众多，包括打印机、硬盘、内存、键盘等，同时每个都有大量竞争者，且横跨细分市场的企业很少，因此每个部件的细分市场都需要单独分析。所有这些部件行业都和个人计算机制造细分市场一样，有许多不固定的竞争者，缺乏明显拥有主导地位的企业。具有这些特征的市场通常都有类似的战略，无论是对于自身还是上下游都是如此。因此，我们暂时推迟对其他部件细分市场的处理，直到在考察个人计算机制造细分市场时，再看详细分析其他部件细分市场对理解苹果的战略选择是否有必要。在这个案例里，由于苹果无意积极参加这些部件领域的竞争，我们很可能继续忽略其他部件细分市场。

我们不能忽略的三个细分市场是 CPU、软件和个人计算机制造。对于以上每个细分市场，我们都需要知道是否存在竞争优势，若是存在，是哪些竞争优势，以及究竟是苹果还是它的竞争对手从中获益。

竞争优势的检验与判定：CPU 细分市场

自从 20 世纪 80 年代 IBM 推出个人计算机并带动行业标准化之后，CPU 细分市场的市场份额一直相当稳定。在这 30 多年里，尽管许多代 CPU 处理器推陈出新，但英特尔一直处于主导地位。其他一些强大的企业——如 IBM、NEC 和德州仪器，都曾经尝试进入，但都不是特别成功。20 世纪 80 年代早期，摩托罗拉曾经是一个强有力的竞争者，但之后被英特尔抛在了后面。在此之后，英特尔的市场份额相当稳定，一直保持在 90% 上下。有时 AMD 会夺取一些市场份额，但是英特尔总是能收复失地。如此稳定的市场份额证明这个细分市场存在着明显的进入壁垒和竞争优势。

英特尔一直以来的盈利能力也展现了这一点。除了 20 世纪 80 年代中期，英特尔放弃内存业务之前的短暂时期之外，英特尔的税后投入资本回报率一直超过 30%，企业市值与估计的净资产重置成本之比一直超过 3∶1。这也就是说，英特尔投资的每 1 美元都创造了超过 3 美元的股东价值。没有成功的新进入者和英特尔在 CPU 细分市场的持续统治地位，都是强大在位企业竞争优势的表现。英特尔竞争优势的来源（客户锁定、规模经济效益和一些专利保护）非常清晰，我们曾在本书的第 2 章和第 3 章中讨论过。

遗憾的是，在这场竞争里苹果始终是输家。苹果先在第一代 Mac 个人计算机的 CPU 上与摩托罗拉结盟，后来在 PowerPC 处理器上与摩托罗拉、IBM 形成联盟。1984 年，苹果推出 Mac 个人计算机，并拥有基于摩托罗拉处理器的图形用户界面，确立了在个人计算机上实现图形用户界面的领先地位。但是好景不长，英特尔很快迎头赶上，推出了能够运行微软 Windows 操作系统的新一代 CPU，且在很多方面 Windows 操作系统与 Mac 个人计算机的用户界面大同小异。

由于英特尔享有规模经济效益，它在 CPU 性能升级的步伐上拉开了和摩托罗拉的差距。苹果只能努力跟上行业演进，有时甚至错失升级期。尽管摩托罗拉和苹果的处理器与操作系统整合在图像和多媒体性能上赢得了赞誉，但是它们的联盟使得苹果处于竞争劣势。每一代 CPU 升级都需要约 10 亿美元的研发费用，英特尔每一代 CPU 都能卖出 1 亿个，也就是平均每个 CPU 分摊的研发费用为 10 美元。相比之下，苹果 – 摩托罗拉 –IBM 联盟每一代 CPU 只能售出 1000 万个，也就是平均每个 CPU 的研发费用为 100 美元。于是联盟面临两难选择：削减研发费用（这几乎肯定会招致新技术竞争中的失败）或承担比英特尔更高的单位研发成本。无论哪种情况，联盟都将身处劣势。

竞争优势的检验与判定：软件细分市场

微软在软件细分市场的支配地位比英特尔在 CPU 细分市场的地位还要显著得多。IBM 开放的个人计算机架构使得很多其他企业成为个人计算机制造商，但是操作系统以微软的 MS-DOS 操作系统为基础标准化。自此之后，微软充分利用了自己的优势地位，不仅巩固了核心业务，还借此拓宽了生意的经济护城河。微软压制了 IBM 企图通过 OS/2 夺回部分系统软件细分市场份额的计划，通过开发 Windows 操作系统取代 MS-DOS 削弱了苹果在图形用户界面上最初的领先优势，通过从网景手中夺回浏览器市场份额消除了其对自己操作系统领先地位的潜在威胁，并且持续地将 Linux 和其他开源运动排挤到桌面计算机市场的边缘，尽管 Linux 已经越来越多地被用作工作站和服务器的操作系统。

与此同时，微软还成了个人计算机文字处理软件、电子表格软件、演示软件和财务软件领域的领先者，也开发出了 Windows 操作系统从 PDA、手机到大型服务器的众多版本。但微软没能统治游戏机行业（微软已经是三大领先制造商之一，但尚未实现盈利），在有线电视系统、机顶盒和其他离操作系统这一核心业务较远的领域也都没有实现领先。

在系统软件细分市场上，30 多年来微软一直保持 80% 以上的市场份额，并且经常超过 90%。微软利用自己的市场统治地位和由此而来的盈利，把自己的系列办公软件和浏览器业务也推到了各自领域的领先位置。微软拥有操作系统的所有代码，这确保了它开发的系列办公软件的兼容性。同时，作为享有垄断地位的操作系统提供商，微软与个人计算机制造商的地位并不对等，后者更可能有求于微软。有时微软的行为过于张扬，会招来监管机构的关注，但是在美国经历了两起反垄断诉讼后，微软仍然主宰着市场，几乎毫发无伤。

如果仅仅说微软一直盈利，那么这简直大大低估了微软。从1986年上市到2000年，微软平均每年的税后投入资本回报率高达29%。2001年和2002年，这个指标降到15%，虽然没有高到超出天际，但仍然足够高。然而，虽然这些数字已经足够令人印象深刻，却不足以揭示微软核心业务的超强盈利能力。2002年，微软的资本（股东权益加负债）总共是522亿美元，由于该企业没有任何负债，这些都是微软的股东权益。

微软的股东权益主要投在两个业务。其中一个是银行里的现金或者货币等价物。2002年，微软平均现金余额为350亿美元，赚得的税后利润为12亿美元（收益率大概为3.5%）。软件业务贡献了66亿美元税后利润，而相应的投资仅为135亿美元（债务加上股东权益，减去现金），对应的回报率为49%，⊖如表4-1所示。正是由于把软件业务和大量的现金混在一起报告业绩，微软报告的税后投入资本回报率只有15%。如果把账上现金的因素剔除，微软的软件业务在1986～2000年获得了高达100%的平均税后投入资本回报率。⊜

表4-1　微软回报率（2002年）

期末现金（亿美元）	386
债务（亿美元）	0
股东权益（亿美元）	522
资本－现金（亿美元）	136
税后利润（亿美元）	78
税后利润（现金）(亿美元)	12
税后利润（软件业务)(亿美元)	66
总资本回报率	15%
软件业务投入资本回报率	49%

⊖　这实际上还是低估了微软在软件业务上获得的回报，因为包含了亏损的游戏机业务及其他非核心业务，具体数据无法拆分剔除。

⊜　此处对微软回报率的计算只是初步的。我们会在本章后面的部分给出更为精确的计算方法。

显然，微软享有竞争优势，而且不难判定竞争优势的来源并不是技术上的优势。几十年来，优秀的计算机程序员层出不穷，尽管微软的源代码受到版权保护，但是其他软件企业可以推出同等水平或是更好的软件产品，而且这些年来很多业内的专业人士都对微软的产品嗤之以鼻。

微软实现了客户锁定，部分因为其很多软件并不和其他操作系统兼容。这使得转换操作系统变得昂贵而费时。微软的规模经济效益很强，因为开发程序与软件几乎是全部成本都是固定成本的行业。由于拥有庞大的客户群，微软可以将数年的软件开发时间（成本）投入到它认为重要的任何项目上去，且最后每单位产品的平均开发时间（成本）远低于其竞争对手。

还有网络效应帮助微软，也就是产品对于客户的价值取决于其他使用这一产品的客户数量。在这一方面，微软的竞争对手无论在操作系统领域还是在应用软件领域都处于绝对劣势，与其产品的质量好坏无关。

自从 IBM 在 1981 年推出个人计算机之后，苹果便一直与微软竞争。尽管苹果的操作系统有时每个单项指标都优于微软的操作系统，但是它的市场份额从来没有高于过 13%，在微软推出相对成熟的 Windows 操作系统之后还下降了不少。软件细分市场的情况和 CPU 细分市场类似，苹果及其盟友输给了微软和英特尔，后者又被称为"Wintel 平台"，因为其和英特尔的紧密联盟关系而得名。苹果的整合战略未能胜过其竞争对手基于特定市场的竞争优势。

竞争优势的检验与判定：个人计算机制造细分市场

个人计算机制造细分市场的情况与 CPU 细分市场和软件细分市场的状况截然不同：占有支配地位的企业经常变化，市场参与者进进出出，前 20 家大企业占有的总市场份额很少超过 60%。即使是规模最大的几家企业，市场份额的变化每年也都非常大。1990～1998 年的数据显示了每年的市场份额变动有多大，1990 年市场份额排在前列的企业在 1998 年的排名下降得十分厉害。

表 4-2 展示了市场份额稳定性。第一列和第二列给出了各家企业在 1990 年和 1998 年占有的美国市场份额。在第三列和第四列中，我们做了

标准化调整，即将表格里 7 家企业的市场份额之和设为 100%，再计算出各家企业相应的市场份额。第五列给出了标准化市场份额变动的绝对值（即第四列减去第三列，再取绝对值）。各家企业在此期间的平均市场份额变化是 15.3%，与软件细分市场和 CPU 细分市场里不到 2% 的平均市场份额变动形成鲜明对比。

表 4-2　市场份额稳定性⊖

	美国市场份额（%）		标准化市场份额（%）		标准化市场份额变动的绝对值（%）
	1990 年	1998 年	1990 年	1998 年	
苹果	10.9	4.6	29.1	7.1	22.1
康柏	4.5	16.7	12.0	25.7	13.6
戴尔	1.0	13.2	2.7	20.3	17.6
捷威	1.0	8.4	2.7	12.9	10.2
惠普	0.0	7.8	0.0	12.0	12.0
IBM	16.1	8.2	43.0	12.6	30.5
Packard Bell	3.9	6.2	10.4	9.5	0.9
合计	37.4	65.1	100.0	100.0	
平均市场份额变化					15.3

根据经验法则，如果一只手数不过来一个行业里的顶尖企业，那么这个行业大概率不存在进入壁垒。表 4-2 里市场份额的剧烈变化证实了这一点。根据另一条经验法则，如果在 5～8 年内，平均市场份额变动超过 5 个百分点，那么就不存在进入壁垒；如果低于 2 个百分点，那么说明进入壁垒非常强大。

个人计算机细分市场里企业的盈利能力也参差不齐。一些主导企业（尤其是 IBM 和惠普）业务范围广泛，比较难以了解它们在个人计算机行业的资产和收益情况。不过，苹果、戴尔、康柏和捷威可以让我们比较直接地看清它们各自在个人计算机制造业务上的盈利情况。

有两种方法可以评估一个行业的盈利情况。第一种方法是计算收益占收入的比例，第二种方法是计算收益占投入资源的比例。净利润数据直接

⊖　由于四舍五入，表格里的数字加总或相减可能不等于总数或差值。——译者注

就能得到，但是它包含利息支付（或净利息收入）、税款支付（或净返还）和未合并投资损益等非经常性损益项目，这些项目并未反映生意的实际运营情况。所以我们偏好使用营业利润（息税前利润）作为分子，这一指标忽略了利息、税款和其他与业务无关的支出（或额外收入）。

我们绝不能忽略企业财报中的非经常性损益项目，如存货或其他资产的减值等，因为这些项目反映了管理层的经营决策（即使管理层可能一直没有披露和报告这些非经常损益项目，直到某个事件迫使其承认有重大事情发生）。为了将这些考虑到对营业利润的评估里，我们会计算2000年及前4年的非经常性损益项目的平均值，在营业利润里加以增减，得到经调整的营业利润。然后，我们将这个数字除以收入得到经调整的营业利润率。

对于我们可以得到相关数据的4家个人计算机制造商，其1991~2000年平均的经调整的营业利润率为5.8%（见表4-3）。除了苹果有一些营业外收益，使得其净利润率与经调整的营业利润率相同，整体来看净利润率更低一些，主要原因是税收。

表4-3　4家个人计算机制造商的经调整的营业利润率与净利润率（1991~2000年）

	经调整的营业利润率（%）	净利润率（%）
苹果	2.2	2.2
康柏	6.5	3.8
戴尔	8.0	5.5
捷威	6.6	5.1
平均	5.8	4.1

戴尔经调整的营业利润率为8.0%，是4家企业里最高的；苹果只有2.2%，是最低的。这些业务相对单一的个人计算机制造商营业利润率的差距相对较小，并不像英特尔与其竞争对手那么大。营业利润率的接近说明了该行业中不存在太强的竞争优势。与此同时，它们经调整的营业利润率也并不算高。而英特尔同期经调整的营业利润率平均值为32%。

我们用不同的方法来衡量投入业务的资源取得的回报率，有几个发现（见表4-4）。⊖

⊖　见附录对回报率衡量方法的讲解。

表4-4　4家个人计算机制造商的投入资源回报率（1991～2000年）

	资产收益率（%）	经调整的资产收益率（%）	净资产收益率（%）	投入资本回报率（%）
苹果	2.6	3.2	0.4	24.5
康柏	6.5	10.9	10.1	33.6
戴尔	13.0	18.6	34.3	236.9
捷威	15.9	20.3	29.3	71.3
平均	9.5	13.2	18.5	91.6

首先，无论采取哪种方法比较，戴尔和捷威的盈利性都优于苹果和康柏。其次，戴尔的税前经调整的营业利润与投入资本之比非常高，捷威的这个指标也很高，只不过没有戴尔那么高。不寻常指标背后的原因是：戴尔的商业模式仅需要很少的投入资本就能支撑起庞大的收入与营业利润，这种商业模式也被捷威模仿。例如，1998财年（截至1998年2月1日），减去超额现金之后，戴尔的流动负债比流动资产要大（见表4-5）。戴尔的"按单生产"模式使其能够严谨高效地运营，一年的收入是年底应收账款余额的8倍、年底存货账面价值的53倍，以及年底厂房设备账面价值的36倍。戴尔不仅运营资本是负的，而且资产负债表上的超额现金比债务和股东权益之和还要大。由于投入资本为负数，计算出的回报率无穷大（只有剔除1998年的数据之后才能够得到表4-4中戴尔的指标数据）。

表4-5　戴尔的投入资本（1998年）　　　　　　（单位：亿美元）

总资产	42.68
现金和证券	18.44
1%的收入对应的现金	1.23
超额现金	17.21
无息流动负债（non-interest-bearing current liability）	26.97
投入资本	−1.50

投入资本为负的部分原因是会计准则里资产计量方式方面存在缺陷。戴尔的很多投资在无形资产上，如品牌塑造、组织资本、客户关系和人员培训等，但是投入在这些方面的资金并没有资本化体现在资产负债表上，于是导致了投入资本被低估，投入资本回报率被高估。如果将净利润

率作为经营效果的指标，那么戴尔和捷威与康柏的差距就没那么大了（见表 4-3），而且这一差距在很大程度上是由于康柏投入研发开支的力度更大。

尽管平均来看苹果和康柏都获得了还不错的投入资本回报率，但是它们在有些年份是亏损的。对于捷威而言，虽然平均回报率看起来很不错，但是其 2001 年的亏损超过 10 亿美元，2002 年还亏损了 3 亿美元。考虑包括市场份额稳定性和盈利情况在内的所有信息，个人计算机制造细分市场看起来在此期间并没有受到进入壁垒的保护，即使有竞争优势存在，也是微不足道的。戴尔不容否认的成功应该归功于高效运营，高速组装与交付、商业模式的精巧设计使得该企业能够高效利用自己的资产。

很难在这个市场中看到有什么地方能够产生竞争优势。客户锁定的程度很低，无论是个人客户还是机构，在更新换代的时候都只会在性能和价格方面进行权衡。唯一的例外是苹果的忠实客户，但是他们所占的市场份额时常呈现出下降之势。在这个细分市场并没有专有技术。同样，除了苹果，所有其他的制造商都从同样的供应商那里购买部件。规模经济效益很难找到，至少从过去的经验来看如此。固定成本只占总成本很小的一部分，生产设施也很分散，这意味着大规模的制造商并不享有优势。

基于行业领先地位，戴尔也许能够通过将销售与市场运营相关的成本分摊到更大的销量上来获益，或更便宜地生产客户化定制计算机，但是这些优势其实并没有那么大。在戴尔业务规模增长的同时，平均每个雇员的销售额甚至并没有随之增长，它与行业内其他竞争对手的差距也没有拉大（见图 4-4）。

如果这个细分市场过去确实存在过竞争优势，那么苹果显然不会是受益者。如果规模经济效益与一定程度客户锁定相结合的竞争优势在将来出现，那么胜利者可能是戴尔而不是苹果。如果戴尔由于一些重大的战略失误而受挫甚至失败，如在一次技术革命中落后，苹果成为受益者的可能性依然微乎其微。个人计算机制造细分市场并不是个人计算机行业的推动力量，也不是利润丰厚的领域。由于苹果在 CPU 和软件细分市场都失误了，指望通过在个人计算机制造细分市场扳回局势并不现实。

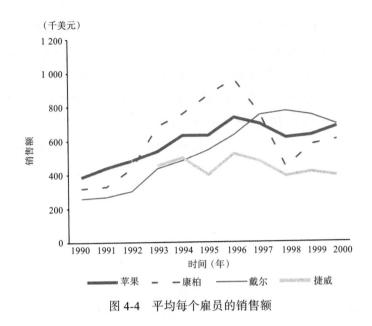

图 4-4　平均每个雇员的销售额

苹果的总体竞争态势

如果苹果无法在构成个人计算机行业的任何细分市场取得领先地位，或许它能够通过为客户更好地整合不仅是个人计算机行业而是整个数字世界的关键功能而发展壮大。苹果是 PDA 市场的早期（过早的）新进入者，它推出的 Newton 是一个彻头彻尾的失败产品。Newton 的手写识别软件无法胜任正常工作，结果沦为笑柄。Palm 于 20 世纪 90 年代后期推出了简单易用的 PDA，从而成为市场的重要角色。当微软开发出能够运行于 PDA 的 Windows 操作系统之后，大量制造商进入市场推出了各种产品。无论是在 PDA 市场的先发优势，还是与 Mac 个人计算机的良好兼容性，都未能帮助苹果的 Newton 取得成功。

苹果在便携式数码音乐播放器领域较为成功，它的 iPod 由于易用性和精巧外观而广受赞誉。苹果在 2001 年 10 月推出了 iPod，在最初的两年里取得了超过 100 万的产品销量。苹果还在不断地改进该产品，使其结构更为紧凑，储存量更大以储存更多的音乐。当第三方开发者编写出能够使 iPod 与 Windows 操作系统计算机连接和同步之后，iPod 的销量再上了一个新台阶，尽管 iPod 与 Mac 操作系统之间的协同特性对消费者的吸引力因此被削弱了。受到 iPod 成功的启发，其他企业也推出了类似产品，这场战争的终局将会如何目前尚不明了。

关于协同效应的提法总体来看是值得怀疑的。如果一家企业在一个市场里拥有竞争优势，它就可以精心策划把生意拓展到相邻或相近的市场。但如果一家企业在自己的核心业务上并不享受竞争优势，那么它从事的业务就没有什么是竞争对手无法模仿的。一加一永远不等于三，无论把协同效应这个魔法咒语重复多少遍。如果这个原则在一个行业成立，那就是苹果所在的数字世界：盗版（也就是未经授权的复制）是无时不在的威胁。苹果和它的 Mac 个人计算机以优越的设计和不同软硬件之间的兼容性赢得了忠实客户的青睐，但是这个程度的协同效应尚不足以为苹果提供足够的能量克服其在 CPU 和软件细分市场面临的竞争劣势。

苹果在一个与其竞争对手"公平竞赛"的细分市场（个人计算机制造）中运营。该企业将这个业务与另外两个它明显处于劣势的细分市场——CPU 和软件，结合在一起。由于这种业务上的结合，苹果就像是两个脚踝各绑着一块水泥去参加比赛的优秀游泳选手。无论史蒂夫·乔布斯在苹果的运营上多么才华横溢，这场竞赛的结局都是不可避免的：苹果不太可能成为赢家。

在对个人计算机行业的初步考察里，我们忽略了一些看起来对理解竞争格局不那么关键的细分市场。不过现在我们要对它们进行分析，评估苹果是否有可能从这些细分市场的竞争优势中获益。

对其他部件细分市场的分析

如我们之前提到的，个人计算机行业的其他部件细分市场与个人计算机制造细分市场一样有一些大同小异的特征：有大量竞争参与者但没有主导企业，没有明显的竞争优势，行业整合、集中度提升并无明显好处。上述概括性的总结也有少数例外情况。惠普在激光和喷墨打印机市场中拥有多年的统治地位，拥有接近一半的整体市场份额及超过一半的黑白激光打印机市场份额。即便如此，仍然很难想象有人会仅仅因为他们已经拥有了惠普打印机而选择购买惠普的个人计算机。惠普打印机的兼容性是其畅销的原因之一，但与此同时也失去了同时拥有个人计算机和打印机两块业务可能带来的好处。同样的道理也适用于显示器、硬盘、键盘和绝大部分计算机外围设备。如果某些计算机外围设备生产商能够发展壮大，那一定是因为它们专注于高效运营自己的市场，或许还能从规模经济效益获得好处。认为苹果能够通过整合某种外围设备或组件获得竞争优势的想法不太可行。所以，在对其他部件细分市场进行分析之后，我们原来的结论并不需要改进。

对应用软件细分市场的分析

由于微软在系统软件和应用软件细分市场享有垄断地位，我们最初将系统软件和应用软件这两个细分市场合并处理。然而，应用软件细分市场并不局限于文字处理、电子表格和演示软件，这个细分市场值得我们再次考察和分析。个人计算机的功能十分广泛，可能的功能与用途无法穷尽。这个细分市场有很大的专业化空间，规模也足够吸引优秀的程序员进入。

这个市场与前面讨论的部件市场截然不同。各个领域的应用软件细分市场通常都被一个特定的企业所支配，而且多年来的市场地位也十分稳固，如个人与小企业会计与报税领域的 Intuit、图像领域的 Adobe 及计算机安全领域的赛门铁克。这些企业的盈利性都很强，回报率更接近微软而不是硬件制造商。由于用户在掌握和使用软件上花费了大量时间，使得转换成本较高。正如微软，即使它们的核心技术并不是专有的，它们也仍然从软件开发与营销的规模经济效益而获益。这些成功的专业化企业都享有明显的竞争优势，但竞争优势仅仅存在于它们各自所在的细分市场，没有哪家企业在一个以上的垂直细分市场都享有统治地位。

苹果在应用软件的两个领域享有优势。第一个被广为认可的是图形处理相关领域。Mac 个人计算机在历史上是视觉与多媒体领域的必选计算机。目前，在桌上排版、图像与数码影片编辑和其他创造性设计项目等领域，Mac 个人计算机仍然具有很强的市场地位，即使不断推陈出新的 Windows 操作系统在直观与易用性方面已经接近 Mac 操作系统。然而，由于受限

于特殊的操作系统及自己的 CPU 技术，苹果在上述领域的市场地位逐渐
被削弱。20 世纪 90 年代初，分析师估计苹果占据图像和桌上排版市场超
过 80% 的市场份额，但是到 21 世纪初，苹果的市场份额已经掉到了大概
50% 的水平。

　　苹果第二个享有优势的领域是教育软件领域。20 世纪 90 年代初，Mac
个人计算机拥有基础教育（K-12）市场的大部分份额，部分原因是苹果软
件本身和其在该市场持续的投入与努力，还有部分原因是客户忠诚。但是
苹果的市场份额被蚕食了，不仅因为苹果的计算机更为昂贵，各个学区统
一标准使用 Windows 操作系统，也因为教师认识到用学生毕业之后仍会用
的操作系统来进行教学的益处匪浅。2002 年，Mac 个人计算机在教育软件
市场的份额跌到了 30%，其 1990 年的份额是这个数字的两倍还多。苹果在
软件领域的竞争优势又一次由于被排除在英特尔和微软在 CPU、系统软件
与硬件的联盟之外而遭到削弱。

结论

　　对其他部件和应用软件这两个细分市场的简短处理仅仅是为了启发读
者思考，并未形成定论。要对这些细分市场进行深入分析，需要达到与软
件及 CPU 细分市场同样详尽的程度。我们把其他部件和应用软件这两个细
分市场包括进来，主要是为了说明战略分析的要点：最好从简单着手，唯
有在必要时复杂化。不适当的复杂化会导致各种因素无法被完好地理解。
图 4-5 是约翰·斯卡利和苹果其他管理层于 20 世纪 90 年代初期制作和使
用的苹果愿景图。它试图描述信息产业的结构，但由于太复杂以至于没有
什么实际用处，苹果四处出击却一无所获。在截至 2003 年 9 月的财年里，
苹果的销售额比 1995 年下跌了超过 40%，而且营业利润近乎零。尽管苹果
有史蒂夫·乔布斯的绝世才华与精美设计的产品，但在面临微软与英特尔
的优势时总是显得力不从心。在个人计算机行业，苹果似乎无路可走。

　　我们推荐的方法的核心问题是：企业在当前运营或者考虑进入的行业
里是否存在竞争优势？如果存在竞争优势，是什么类型的竞争优势，以及

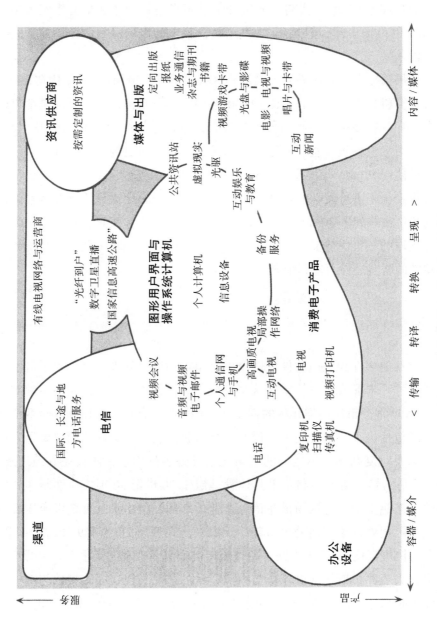

图 4-5 苹果愿景图（信息产业结构）

谁拥有竞争优势？我们提供了两个检验竞争优势存在与否的办法：稳定的市场份额和在位主导企业较高的回报率。为了使分析易于进行，我们的建议是一步一步来，先聚焦一种力量（即潜在新进入者/进入壁垒），而不是从五种力量同时着手。在起步时力求简单，后面再增加复杂度。只要觉得事情变得令人迷惑，就退一步简化。对战略分析而言，明晰是不可或缺的。局部市场思维至关重要。回顾苹果的发展——理想很丰满，现实很骨感，其战略定位应该在桌上排版和其他图像处理相关领域。苹果曾经几乎没有机会在个人计算机行业大展身手，现如今则是完全没有机会。

在地利之处壮大

沃尔玛、库尔斯与局部规模经济效益

沃尔玛：新的世界冠军

　　50 多年来，沃尔玛所向披靡，以阿肯色州的小镇为起点，发展成为世界最大的零售商之一。从任何标准来看，沃尔玛都是商业史上最成功的企业之一，同时也是局部聚焦战略最有力的例证：在称霸原有市场之后，扩展进入相邻市场并继续占领市场支配地位。1945 年，山姆·沃尔顿和他的弟弟巴德·沃尔顿在阿肯色州新港市开始组建他们的商业帝国，最初的起点是本·富兰克林杂货店的加盟店。20 年之后，他们坚信美国农村有足够的市场空间容纳在城市流行起来的低价百货超市，于是他们进入了零售业。他们的决策是正确的。当企业于 1970 年上市的时候，沃尔玛拥有 30 家门店，分别位于阿肯色州、密苏里州和俄克拉何马州。截至 1985 年底，沃尔玛拥有 859 家门店，分布在 22 个州。截至 2000 年底，沃尔玛出售的商品数量超过了任何地方的任何零售商，3000 家门店分布在美国每个州和波多黎各。除此之外，沃尔玛还在海外的 8 个国家拥有超过 1000 家店。沃尔玛的销售额高达 1910 亿美元，是凯马特、西尔斯、杰西潘尼及其他零售业巨头销售额之和的近两倍。

　　沃尔玛每进入一个新的地区，都会引发当地零售业的震荡。尽管区划法和其他规章导致沃尔玛的步伐延宕或者被迫调整开店计划，但是沃尔玛的前进不可阻挡，任何抵抗最后都是徒劳。

　　30 多年里，沃尔玛股票的价格表现也绝不逊于销售额的增长。沃尔玛 1971 年市值约为 3600 万美元，2001 年初已达 2300 亿美元，⊖是凯马特、西尔斯和杰西潘尼市值之和的 14 倍。背后的原因很简单：沃尔玛更赚钱也更可靠。在零售业景气度不错的 2000 年，沃尔玛赚了 54 亿美元，其他零售业同行（凯马特、西尔斯和杰西潘尼）合计赚了 22 亿美元。1 年之后，当沃尔玛赚了 64 亿美元时，上述其他 3 家同行加在一起只赚了 3.91 亿美元（见图 5-1）。

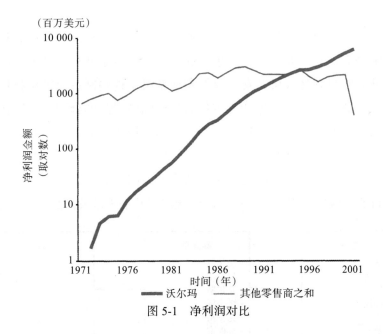

图 5-1　净利润对比

　　置身于竞争最激烈的零售业，沃尔玛成功实现了在可持续增长的同时保持可持续的盈利水平。我们用来作为比较基准的其他几家零售商都曾在

　⊖　与其他零售企业一样，沃尔玛的财务年度截至每年的 1 月 31 日。

一段不短的时间里称霸行业，但当沃尔玛出现之后它们都黯然失色了。在这样的竞争环境里，大家都没有专利、政府许可，或者多年必不可少的研发积累，沃尔玛却可以压制竞争对手多年，实现生意上的巨大成功。任何一个学习企业战略的人都想找出沃尔玛成功的原因。

首先，我们要确认一个前提，那就是沃尔玛究竟是真的成功，还是存在某些被我们忽略的缺陷。其次，我们要进一步探索沃尔玛做了什么其他零售商没能做到的，这样我们能找到沃尔玛在保持和实现卓越业绩增长时遵循的战略选择。最后，我们将继续探寻沃尔玛的成功对于其他企业来说有什么借鉴意义。

行业分析

对沃尔玛所处的零售业进行分析比较直观（见图 5-2）。商店直接销售商品给消费者。在行业上游，沃尔玛和它的竞争对手都从各种制造商那里进货，从软饮料到洗衣机、女式衬衫到剪草机。这些制造商既包括像可口可乐这样的著名企业，也包括为零售商生产贴牌产品的合同商，还包括生产不知名品牌产品的小型本地制造商。沃尔玛销售的商品如此之多，以至于它总在某些产品上和其他零售商之间存在竞争关系。尽管如此，从供应链上看不同行业之间的界限还是十分清晰的，制造商不会从一个行业跨到另一个行业。就像其他的零售商一样，沃尔玛几乎不涉及商品生产环节。

图 5-2　零售业行业地图

沃尔玛在零售业里面对的竞争对手数量众多，意味着其所处行业符合我们之前讨论过的"蚂蚁军团"的行业特征：竞争对手不计其数，根本没有人会尝试预测别人对自己的行动会有什么反应。随着沃尔玛不断发展壮大，成为蚂蚁当中的大象，它就不必顾忌其他个别蚂蚁的行动，但是反过来，这些蚂蚁却要保持敏捷的反应，以免被大象踩扁。

沃尔玛的业绩：从卓越回到优秀

一些曾经的零售业巨头衰落或者消失在历史的尘埃里，但是沃尔玛却成了新的行业领头羊。沃尔玛一定做对了什么。为何沃尔玛迅速实现了成长与繁荣，而其他竞争者却碌碌无为？

在开始回答这个问题之前，我们必须详细考察沃尔玛这些年的业绩情况。我们可以通过两个指标来衡量沃尔玛的业绩：营业利润率和投入资本回报率。营业利润率就是息税前利润除以净销售额，是比较同行业企业最有用的指标之一，因为处于同一行业的企业对资本的需求也基本类似。投入资本回报率就是企业运用所需的债务与股东权益作为资本来源去运营赚取了多少回报，这个指标对于跨行业比较和同行业比较都是适用的。我们这里用的是税前的投入资本回报率。由于以上这两个指标的分子都是营业利润，两个指标的数值变化趋势应该相似。如果走势不同，那么可能表明企业融资的方式发生了改变。

通过比较沃尔玛与凯马特 1971～2000 年的营业利润率，我们可以发现沃尔玛的经营确实卓越（见图 5-3）。从 1980 年起，沃尔玛的营业利润率超过了凯马特，那时沃尔玛的规模还只有凯马特的 1/10。投入资本回报率也展现出类似的趋势：当沃尔玛还是一个小规模企业时，其投入资本回报率就超过了凯马特，并且自那以后一直保持优势（见图 5-4）。凯马特于 2002 年 1 月申请破产重组。

这两张图还揭示了另一个现象，或许比沃尔玛与凯马特之间的业绩比较更有深意。以营业利润率和投入资本回报率来衡量，沃尔玛最赚钱的时期结束于 20 世纪 80 年代中期。它的营业利润率在 1985 年达到峰值 7.8%，之后滑落到 1997 年的低谷 4.2%。投入资本回报率也有同样的轨迹，沃尔

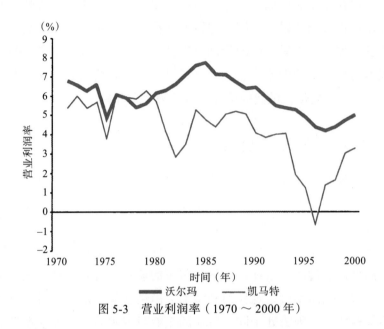

图 5-3　营业利润率（1970 ～ 2000 年）

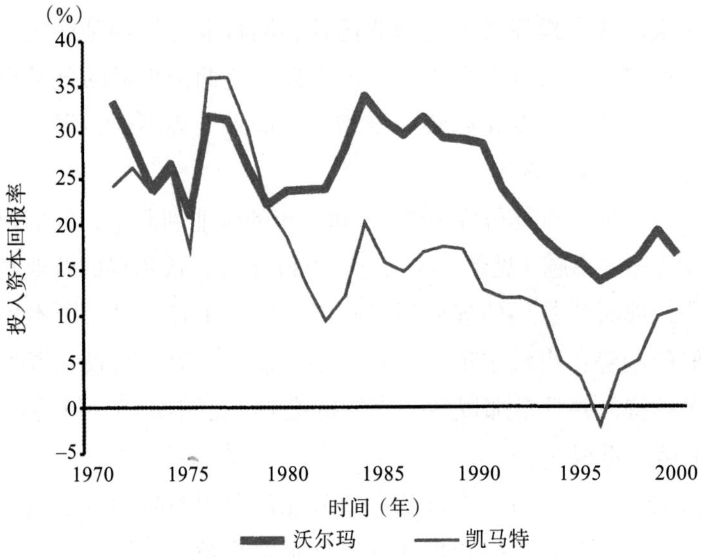

图 5-4　投入资本回报率（1970 ～ 2000 年）

玛高投入资本回报率的时期结束于 20 世纪 90 年代初。在此之后，沃尔玛
投入资本回报率不断下降，最后稳定在 14%～20%，也算优秀水平，但算
不上卓越。面对这种明显的业绩滑坡，我们不仅要知道沃尔玛是如何领先
其竞争对手的，更要弄清楚沃尔玛的运营发生了什么变化，使得一个卓越
的企业退步成了一个规模庞大却仅仅算得上优秀的企业。我们首先研究沃
尔玛的黄金时代（1985 年前后），那时沃尔玛的盈利能力处于顶峰。

20 世纪 80 年代的沃尔玛

20 世纪 80 年代，沃尔玛是一家生机勃勃的区域性企业。截至 1985
年，沃尔玛在 22 个州经营着 859 家门店，其中超过 80% 位于其阿肯色州
总部附近的 11 个州。沃尔玛通过 5 个配送中心为这些门店供货，这些门店
中几乎没有距离配送中心超过 300 英里⊖的。沃尔玛用自己的卡车将采购的
商品运到配送中心，然后再从配送中心送往各家门店。这套系统效率非常
高。由于门店的集中度很高，一辆卡车跑一趟就可以服务好几家，还可以
在返回配送中心的路上把新采购的商品运到配送中心。

在 1985 年之前的 10 年，沃尔玛的扩张得益于所在地域的人口增长，
尤其是沃尔玛选择拓展业务的小城镇。但是凯马特和其他零售商也看到了
这一机会，于是决定参与其中分一杯羹。截至 1985 年，在沃尔玛进入的城
镇里，有一半以上沃尔玛与凯马特"同台献艺"——直接竞争。在大约 1/3
的城镇里，沃尔玛没有遇到同类型的大型零售商竞争对手，获得了当地社
会零售总额的 10%～20%，这是一个出类拔萃的市场份额。

沃尔玛 1976 年的销售额是 3.4 亿美元，在之后的 5 年里经历了复合增
速高达 50% 的增长，1981 年沃尔玛的销售额为 16 亿美元，同比增速 37%。
1986 年，沃尔玛可比销售额 84 亿美元，同比增速 39%。沃尔玛的增速快
得惊人，考虑到企业的规模越来越大及进入市场的渗透率稳步提升，所以
其 1976 年之后增速开始下降并不奇怪。

沃尔玛的高管与传奇式创始人山姆·沃尔顿一样胸怀壮志。尽管他们
无法完全克服企业规模越来越大给进一步扩张带来的阻力，但他们新旧战

⊖　1 英里 ≈ 1609.34 米。——译者注

略并用，带领企业继续成长。老战略即扩张地理范围：从核心区域扩张到邻近区域，然后兴建新的配送中心支持门店。在这一战略的指导下，沃尔玛的业务扩展到东至佐治亚州、佛罗里达州、北卡罗来纳州和南卡罗来纳州，西北方向至新墨西哥州、内布拉斯加州、艾奥瓦州甚至威斯康星州。

新战略则是多样化业务。沃尔玛在五金、药品、饰品等方面并没有着力，因此这些品类也没有发展成为其生意的重要部分。真正的推动力来自仓储会员店业态的出现，沃尔玛在这个领域的品牌是山姆会员商店。仓储会员店的概念不是沃尔玛提出的，沃尔玛也不是唯一发现这个业态值得发展的零售商。仓储会员店门店面积非常大，商品陈列的方式十分简单，提供的商品数量也十分有限，但销售价格通常比低价百货超市便宜20%。为了实现盈利，仓储会员店的销售速度要非常快，通常要在支付供应商货款到期日之前就把商品卖掉。要维持如此快的周转率，只有在人口40万以上的大都会区才可能实现。全美大概有100个这样的大都会区。早在1985年，仓储会员店就在这样的区域中展开竞争了。截至1985年底，沃尔玛有23家仓储会员店，在1986年又租下了多处房产开了17家新店。由于山姆会员商店的财务业绩并没有在沃尔玛的财务报表中单独披露，所以我们很难了解其盈利情况。

从净销售到营业利润

一直以来，沃尔玛每1美元销售获得的收益都比其竞争对手多。为了确切地找到其优势的来源，我们要细致地对比沃尔玛与其他零售商的财务业绩。虽然利润表上的数字是企业运营的结果而非原因，但是这些数字至少能告诉我们去哪儿寻找沃尔玛超凡业绩的线索。

我们从比较沃尔玛和凯马特着手（见表5-1）。在截至1987年1月31日的3年里，沃尔玛的平均营业利润率是7.4%，而凯马特是4.8%。造成这一差异的主要原因是沃尔玛更低的间接费用。从占净销售额的比例来看，凯马特的销售成本占比更低，主要原因是凯马特的平均单价高于沃尔玛，但是其高额的销售及管理费用抵消了这一优势。

表 5-1　平均营业利润率（1985~1987 年）

	凯马特	沃尔玛	两者差异
销售成本／净销售额（%）	70.5	74.3	沃尔玛高 3.8
销售及管理费用／净销售额（%）	24.7	18.3	沃尔玛低 6.4
平均营业利润率（%）	4.8	7.4	沃尔玛高 2.6

　　一份 1984 年零售业报告能帮助我们更为准确地理解沃尔玛经营成本的构成，从而找出其优势所在（见表 5-2）。由于沃尔玛也被包含在行业数据里，这里将沃尔玛与行业数据进行对比在一定程度上低估了沃尔玛与业内其他竞争对手之间的差距。尽管如此，这里比较得到的结果仍跟前面与凯马特的比较相仿。从占净销售额的比例来看，沃尔玛用于采购与收货的成本占比高于其竞争对手，这里的原因仍然是沃尔玛商品的定价相对较低。其他零售商从授权费获得更多的收入，而沃尔玛受益于较低的销售及管理费用，最后获得了较高的营业利润率。与其他零售商相比，沃尔玛的管理严格、厉行节俭。

表 5-2　营业利润率（1984 年）

	行业	沃尔玛	两者差异
授权费及其他收入／净销售额（%）	1.1	0.8	沃尔玛低 0.3
销售成本／净销售额（%）	71.9	73.7	沃尔玛高 1.8
薪酬费用／净销售额（%）	11.2	10.1	沃尔玛低 1.1
广告费用／净销售额（%）	2.3	1.1	沃尔玛低 1.2
租赁费用／净销售额（%）	2.2	1.9	沃尔玛低 0.3
杂项费用／净销售额（%）	7.6	5.3	沃尔玛低 2.3
销售及管理费用／净销售额（%）	23.3	18.4	沃尔玛低 4.9
营业利润率（%）	5.9	8.7	沃尔玛高 2.8

　　沃尔玛是如何做到如此节俭的？是因为优秀的管理水平还是自律的企业文化？还是仅仅因为在大都市区之外及美国南部地区的运营成本更低？或者我们应该考虑那些不受制于管理控制的结构性经济因素？

　　如果答案是管理水平和企业文化，那么沃尔玛应该能够自由地复制成功经验，拓展到其他零售业态里。如果小城镇和南部地区的成本优势是问题的答案，那么沃尔玛就不应该进入其他地区，而应把生意控制在传统优势地区内实现增长。反之，如果是一些结构性经济因素给沃尔玛带来竞争优势，那么企业应该找出这些确切的经济因素，设计合理的扩展战略，聚焦能够复制这些竞争优势的适当区域和零售业态。当然，作为沃尔玛当前或潜在的竞争对手，或者任何具有类似特性生意的企业显然也应该做相同的事情。

解析沃尔玛的各种说法

任何企业如果拥有像沃尔玛这样的辉煌历史，都必然成为万众瞩目的焦点。多年来，解析沃尔玛成功的说法众说纷纭。有一些分析明显是错误的，有一些看似有道理但是经不起检验，仅有一个解释是相对合理的。我们将对这些分析中较为合理的解释进行考察。

解释一：压榨供应商

沃尔玛一直就有利用其大客户身份要求供应商在价格上让步的名声。更低的销售成本可能意味着更高的营业利润率，但是我们已经看到沃尔玛的销售成本占净销售额的比例是高于其竞争对手的，因此这种解释值得怀疑。与此同时，沃尔玛的毛利率并没有随着企业规模的增长而得到提升，而是在 1983 年最高达到 28.3% 之后持续下滑，直到 20 世纪 90 年代中期才稳定在 22% 的水平。所以沃尔玛压榨供应商从而成功的解释似乎说不通。

零售商采购商品的成本是销售成本的主要构成部分，但销售成本中还包括其他成本（见表 5-3）。其中一项是从供应商那里将货物运送到门店或仓库的成本，称为进货成本或进货后勤。事实上，沃尔玛在这方面比竞争对手更有效率，它的这项成本占净销售额的比例是 2.8%，而行业水平是 4.1%。与此同时，沃尔玛的损耗成本（即由于货物丢失、损坏和失窃导致的损失）也比行业水平要低一些。沃尔玛的损耗成本占净销售额的比例为 1.3%，而行业水平是 2.2%。在把这些成本考虑进去之后，我们发现沃尔玛实际花费在商品采购上的成本占净销售额的比例其实比行业水平更高。

表 5-3　销售成本占净销售额比例

	行业	沃尔玛	两者差异
销售成本 / 净销售额（%）	71.9	73.7	**沃尔玛高 1.8**
进货成本 / 净销售额（%）	4.1	2.8	沃尔玛低 1.3
损耗成本 / 净销售额（%）	2.2	1.3	沃尔玛低 0.9
商品采购成本 / 净销售额（%）	65.6	69.6	沃尔玛高 4.0

　　沃尔玛商品采购成本占净销售额比例更高这一事实并未完全否定该企业利用谈判能力压低供应商价格的说法。不过如果沃尔玛确实有与供应商进行价格谈判的能力，那么它把这方面的收益直接让给顾客了，甚至还有所加码。由于不同市场的定价各不相同，对于沃尔玛的价格在总体上比其他零售商要便宜多少，我们很难给出确切的数字。在与凯马特或塔吉特直接竞争的门店，沃尔玛的价格可能低 1%～2%。如果与竞争对手的门店相隔至少 5 英里，价格差距就大一些，达到低 8%～10%。由于沃尔玛大约有 2/3 的门店都处于竞争性的市场里，总体价格大概平均比竞争对手便宜 4%～5% 是一个合理的估计。这个数字碰巧非常接近沃尔玛在商品采购成本占净销售额的比例上，比行业水平高出的幅度（即 4 个百分点）。如果我们做出一个符合实际的假设，即沃尔玛在单位商品采购上支付的价格和其他主要竞争对手相当，那么商品采购成本占销售比例更高，就主要是因为自身的定价策略。因此，从供应商那里获得更低的价格不是更高营业利润率的来源。此外，沃尔玛的规模曾每隔几年就翻一番，但其销售成本占比却上升了，并且在沃尔玛发展早期，当时规模更大的凯马特和其他零售商对供应商应该有更强的谈判能力。这两个事实都不支持压榨供应商是沃尔玛成功关键的观点。

　　最后，要说沃尔玛能迫使可口可乐或宝洁这样大型的企业给予其相对其他零售商更优惠的价格，似乎也不太可能。试想，如果沃尔玛威胁可口可乐，除非给自己更大的折扣，否则就结束两家企业之间的业务往来。那么在可口可乐拒绝这个要求之后，沃尔玛在百事可乐那边还有多少谈判能力？或许沃尔玛的确对规模较小的区域性供应商有议价能力，并可能迫使对方让步，但凯马特和其他零售商也有能力如法炮制。因此，用压榨供应商来解释沃尔玛极强的盈利能力是站不住脚的。

解释二：小城镇垄断者

沃尔玛的成功是否归功于其很多门店都是小城镇上的唯一低价百货超市？沃尔玛是否让客户支付了更高的价格，从而通过垄断获得了更多的利润？为了回答这个问题，我们有必要考察一下沃尔玛的定价策略并与其竞争对手的定价策略进行比较。

沃尔玛从折扣零售起家，始终以为顾客提供低价商品而自豪，旗下所有的门店都声称"我们的价格更便宜"。事实也确实如此，尤其在那些与凯马特、塔吉特和其他零售商竞争的城镇更是如此。1984年的一份调查显示，在达拉斯–沃思堡地区，各家零售商的门店相隔5英里左右，沃尔玛的价格比凯马特低10%，比塔吉特低7%～8%。在圣路易斯郊区，沃尔玛比相邻凯马特的价格要低1.3%。但是，对于独占一个城镇市场的门店，沃尔玛对客户就没有那么慷慨了。在田纳西州，沃尔玛在富兰克林的门店的价格水平比它在纳什维尔的门店高6.0%，原因是沃尔玛独占富兰克林市场，而在纳什维尔还要与凯马特竞争。相比之下，凯马特在局部垄断市场与竞争市场上的定价差距要比沃尔玛大得多，达到9.0%。不过，凯马特和其他竞争对手大约只有12.0%的门店独享一个城镇市场，而沃尔玛的这一数字高达33.0%（见表5-4）。

表5-4　凯马特和沃尔玛

	凯马特	沃尔玛	两者差异
局部垄断市场的门店价格水平提升幅度（%）	9.0	6.0	
实现局部垄断市场的门店占比（%）	12.0	33.0	
从局部垄断市场获得的营业利润率提升（%）	1.1	2.0	沃尔玛高 0.9

如果我们综合考虑这些因素，那么很显然能够发现：在局部垄断市场里，沃尔玛确实从更高的价格里获益。总体来看，这方面的收益使得沃尔玛在营业利润率上比凯马特高出了0.9个百分点，这约占沃尔玛营业利润率的优势2.8%的1/3（见表5-2）。但这只解释了部分差异，并不是全部。此外，正如我们之前发现的，沃尔玛的平均价格要比竞争对手低4%～5%。沃尔玛从局部垄断市场里获得的这0.9%额外营业利润率提升只能填补上

述差额的一部分。综合来看，沃尔玛在局部垄断市场的优势被"天天低价"策略消耗殆尽，所以小城镇垄断者这个说法无法解释沃尔玛优秀的经营业绩。

解释三：更好的管理水平与制度

沃尔玛卓越的管理水平为世人称赞。它是较早使用如条形码扫描技术等提升效率的技术的零售商。条形码扫描技术减少了顾客排队结账的时间，而且有助于控制存货和自动化订购与补充库存的流程。尽管与条形码应用相关的资本支出高达每家门店 50 万美元，但是这并没有阻止沃尔玛迅速地在新店安装，在老店更换新条形码扫描相关设备。这种类型的投资帮助沃尔玛显著降低了人工成本，从 20 世纪 70 年代的 11.5% 降低到了 1985 年的 10.1%。

但是，条形码扫描技术是一个面向整个零售业的技术。凯马特几乎同样迅速地引进了这个技术，并于 1989 年完成了全部门店的普及安装工作。因此，沃尔玛由于在这个技术上的投资获得的收益无法解释它相对于竞争对手的优势。沃尔玛使用的其他复杂技术也是同样的道理，如规划各个门店商品品类组合的软件、自动化仓库运营设备等。沃尔玛只是购买和使用了这些先进的技术，并不是开发者。沃尔玛能购买的东西，竞争对手也同样能买到。沃尔玛在技术上的不断革新和尝试也许能够给其带来暂时的领先地位，但其他竞争对手可以雇用同一家供应商或咨询顾问装备同样的软件或设备，而且还能避免沃尔玛由于"第一个吃螃蟹"犯下的不可避免的错误。

在人力资源管理领域，沃尔玛确实有优势，其高层管理人员每天都花大量时间在门店里。他们征求员工对于门店运营的建议，如应该进什么货、如何展示货品等。沃尔玛的员工被称为伙伴，以反映"同舟共济"的企业哲学。沃尔玛还有一套激励机制，如奖励超额完成利润目标的门店经理，通过与员工分享降低货物损耗的收益大大减少偷盗和顺手牵羊的现象。员工也对此给予积极回应，纷纷赞赏沃尔玛是不错的雇主，即使以行业标准来看沃尔玛工资微薄。沃尔玛相对于行业较低的人工薪酬部分归功于这些人力资源管理方法。

在分析沃尔玛取得商业成功的原因时，忽略其优良的管理水平是不明智的，但我们也不能高估其作用。沃尔玛的管理水平是否在 20 世纪 80 年代中期的黄金时代之后退步了，或是经营企业变得越来越困难？为什么沃尔玛的管理方式在五金店、药店和饰品店就不灵了呢？山姆会员商店虽然在门店数量上翻了好几倍，但是未能实现沃尔玛传统门店那么好的盈利水平。沃尔玛在 20 世纪 90 年代中期开始披露各业务板块的财务业绩，我们从中清楚地观察到山姆会员商店的业务营业利润率偏低。与传统门店相比，山姆会员商店在每 1 美元资产上获得的回报要低 45%，而这已经是在这一业态运营 15 年之后，时间上也足够将经营管理理顺了。

解释四：南方更有利于经营

与行业平均水平相比，沃尔玛的租赁费用占净销售额之比较低（差距是销售额的 0.3%），薪酬费用占销售额之比也要低一些（差距是销售额的 1.1%）。这一优势部分源于企业的生意集中在美国南方的小城镇。那里的房地产价格更为便宜，房产税也更低。沃尔玛的员工都不是工会成员，这也是美国南方的一个特色。沃尔玛的总销售及管理费用（SGA）占比优于行业 4.9 个百分点，这两项加起来就贡献了 1.4 个百分点。另外，美国南方的价格水平和成本也都低一些。

彻底量化南方因素给沃尔玛带来了多少好处并不容易，也不现实。显然，地理位置确实与沃尔玛的业绩水平相关。不过就像我们前面分析的那样，优良的管理水平也起了作用。沃尔玛的问题是在 1986 年前后，由于在低成本区域的扩张已经遇到了瓶颈，于是开始在较大的城镇开店。1986 年之后，沃尔玛的大部分生意都在远离美国南方的州。截至 2001 年，以门店和购物中心的数量为排序依据，位于美国北方的加利福尼亚州、俄亥俄州、宾夕法尼亚州、印第安纳州、纽约州和威斯康星州在沃尔玛业务前 11 个州里占了 6 个。

解释五：区域性统治的强大优势

沃尔玛的成功确实部分归功于地理因素，那就是地理区域性的集中。

我们已经知道，在 1985 年，沃尔玛超过 80% 的门店都位于阿肯色州及其周边的州。尽管那时沃尔玛在总体规模上比凯马特小，但在自己发迹的大本营，它的规模却比凯马特大不少。凯马特在美国中西部也有门店集中的区域，但是在这一区域获得的优势却被凯马特在其他地区的低密度布局摊薄了。相反，沃尔玛能够充分利用自己的集中战略，这也是其高利润率的主要原因。

在这一时期，沃尔玛主要因规模经济效益和一些有限的客户锁定而享有竞争优势。规模经济效益和客户锁定都是区域性的，并不是全国性甚至全球性的。对于零售、分销和其他触达最终客户的主要成本是在局部和地区这个层面的行业而言，规模经济效益和客户锁定是最重要的。

沃尔玛的集中战略获得的低成本主要源于企业的三个职能。

第一，进货后勤，也就是在将货物拉到仓库和送往门店方面花费的费用更低。我们已经介绍过，沃尔玛将门店安排在以仓库为圆心、300 英里为半径的圆圈范围之内，并且用自己的卡车从供应商在这个范围内的配送中心取货。沃尔玛门店的高密度和与配送中心的近距离使得卡车的行驶距离大大缩减，还可以来回都运送货物——无论是从供应商到配送中心，还是从配送中心到门店。沃尔玛在这方面相对于行业平均水平节省的成本是净销售额的 1.3%。行业平均水平里包含了沃尔玛的数据，这意味着其实行业其他零售商与沃尔玛的差距更大。

第二，沃尔玛在广告费用方面的花费比行业平均水平要低（差距是净销售额的 1.2%，见表 5-2），相当于超过 60% 的相对成本优势。对于零售商而言，广告是局域性的。报纸广告、传单和电视广告都是针对门店附近潜在客户群的。如果我们做一个合理的假设——以报纸、传单和电视广告的频率衡量，沃尔玛与其他零售商的广告活动大体相当，那么沃尔玛的广告费用占净销售额的比例较低是因为其门店和潜在客户群都更为密集。不管当地的沃尔玛门店是 3 个还是 30 个，在纳什维尔电视台投放 30 秒广告的价格都是一样的。报纸广告和送给本地居民的传单也是如此。媒体广告是按照触达每千人的价格来收费的，但对于零售商而言，更为重要的指标是每位客户或潜在客户的平均获客成本，而这取决于市场渗透率。因为沃尔玛在当地的销售额几乎是其竞争对手的 3 倍，所以沃尔玛每 1 美元销售额对应的平均广告成本只有其竞争对手的 1/3。帮助沃尔玛降低进货后勤相关费用的集中战略显然也能够帮助其节约广告费用。沃尔玛能够在同样价格上获得更好的效果，是因为它的广告比竞争对手更为有效地锁定了客户。

第三，管理监督。从一开始，山姆·沃尔顿就和管理层频繁地走访各家门店。截至 1985 年，沃尔玛共有 12 个大区副总裁，每位副总裁下辖 7～8 个区域经理。副总裁都住在位于阿肯色州本顿维尔的企业总部附近，方便他们每周五和周六到总部开会，审阅本周业绩并计划下周工作。每周一的早晨，所有的副总裁都会奔赴各自管理的大区，在接下来的 4 天时间里走访负责的门店。沃尔玛的这套机制运转良好，确保了总部与距离较远的业务单元能够充分沟通交流。门店分部地域的高度集中使得管理者有更多的时间花在门店里而不是在门店之间奔波。信息的交流也是双向的，沃尔玛的政策确保门店经理甚至最基层普通员工的意见都能够反映给管理层。

沃尔玛的这套管理体系依赖于门店的高密度分布，以及保持与总部所在地本顿维尔的近距离。如果凯马特或者塔吉特的管理层也想要管理同样数量的门店，那么他们会发现这些门店所在的地理范围是沃尔玛的 3～4 倍。他们无法像沃尔玛的管理层那样频繁地视察门店，或者在每个门店花费同样多的时间。而且他们不得不居住在负责的大区，还需要区域经理的协助。源于此的额外管理费用占净销售额的 2% 之多，对于营业利润率只有 6% 的生意而言，这是个大数目。沃尔玛与其他企业在这方面的差异高达 30%（2.3% 除以 7.6%），这是沃尔玛享有的又一个大得惊人的相对成本优势。沃尔玛以较低的成本做成了较多的事，这是世界各地的管理者时常挂在嘴边却鲜少实现的目标。

把沃尔玛在进货后勤、广告和管理监督这三项职能上给营业利润率带来的优势综合考虑，共占净销售额的 4%～5%，而沃尔玛的总体营业利润率优势只有 3% 左右。这是由于沃尔玛的整体定价较低，以获得更好的销量。因此，从占净销售额的比例来看，三项职能优势带来的节省大于最终营业利润率上的优势。

沃尔玛这三项职能上的优势源于局部的规模经济效益。这里讨论的"局部"指的是沃尔玛及其竞争对手在门店、配送中心、广告活动和管理人员方面的布局。尽管在 1984～1985 财年，凯马特的总销售额是沃尔玛的 3 倍，但是这个规模来自凯马特在美国甚至国际市场的运营，与沃尔玛并不直接相关。这个整体规模对局部的货物流动、针对顾客的广告或者对于零售活动的管理监督而言也并没有影响。对于上述三个职能，对于实现规模经济效益而言，最为重要的是特定区域内的门店数和顾客数量。在这方面，沃尔玛要比其竞争对手强得多：在自己所处区域有比竞争对手更多的门店和客户，毫无疑问密度也更高。所以尽管沃尔玛的总体规模相对较小，但是更高的集中度意味着更高的盈利性。

零售、顾客与规模经济效益

在对基于规模经济效益的竞争优势的探讨中，我们注意到企业需要获得这种竞争优势必须满足两个条件。第一个条件是固定成本必须在总成本中占有很大的比例，这里的很大是相对于企业所处的市场规模而言的。固定成本可能是厂房、设备或信息技术上的资本支出，也可能是类似广告或管理监督这样的经营费用。随着固定成本分摊到更大的销量上，单位成本会不断降低。因此，销量大的企业会在竞争中领先。

但是，如果市场足够大，以至于单位产品分摊的固定成本变得很小，平均成本就不会明显下降，销量较大的企业的竞争优势就消失了。很显然，只有在销售商品的数量对于固定成本分摊后的单位成本有较大影响的情况下，规模经济效益才能够持续下去。市场越大，规模经济效益就越小。从这个意义上来说，增长可能是利润率的敌人。

第二个条件是基于规模经济效益的竞争优势必须与一定程度的客户锁定相结合，这样才能阻止竞争对手逼近。凯马特可以在沃尔玛的大本营复制其零售基础设施——门店、配送中心和管理人员，但是除非凯马特能够吸引到同样规模的顾客，否则就无法获得同等的规模经济效益。这就要求凯马特从沃尔玛那里把顾客挖过来，但这绝非易事，除非沃尔玛自己用低质的服务、昂贵的价格或其他低劣的做法赶走忠实顾客。否则的话，在同等条件下顾客没有理由转向凯马特。如果凯马特想要靠价格取胜，把价格压得贴近成本，沃尔玛也可以跟进采取同样的手段。由于沃尔玛原有的顾客数量多一些，平均成本更低，所以能承受的损失更大。凯马特能够采取的一切竞争手段，如广告宣传、店内促销、无息联名信用卡等，沃尔玛都能够跟进同样的做法而且成本更低。除非凯马特决定采取不惜一切代价夺取市场份额的焦土战略，而且沃尔玛还很"配合"地在凯马特彻底崩溃之前就动摇信念、放弃顾客，否则凯马特永远无法在沃尔玛深耕的区域获得与之势均力敌的地位。

事实如何

之后发生的一切很清晰。沃尔玛在 1985 年之后继续成长，直到成了全球最大的零售商和世界各地企业崇拜的对象。但是根据投入资本回报率和营业利润率来衡量，沃尔玛的盈利水平降低了。对此我们能够给出的唯一解释就是：随着沃尔玛在全国和世界范围内扩张，它不再能够复制早年享有的竞争优势——局部规模经济效益与一定程度客户锁定的有机结合，使得竞争者难以入侵它占领的市场。

当沃尔玛进入加利福尼亚州和其他太平洋沿岸的州之后，它不得不与塔吉特直接竞争，而后者是这一地区根基深厚的成功零售商。在美国中西部地区，凯马特非常强大。在美国东北部地区，考尔德拥有很多门店，尽管后来这家企业消失在了历史的尘埃里，但那是它失败扩张战略的结果。在沃尔玛离开自己深耕的区域之后，最好的情况是与竞争对手平等竞争，最坏的情况则是"逆风而上"，但这并不容易。

在一开始沃尔玛就拥有优秀的管理层，不仅显然比凯马特、西尔斯、杰西潘尼这些巨头的管理层更精明，而且比起考尔德、奥美斯、可瓦特、格兰特和布拉德利斯这些曾辉煌一时却已经消失的企业更是强得多。沃尔玛的管理层接受并推行新技术，花大量时间在门店听取员工和顾客的意见，压低管理成本，从不在利润表上"塞进"如"特别费用"等非正常项目——这些费用通常用于为过去积累下来且无法忽略的错误一次性"买单"。然而即使是如此高水平的管理水平，并且持续了 40 多年，也仍然无法把沃尔玛的营业利润率或投入资本回报率维持在 20 世纪 80 年代中期的水平上。管理层未能在山姆会员商店这个业务上获得良好的回报——山姆会员商店可以说是地理分布上最不密集的连锁批发会员店，在其他多样化经营的业务上也是业绩平平。截至 20 世纪 90 年代末，沃尔玛的营业利润率和投入资本回报率已经下降到和塔吉特相当了，后者是另一家拥有自己深耕区域的零售商。

沃尔玛的投入资本回报率随着时间的发展和业务布局的变化也证明了我们前面提出的观点，当其在 20 世纪 80 年代中期开始雄心勃勃地向全国扩张时，营业利润率和投入资本回报率稳步走下坡路。20 世纪 90 年代中期，沃尔玛成了全国性企业，但其门店的区域分布已经不像黄金时代那么集中了，投入资本回报率也降至 15% 左右。后来，随着沃尔玛提升其门店的区域分布密集度，其投入资本回报率也开始回升。不过这个趋势的一个例外是沃尔玛的国际业务——门店稀疏地分布在许多国家。不出所料，沃尔玛国际业务的营业利润率和投入资本回报率只有美国核心业务的 $1/3\sim1/2$。

那么沃尔玛在 1985 年采取什么样的策略能够在业务增长的同时保持高营业利润率呢？答案是也许没有太多的办法。当时产品线多样化并不是很有前景，尽管之后沃尔玛在增加食品生鲜这一产品线上取得了成功。在地域扩张方面，沃尔玛很难找到与阿肯色州这个根据地具有同样特点的地区。小城镇和农村地区并不一定就是重要的市场，沃尔玛和塔吉特都在大都会区招揽客户，重要的是局部市场里没有已经扎根深耕的竞争对手。其他零售商忽略阿肯色州是因为它们认为这个市场没有足够的需求，不过它们并没有忽略美国西海岸、东南地区或者新英格兰地区。这使得这些地方对于沃尔玛的进入并不"友好"。如果想要复制早期的经验，沃尔玛也许应该寻找一个还处于经济发展阶段的外国市场，并且这个外国市场还没有被大型成熟零售商关注。或许 20 世纪 80 年代的巴西或韩国比较合适，只要不存在太强的地方保护性障碍。不过在缺少适当"处女地"市场的情况下，沃尔玛只能采取"有代价成长"的战略，这里的代价就是新投资相对较低的回报率。但我们也不能过分夸大这种回报率下滑的现象，沃尔玛的回报率还是很有竞争力的，尽管没能为投资者创造非凡的价值，但至少没有因为身处竞争劣势而损害价值。

战略维度与局部统治

总结沃尔玛在盈利能力最强时期的各项特质，有助于我们比较不同特质的重要性（见表5-5）。

表5-5　沃尔玛特质总结

特　质	利润表相关项目占净销售额比例	行业平均水平（%）	沃尔玛（%）	两者差异
因局部垄断而获得的较低进货价	采购成本	65.6	69.6	沃尔玛高 4.0
更高的管理水平	薪酬成本、损耗费用	13.4	11.4	沃尔玛低 2.0
局部规模经济效益与客户锁定相结合	配送费用、广告费用和其他管理费用	14.0	9.2	沃尔玛低 4.8
总体成本优势				沃尔玛低 2.8

从上述评估中，我们可以吸取一些经验教训。

- 效率始终是举足轻重的。优秀的管理使薪酬成本和损耗费用都远低于行业平均水平。

- 基于局部规模经济效益与客户锁定有机结合的竞争优势更为重要。优秀的管理并没有帮助山姆会员商店大获成功、阻止1985年之后沃尔玛盈利能力下降，也未能确保沃尔玛在国际市场取得成功。

- 竞争优势能够提升管理品质。在这个案例里，沃尔玛利用局部规模经济优势勤俭节约，并将一部分因节约获得的收益转移分享给客户。沃尔玛还高效地利用了管理层的时间，这是所有企业的稀缺资源。总之，沃尔玛实现了优秀管理与正确战略的完美结合。

- 必须维护和保持竞争优势。沃尔玛的低价策略是实现局部规模经济效益战略的内在组成部分，并不是一个独立的策略选择。其他的零售商，如凯马特、考尔德、可瓦特，也都在某一时期因为享有局部规模经济效益带来的竞争优势而拥有较强的盈利能力。但是当它们战略失误、离开自己的根据地向外扩张之后，让竞争对手轻易进入了自己的腹地，结果在两个战场都遭受了打击。

沃尔玛案例之所以重要，绝不是因为企业的规模和名气，而是沃尔玛获得成功的因素也同样适用于整个零售业：基于局部规模经济效益的竞争优势。超市的盈利能力与其在当地市场的份额高度正相关，像克罗格这样成功的连锁超市就倾向于在地理上保持高密度。沃尔格林是连锁药店行业里的"沃尔玛"，这家企业也采取了在一定区域高度集中的开店战略，并且当它对这一战略执行不严格时，回报率也下降了。在家具店行业，即使是像内布拉斯加家具店这样的单店零售商，只要在局部区域拥有市场统治地位，经济上的回报也会十分出众。

实际上，地理集中的重要性并不局限于零售业，还适用于服务业，至少是那些在局部地域提供的服务。区域性银行的盈利能力通常要强于全国性银行。像牛津医疗计划这样有着清晰地域属性和聚焦的健康保险企业，业绩比客户与医生遍布全国的竞争对手要好得多。在电信行业，像威瑞森、南方贝尔和辛格勒这样区域性的有线或移动电话企业的业绩要好于像AT&T、斯普林特、MCI和斯泰尔这样的全国性企业。如果服务业是未来经济发展的下一波浪潮，那么以获得区域统治地位为战略核心组成部分的企业更容易获得成功。

库尔斯的全国扩张

1975 年，总部位于科罗拉多州哥登的库尔斯成了一家上市企业，可谓是其巅峰时刻。库尔斯的销售额达 5.2 亿美元，净利润 6000 万美元，获得了超过 11% 的净利润率。对比来看，这个净利润率是百威的两倍多，后者的销售额是 16.5 亿元，净利润 8500 万美元。百威在美国拥有 10 家酿造厂，面向全国市场销售啤酒，而库尔斯只在科罗拉多州有一家大型酿造厂，从那里将啤酒供应到本州和相邻各州。随着啤酒行业的发展，库尔斯决定做出一些改变，部分也是因为联邦贸易委员会做出了一项裁决，指控库尔斯限制分销。于是，库尔斯开始向外扩张，截至 1985 年，面向 44 个州销售啤酒，只是这一扩张战略事后来看并不成功。

库尔斯的很多经营方式和其他啤酒酿造企业不太相同。相比之下，库尔斯的企业体系更为完整和一体化：不仅自己生产酒罐、种植麦子、使用专属水源，甚至自己挖煤发电。库尔斯的工人没有成立工会，而且企业高度强调运营与控制。库尔斯灌装和瓶装啤酒都不进行巴氏杀菌，为给消费者新鲜、原始的口味。由于其产品的味道独特，库尔斯吸引了如保罗·纽曼、亨利·基辛格这样的名人成为忠实消费者，尽管他们身处东部，要喝到库尔斯啤酒得颇费周折。有这样的名人为产品背书，对于库尔斯的推广简直是天赐良机。

库尔斯与众不同是毋庸置疑的，但这些差异是否能让库尔斯啤酒不仅在口味上而且在生意上也获得优势呢？如果在 1975 年库尔斯还是一家区域性啤酒厂时，这些差异发挥了积极作用，那么当库尔斯进军全国市场时，这些差异还能给企业带来优势吗？

1985 年，第二个问题的答案变得十分清晰。库尔斯的销售额在这一时期翻了一倍还多，但是净利润却没跟上发展的脚步。库尔斯 1985 年的净利润比 1975 年的还要低，净利润率跌到了 4% 左右。与此同时，百威迎头赶上且相对地位大幅提升，销售额提升了 4 倍，净利润率从 5% 上升到了 6%，而且 1985 年并不是一个反常的年份。库尔斯自此之后再也没有恢复昔日的竞争优势。2000 年，库尔斯的销售额为 24 亿美元，净利润为 1.23 亿美元，净利润率 5.5%。相比之下，百威的净利润为 15 亿美元，净利润率超过 12%。

库尔斯在哪些地方出了问题？经营效率和劳动力成本有什么问题吗？还是产品魅力和市场营销出了问题？这些曾经帮助库尔斯取得优秀业绩的差异，是否随着企业扩张无法继续产生积极影响，还是它们对于利润的影响并没有想象的那么大？库尔斯是否有其他的选择？如果能够保持适当的集中度，有可能维持高利润率吗？或者库尔斯反而会在啤酒行业兼并大潮中沦为一个不重要的小角色？

啤酒的滋味

1945～1985 年，美国的啤酒消费量从 7700 万桶上升到 1.83 亿桶，平均年增长率大约高于 3%，2.5% 的人口年增长率是驱动啤酒消费量增长的主要原因。这种消费量增长对啤酒厂商而言意味着激烈的竞争，虽然还不至于是一个严格意义上的零和博弈，但是至少接近于一家企业所得是另一家企业所失。

美国啤酒行业的结构在 1945～1985 年发生了很大的变化，其中行业整合是最突出的特点。1950 年，啤酒行业里最大的 4 家企业合计拥有 20% 的市场份额，到了 1985 年，行业前四则控制了合计 70% 的市场份额。其他的行业动向也都与行业整合相关。

- 家庭消费。在"二战"结束时，桶装啤酒占总销售量的 1/3。但到了 1985 年，这一占比跌到了 13%。瓶装尤其是听装啤酒变得越来越流行。这一变化部分反映出酒馆销售渠道的衰落，美国人把喝酒的地点从酒吧转移到了舒适的家里。同时，很多在禁酒法案被废除之后涌现的小型啤酒厂商被区域或全国性啤酒厂商排挤。之前正是这些各地小型啤酒厂商向酒吧和餐馆供应未经巴氏杀菌的桶装啤酒。随着这部分市场的衰落，各地小型啤酒厂商遭受了重大打击，很多品牌彻底消失，还有一部分被幸存者收购并延续了一段时间。

- 产能扩大。随着包装技术的进步，酿造与包装结合的高效啤酒厂商大多年产量从 1950 年的 10 万桶提升到 1985 年的 500 万桶。较小的啤酒厂商不可能建造这么大的工厂，因而输给了大型企业，如百威和米勒。截至 1985 年，百威拥有 11 个啤酒厂，每个年产量都达到了 450 万桶以上。

- 更多广告。为了争夺市场份额，啤酒厂商增加了在广告方面的投入，广告支出从 1945 年的 5000 万美元（占销售额的 2.6%）提高到了 1985 年的 12 亿美元（占销售额的 10%）。1945 年刚刚出现的电视成了啤酒广告的新媒介，啤酒厂商利用媒体宣传自己的品牌与优势。尽管啤酒电视广告受到观众和电视网欢迎，但是对于赢得客户没有持续的效果。不过，相对于地方啤酒厂商，更多的广告确实给全国性啤酒厂商带来了更多的优势，因为固定的广告成本被分摊到了更大的销量上。

- 品牌林立。米勒在 1975 年推出了自己的轻啤品牌莱特，酒精和卡路里含量要低于其高档品牌海雷夫。没过多久，其他主要啤酒厂商也都推出了自己相应定位的品牌，有些还推出了超高档产品或主打品牌的其他配方版本。尽管这种产品细分战略对提升总啤酒消费量没有明显帮助，但是确实为大型啤酒厂商提供了又一个优势，让它们能更凌驾于日益被边缘化的小型区域性竞争对手之上。大型啤酒厂商负担得起推出和维护新品牌的广告投入，也有更响亮的品牌可供拓展。

在这个行业整合度提升的进程中只有两个赢家：百威和米勒。1965 年，米勒的市场份额只有微不足道的 3%。20 年后，在营销天才菲利普 – 莫里斯的管理下，米勒的市场份额达到了 20%。百威在 1965 年就是市场里最大的企业，控制着 12% 的市场份额，到 1985 年其市场份额上升至 37%。剩下的啤酒厂商要么消失在商业历史的尘埃里，要么玩着"抢椅子"的游戏，争夺两个赢家余下的市场空间。

库尔斯的差异化

在行业整合大潮中，库尔斯的市场份额稳定在 8% 左右。该企业采取了一种与众不同的生意经营模式，也或许正是因为这种不同，库尔斯才保住了自己的市场地位。在 1977 年走向全国市场的时候，库尔斯依靠这些模式上的差异确保自己在"啤酒大战"中立于不败之地。

第一，库尔斯的纵向一体化程度非常高。它与农民直接签约，种植专供自己的麦子，并自行加工啤酒酿造所需的其他谷物原料。库尔斯还设计了一种全铝的听装啤酒罐，由指定制造商生产。1977 年，库尔斯收购了自己的酒瓶供应商，制造了绝大多数生产所用的酿造和灌装设备。它声称带给自家啤酒独特口味的落基山泉水也源自其控制的土地。除此之外，库尔斯还开采了自己的煤矿以满足自己的能源需求。

这种纵向整合或许是拓荒者偏好自给自足的反映，但并未形成长期成本优势。1977 年，库尔斯的制造成本是每桶 29 美元，相比之下，百威的制造成本是每桶 36.6 美元。1985 年，库尔斯的制造成本上升到每桶 49.50 美元，仍然没有进行纵向整合的百威的制造成本则是每桶 51.80 美元，差别并不大。回顾以往，很难想象这些被整合的职能能够给库尔斯带来竞争优势。在包装设备、瓶罐和能源方面，库尔斯很可能因为规模较小处于竞争劣势，而其他竞争者反而从规模经济效益中受益。与此同时，在这些非核心职能上花费心力也分散了库尔斯管理层的时间精力。

第二，库尔斯只有一个酿造厂，年产能从 1970 年的 700 万桶增长到 1975 年的 1300 万桶，最后扩增到 1985 年的 1600 万桶。规模如此之大的酿造厂拥有潜在的规模经济效益，至少理论上如此。但是，酿造效率最优的年产能是 500 万桶，库尔斯很可能并未从自身巨大的规模中收获规模经济效益。实际上，相关的成本指标也表明理论上的规模经济效益并没有在现实世界得以实现。此外，因为啤酒的单位重量不轻（即使是库尔斯的轻啤），所以运输成本会随着销售区域的扩张迅速增加，而这在库尔斯还是一个区域性企业的时候不是一个突出的问题。相比之下，百威在美国拥有 11 个酿酒厂，运输距离更短，分销成本更低。

第三，与其他主流啤酒厂商不同，即使是瓶装和灌装的啤酒，库尔斯也不进行巴氏杀菌。库尔斯声称只销售"鲜啤酒"，为支持者提供最新鲜的口味。库尔斯因此节约了用来巴氏消毒的能源成本，但增加了使啤酒保持低温和使用无菌设备的成本。由于不进行巴氏杀菌，库尔斯必须对啤酒从酿酒厂经渠道到达消费者的整个过程都保持较严格的管控。且不论这样做在啤酒口味上到底能带来多大优势，其结果之一就是库尔斯啤酒的保质期要比其他品牌短，而且至少在从仓库出货之前都必须保持冷藏。这些额外的要求都增加了成本。

第四，20 世纪 70 年代有一种神秘因素使得库尔斯的啤酒与众不同，或许是取材落基山泉水，或许是未采用巴氏杀菌，或许是在美国东海岸很难买到。无论什么缘故，如亨利·基辛格、福特总统、保罗·纽曼和柯林特·伊斯特伍德等知名人物都将库尔斯啤酒视为上等之选，不辞辛劳（或者不惜他人劳苦）也要搞到。对库尔斯啤酒的热爱甚至使得纽曼"忘却"了他本应该对该企业反工会行为的反感。而库尔斯啤酒享有光环最令人玩味的就是它的口味与百威、米勒海雷夫甚至一些低价地方品牌啤酒相差无几。光环并未促使或者容许库尔斯定更高的价格，1977 年库尔斯的定价是每桶 41.50 美元，而百威是每桶 46 美元。1985 年，还是百威的定价更高。

销售扩张，利润缩水

截至 1985 年，美国 44 个州的消费者都可以购买到库尔斯啤酒了，但是库尔斯扩张销售区域的代价是巨大的。库尔斯所有的啤酒产自科罗拉多州哥登，为了让啤酒保持新鲜，它采用了冷藏货运列车和卡车的运输方式。啤酒运输距离的中位数从 1975 年的 800 英里增加到 1985 年的 1500 英里，运输成本也随之上涨，但库尔斯无法将运输成本转嫁到消费者身上。此外，库尔斯还必须在新的销售区域建立批发分销网络。由于库尔斯在这些新进入地区的市场份额比其他主要品牌要小很多，它只能找到相对较弱的批发分销商，只有它们才愿意将库尔斯作为主打品牌。这样一来，在库尔斯与百威、米勒的竞争中，这些相对较弱的批发分销商不但没能成为有力推手，反而拖了后腿。除此之外，库尔斯还要增加市场营销预算，进行促销和推广以建立品牌声誉，争取在与不断提高营销预算的对手竞争中不落下风。遗憾的是，由于涉及地理范围过大摊薄了库尔斯的努力，最后事倍功半。

表 5-6 展示了库尔斯如何从一家强大的区域性企业变成庞大却虚弱的庸碌之辈。1977 年，库尔斯通过聚焦 3 个地区获得了美国啤酒市场 8% 的市场份额，在其中两个地区都是最大的市场玩家。在太平洋沿岸的 3 个州[⊖]，库尔斯和百威基本打成平手。由于库尔斯实际上并没有在俄勒冈州和华盛顿州销售啤酒，几乎可以肯定其是加利福尼亚州最大的市场参与者。8 年之后，库尔斯在美国啤酒市场的市场份额仍然是 8%，但是在每个地区（包括落基山脉诸州大本营），其市场份额都落后于百威。1985 年库尔斯 3 个销量最高地区的销量占总销量的 58%，明显低于 1977 年的 93%。扩张意味着分散，分散则带来利润水平的降低。其中部分问题是销量增速缓慢，库尔斯 1985 年的啤酒销量比 1977 年多 14%。相比之下，百威在这段时间里销量增加了 80%。力量分散害了库尔斯，其销量最高的 3 个地区在这一期间的总啤酒消费量增长了 23%，但库尔斯连市场增速都没有赶上。

⊖　也被称为美国西海岸，包括华盛顿州、俄勒冈州和加利福尼亚州。洛杉矶、旧金山和西雅图是位于西海岸的三大城市。——译者注

表 5-6　百威与库尔斯的市场份额

年份		市场总销量（百万桶）	百威销量（百万桶）	百威市场份额	占百威总销量比例	库尔斯销量（百万桶）	库尔斯市场份额	占库尔斯总销量比例
1977	新英格兰地区	7.4	2.0	27%	5%			
	东南地区	18.2	6.4	35%	17%			
	中部东北地区	22.9	3.6	16%	10%			
	中部西北地区	12.2	2.7	22%	7%	0.9	7%	7%
	中部西南地区	17.3	3.0	17%	8%	3.7	21%	29%
	落基山脉地区	8.4	2.2	26%	6%	3.1	37%	24%
	太平洋地区	21.4	6.0	28%	16%	5.1	24%	40%
	出口及未报告	53.8	10.9	20%	30%			
	合计	161.6	36.8	23%	100%	12.8	8%	100%
	前 3 大地区合计		23.3		63%	11.9		93%
1985	新英格兰地区	7.8	3.5	45%	5%	0.9	12%	6%
	东南地区	25.5	11.4	45%	17%	1.7	7%	12%
	中部东北地区	24.0	5.8	24%	9%	0.5	3%	3%
	中部西北地区	13.0	4.4	34%	6%	1.1	8%	7%
	中部西南地区	22.1	7.5	34%	11%	3.2	14%	22%
	落基山脉地区	10.7	4.4	41%	6%	2.1	20%	14%
	太平洋地区	25.3	11.5	45%	17%	3.2	13%	22%
	出口及未报告	58.0	19.5	34%	29%	2.0	3%	14%
	合计	186.4	68.0	36%	100%	14.7	8%	100%
	前 3 大地区合计		42.4		62%	8.5		58%

即使粗略阅读库尔斯 1977 年和 1985 年的利润表，也可以发现其扩张的代价。表 5-7 给出了库尔斯与百威的利润对比，揭示出相同的答案。尽管这些年库尔斯销售成本（即产品成本）占销售额的比例从 70% 下降到 67%，但是大幅上升的广告成本和其他杂项费用将库尔斯的营业利润率从 1977 年 20% 拉低到 1985 年的 9%。相比之下，百威同期营业利润率却在上升，销售成本大幅降低，每桶利润率提升到了 15%。百威和库尔斯的主要差别在广告成本上。1985 年，百威的总体广告成本几乎是库尔斯的 3 倍，但分摊在每桶啤酒上比后者少 4.29 美元。这归功于规模经济效益，当啤酒之王的感觉确实不错。

表 5-7 百威与库尔斯的利润表

		百威		库尔斯	
1977	销量（百万桶）	36.8		12.8	
	销售额（百万美元）	1 684		532	
	平均售价（美元）	46.01	100%	41.56	100%
	销售成本（百万美元）	1 340		371	
	每桶销售成本（美元）	36.61	80%	28.98	70%
	广告成本（百万美元）	73		14	
	每桶广告成本（美元）	1.99	4%	1.09	3%
	其他杂项费用（百万美元）	102		38	
	每桶其他杂项费用（美元）	2.79	6%	2.97	7%
	营业利润（百万美元）	169		109	
	每桶营业利润（美元）	4.62	10%	8.52	20%
		百威		库尔斯	
1985	销量（百万桶）	68.0		14.7	
	销售额（百万美元）	5 260		1 079	
	平均售价（美元）	77.35	100%	73.40	100%
	销售成本（百万美元）	3 524		727	
	每桶销售成本（美元）	51.82	67%	49.46	67%
	广告成本（百万美元）	471		165	
	每桶广告成本（美元）	6.93	9%	11.22	15%
	其他杂项费用（百万美元）	491		94	
	每桶其他杂项费用（美元）	7.22	9%	6.39	9%
	营业利润（百万美元）	774		93	
	每桶营业利润（美元）	11.38	15%	6.33	9%

　　在啤酒行业，区域性规模经济效益的影响很大，广告成本通常相对于某个地区是固定的。全国性广告确实有一定折扣，大概是10%，但是不足以弥补地区市场份额20%和8%的啤酒厂商在每桶广告成本上的差异。渠道成本也是区域性固定成本的重要组成部分。对于有着更大地区市场份额

的企业而言，卡车运输距离更短，仓库利用率更高。这些包含在销售成本里的渠道成本对像啤酒这样较重的商品显得更为重要。实际上，在 1985 年美国平均每桶啤酒 200 美元的售价里，啤酒本身只占 70 美元，分销成本（包括批发商和零售商的利润）高达 110 美元。在这个行业，并不存在什么秘密生产技术能够让某个啤酒厂商获得竞争中的任何明显优势。

在 1971 年之后的 25 年里，百威的营业利润率稳步上升，在巩固其市场地位的同时翻了一番（见图 5-5）。而库尔斯的营业利润率却在不断下降，在 20 世纪 90 年代跌至不到 5%，在剥离了非核心资产并专注提高运营效率之后才有所改善。事后想来，当初库尔斯向全国扩张的决策是一个重大错误。然而，库尔斯当时还有其他的选择吗？

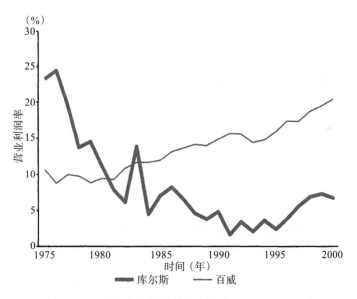

图 5-5 百威和库尔斯的营业利润率（1975～2000 年）

守住大本营

如果库尔斯遵循了军事战略上最重要的原则——克劳塞维茨关于将力量聚焦在主要战线上的建议，或许能够获得更好的业绩。对于库尔斯而言，主要战线就是 1975 年经营的 11 个州，加上华盛顿州、俄勒冈州等其他临近的州。如果库尔斯能够维持 3 大地区的市场份额，不去理会美国东部消费者颇具诱惑性的呼声，那么其 1985 年的销量会比实际全面进入 44 个州要高（见表 5-8）。即使美国联邦贸易委员会强烈要求库尔斯在全国范围内销售产品，它也可以表面上服从，实际上通过制定高价将需求维持在最低水平。这样一来，库尔斯的广告成本也不会迅速蹿升，因为它无须在全国范围内进行市场营销。库尔斯的运输成本也会降低，并且能维持一个强大的批发商网络。由于库尔斯受消费者认可程度很高，批发商都会乐于专营库尔斯的啤酒。如果库尔斯需要更大的产能，就可以在加利福尼亚州兴建一个啤酒酿造厂。因为不仅加利福尼亚州的市场规模成长快速，库尔斯在这个市场知名度也高。

表 5-8　库尔斯模拟销量（按 1977 年市场份额估算）

	市场总销量 （百万桶）	1977 年库尔斯 市场份额	1985 年库尔斯 模拟销量（百万桶）
新英格兰地区	7.8		
东南地区	25.5		
中部东北地区	24.0		
中部西北地区	13.0	7%	1.0
中部西南地区	22.1	21%	4.7
落基山脉地区	10.7	37%	3.9
太平洋地区	25.3	24%	6.0
出口及未报告	58.0		
合计	186.4	8%	15.6

有了稳固的区域市场地位，库尔斯就能够更好地抵御百威来势汹汹的攻势。库尔斯啤酒的售价相对百威较低一点，因此可以跟进同样的措施应对百威的任何手段，包括降价、促销、广告等。如果百威持续这么做，库尔斯也可以采取一些进攻性的手段予以回击，如和某些批发商签订合同，以较大折扣在美国中西部地区销售等。库尔斯具有自己独特口味的优势，而且在百威的腹地与其进行价格战，库尔斯的损失将大大低于百威。这样

一来，百威在科罗拉多州柯林斯堡兴建酿酒厂之前就要三思了。

我们无法保证这个应用"局部市场思维"的战略一定能成功。啤酒消费者的口味容易改变，而且百威能够击败众多竞争对手发展壮大也一定有其独到之处。不过，将精力聚焦在自己强大的区域，而不是在扩张的过程中耗散自己的力量，更有希望保持较高的盈利能力。库尔斯确实幸存下来了，但是这种说法也适用于施利茨、布拉茨和很多被抛弃在市场边缘的区域性啤酒厂商——虽然获得了赞赏，但是荣景不再。

最后，市场营销和渠道对啤酒行业也很重要。就某些要素而言，库尔斯可以说是沃尔玛在啤酒行业的翻版。然而由于种种原因，两者的发展路径截然不同。第一，库尔斯不得不与一些非常强大的全国性企业缠斗，尤其是百威，这注定了在大本营之外的扩张对于创始人家族、管理层和股东都是痛苦的历程。如果凯马特的经营也像百威那么成功，那么也许沃尔玛的业绩不会如此辉煌。第二，沃尔玛的战略比库尔斯更成功。沃尔玛没有直接从阿肯色州跳到加利福尼亚州或美国东北部地区，而是从边界扩张，更容易地获得了规模经济效益和客户锁定，进而获得了市场支配地位。而且沃尔玛成功地保护了自己的大本营，这是库尔斯未能做到的。如果库尔斯认识到自己优势的局部属性，也许能够更好地保持盈利能力。

线下与网上：互联网与竞争优势

对未来展望的另一种看法是强调互联网的重要性。20 世纪 90 年代末，为互联网狂潮推波助澜的说法之一就是这种新媒介将会改变客户购买书籍、计算机、DVD、食品杂货、宠物用品、药品、银行服务、艺术品乃至所有东西的方式。任何不彻底改变商业模式的传统零售商都会在信息高速公路的冲击下消亡。新经济中的领头羊将是亚马逊、Webvan ⊖、Pets.com ⊜、

⊖　Webvan 是一家食品杂货电商，成立于 1996 年，红杉资本投资人迈克·莫里茨是其投资人之一，于 2001 年破产。——译者注

⊜　Pets.com 成立于 1998 年，在 2000 年互联网泡沫期间持续亏损、债台高筑，不得已破产清算。——译者注

Durgstore.com ⊖ 及 Wingspanbank.com ⊜ 这样的" .com"互联网企业，沃尔玛、克罗格和花旗银行都将土崩瓦解。

在狂热消退之后，我们可以发现这种关于电子商务将飞速取代传统零售的预测是多么言过其实。那种认为新兴电商将取代线下零售商的想法被证明是错误的。破产法院已经积压了许多失败 B2C 创新者的案子。当然也有成功的幸存者，如亚马逊，但是它实现盈利的时间比新经济支持者预想的要长得多。

虽然我们见证了如此大量的失败（仅有为数不多的成功案例），但是这并不意味着互联网作为零售的新场景不重要。随着时间的推移，更多的消费者会在线购买更多的产品和服务，网上交易也将侵蚀传统零售、银行和其他服务领域。但是，对于我们关心的战略经济学而言，重要的问题不是电子商务将会有多大规模，而是其作为一门生意是否能够盈利，以及为谁盈利。

竞争优势的主要来源是客户锁定、生产优势和规模经济效益，尤其在局部层面。然而，除非特殊情况，上述这些因素都无法轻易融入电子商务。与传统零售方式相比，在互联网上更容易对价格和服务进行比较。只要点一下鼠标就可以进入竞争对手的网站，并且还有专门比较价格的网站。互联网的开放标准也使得某些专有技术不太可行，一流的新构想很快就会被更好的点子取代，不妨想想下面的例子：搜索引擎、客户服务系统（如在线股票交易、银行、快递及客户化的主页定制服务）。

最后，所有竞争者几乎都不可能从互联网获得规模经济效益的好处。互联网企业通常声称由于不需要实际店面销售产品节约了资金，但是规模经济效益的前提就是高额固定成本能够被分摊到较大的客户基数上。如果不需要什么投资，那么在位企业就没有什么优势可言（门槛太低，任何人都可以参与进来）。与此同时，规模经济效益的另一个要素也不复存在：在

⊖ Durgstore.com 是成立于 1999 年的医疗保健和美容护理用品电商，经营 Beauty.com、VisionDirect.com 等多个网站，2011 年被线下连锁药房沃尔格林以 4.3 亿美元的价格收购，网站于 2016 年被沃尔格林关闭。——译者注

⊜ Wingspanbank.com 是一家成立于 1999 年的美国互联网直销银行，由于获客成本过高、难以发展优质贷款、取现不方便等原因，于 2001 年停止运营。——译者注

互联网里，没有局部边界来界定企业经营的范围。此外，没有人能够阻止传统零售商、银行、经纪、保险、报纸等各行各业的企业建立自己的网站。不仅没有进入门槛，信息高速公路为每一个想要进入的人提供了通道。这对于消费者而言是巨大的福音，但对于商家的利润却是一场灾难。⊖

⊖ 每个一般性陈述都有至少一个或两个明显的例外。关于互联网企业盈利能力一个显而易见的例外就是 eBay。一方面，该企业受益于网络效应已广为人知。另一方面，eBay 在日本几乎没有业务，当地市场被雅虎日本支配。相比之下，尽管亚马逊作为电商取得了巨大成功，但是经营了 10 年才实现盈利。

细分市场优势与增长困境
个人计算机行业里的康柏与苹果

一项颠覆性的技术

1981 年，IBM 推出了自己的个人计算机。尽管它并不是第一家进入这个新兴行业的企业，但是它确实是最重要的一家。对于这个之前以自学成才的程序员、业余爱好者和乐意尝试任何新技术的冒险者为主流的行业而言，IBM 的投入意味着其高度认可行业的未来，且 IBM 最初的几项决策定义了行业未来多年的架构。

首先，为了加速行业发展，IBM 的个人计算机采用了开放式架构，从其他企业购买现成的组件，并且不申请专利保护。这种做法意味着一旦首批 IBM 个人计算机上市，任何人都可以自己购买 CPU、内存条、电源、主板、磁盘驱动器、机箱、操作系统和第一代个人计算机所需的其他部件来复制一台同样的个人计算机。其次，IBM 个人计算机最重要同时也是利润最为丰厚的两个组成部分——CPU 和操作系统，是其他企业的专有产品。由于选择了英特尔和微软分别作为 CPU 和操作系统的供应商，IBM 为这两家企业的股东和雇员创造了巨大财富。很难想象商业史上还有哪个决策像

IBM 的这一决策一样如此慷慨。

　　尽管 IBM 自己并没有生产操作系统或 CPU，但是它为 MS-DOS 系统和英特尔 CPU 背书的做法为这个一直处于"无政府"状态的行业确立了新标准。应用软件的开发人员无须再提供多种操作系统版本的软件，可以集中精力写出更好的文字处理、表格和数据库软件。这些软件迅速成了商务必备的工具。由于采用了开放式架构和现成的组件，IBM 个人计算机很快就有了一大批追随者，包括很多看到行业高速增长机会的创业企业。绝大部分个人计算机都与 IBM 的标准兼容。

　　正如我们所见，个人计算机的爆发性崛起是一种创造性的"毁灭"。在这个背景下，微软和英特尔成为世界上最大也是最赚钱的企业。与此同时，个人计算机也削弱和最终摧毁了很多生产主机和微型计算机的企业，包括波士顿"128 号公路"的 DEC 公司和普赖姆计算机公司。而加利福尼亚州的硅谷、华盛顿州的西雅图和得克萨斯州的奥斯汀一跃成为计算机技术的中心。摩尔定律——英特尔创始人戈登·摩尔关于集成电路上可容纳的晶体管密度与算力每隔约一到两年就会翻番的预测，成了这个行业永远生机勃勃的驱动力。任何一家想要在这个不断变化的世界里茁壮成长的企业，有时候甚至包括微软和英特尔，都需要具备超强的适应能力。

设计一家新企业

　　康柏诞生于一张颇具传奇色彩的餐巾纸，或者最多说是餐桌纸垫。当时罗德·康尼尔和其他两位来自德州仪器的工程师在餐桌上向风险投资人本·罗森讲述他们的商业计划。他们的会面发生在 1981 年，也就是 IBM 推出个人计算机的那年。康尼尔的计划非常直白：生产与 IBM 完全兼容但性能更好的个人计算机——质量更好、技术更先进及移动性更好（早期个人计算机的尺寸和小型缝纫机差不多，重量达 34 磅⊖，因此这里用移动性而不是便携性）。康尼尔计划通过大型渠道商，面向愿意为更可靠、功能更齐全的个人计算机支付更高价格的企业客户进行销售。罗森在与康尼尔及

　　⊖　1 磅 ≈ 0.45 千克。——译者注

其同事之前的一次会面时，就对他们的构想印象深刻，尽管罗森打消了他们最初想生产个人计算机硬盘的念头。当康尼尔和同事改变了侧重点之后，罗森决定帮助他们融资建立康柏。

不久后康柏就开始运营。1983 年，也就是成立之后的第一个完整年度，康柏实现了超过 1 亿美元的销售额。截至 1987 年，也就是 5 年之后，康柏的销售额增长到了超过 10 亿美元。显然，康柏跨越这一门槛的速度超过了历史上的任何一家企业。与此同时，康柏的利润水平也非常高，1987 年盈利 1.37 亿美元。这一切都是从激烈的市场竞争中获得的。这一期间各种新老企业涌入，都试图抓住 IBM 推出个人计算机创造的历史性机会。康柏全兼容、高质量、溢价定价的计划将自己与其他企业区分开来。

如 DEC 公司和惠普这样的企业拥有大量的优秀工程师、制造一流微型计算机的光荣传统，也出品过优秀的计算机产品，但是由于产品不兼容、价格太贵，以及推出过晚，结果经营情况不佳。⊖其他的新企业在产品质量和可靠性方面不如康柏，不过它们还是在市场上获得了一席之地。因为新型个人计算机的市场需求太大，远超 IBM 最初最乐观的预期，所以 IBM 自己的产能无法满足市场的全部需求。截至 1983 年底，IBM 已经交付了超过百万台计算机，但这个数字只是市场规模的 26%，给其他企业留下了足够的空间。

由于实际上并不存在进入壁垒，像个人计算机这样活力十足的行业必然会有企业被淘汰出局。某些早期的 IBM 兼容计算机制造商（如 Eagle、Corona 和 Leading Edge）虽然最开始在市场站住了脚，但是随着 IBM 扩大产能并降低售价之后，它们就无法幸存了。当然也有后来居上者，迈克尔·戴尔把自己的大学宿舍变成了即时生产中心，向同学出售个人计算机。两年之后的 1986 年，戴尔已经在使用印刷的产品目录进行销售了，销售额超过了 1.5 亿美元。捷威模仿戴尔的直销模式在美国中西部打开了市场，通过将产品装在印有荷斯坦奶牛斑点的盒子里来建立品牌辨识度，在成立之后的第六年销售额突破了 10 亿美元大关。

⊖　惠普开始生产主流个人计算机之后获得了不错的市场份额，并在 2002 年收购了康柏。

行业分析

增长是个人计算机行业最主要的特征。个人计算机变得越来越强大，更有用、价格更低廉，加上与之相结合的许多出色功能，个人计算机大举进入美国及海外数以百万计的企业与家庭。根据一份行业研究报告，1986年个人计算机行业销售额为 300 亿美元（见图 6-1）。9 年之后，个人计算机行业销售额增至 1590 亿美元，年复合增长率高达 23%。如此高成长的市场自然能容纳很多企业。

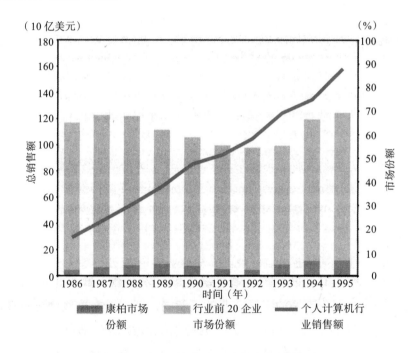

图 6-1　1986～1995 年个人计算机行业销售额

缺乏进入壁垒是个人计算机行业的另一个重要特征，具体表现为毫无约束的客户、广泛多层次的分销渠道、简单易得的技术、相对较低的投资要求及有限的规模经济效益。这一特征使得企业蜂拥而至、激烈竞争。在整个期间里，行业前 20 企业的市场份额之和平均约为 56%。IBM 这个早期领头羊在 1986 年占有 24% 的市场份额，而在 1995 年占有的市场份额降到仅为 8%，与康柏和苹果相当。大量"做盒子的"[⊖]和动荡不定的市场份额表明这是一个容易进出、高度竞争的行业。

个人计算机行业其实是由许多单独的个别细分市场构成的，且不同细分市场里的企业很少会重叠。个人计算机行业地图如图 6-2 所示。处于中心的是"做盒子的"（整机制造商），主要靠其他企业供应组件，自己加以组装生产个人计算机。组件制造商是专业化的，包括电源、内存、CPU、硬盘、主板、键盘、显示器及其他部件等。个人计算机在被出售时还会预装一些软件，通常包括操作系统，在 20 世纪 90 年代之后还经常包含应用软件，如文字处理和电子表格软件等。最后，还有将计算机送到终端客户手中的各种销售渠道。有些个人计算机由大型零售商出售，有些则通过批发商到达规模较小的商店或同时提供增值服务的零售商。戴尔和捷威采用直销模式，绕过了和客户之间的各种媒介。它们的成功也诱使康柏、苹果、IBM 和其他大企业模仿，但这些企业不得不小心行事，以免影响现有销售渠道的合作方。

尽管各个细分市场里的参与者频繁变换（图 6-2 里的企业名单是 20 世纪 80 年代末的情况），但是个人计算机行业的基本结构保持稳定。比较重要的一个结构性变化是 20 世纪 90 年代后期如 AOL 这样的网络服务提供商的兴起，个人计算机的普及和技术发展让互联网的蓬勃发展成为可能。

个人计算机行业的结构有两个重要特征值得进一步探讨。

第一，个人计算机整机制造细分市场和其他细分市场之间的溢出效应有限。各个细分市场的主导企业各不相同，意味着在这些细分市场之间并不存在有效的整合及相应效益。英特尔统治着 CPU 细分市场，但它既不生产整机，也不销售软件。除了极少数例外，如键盘和鼠标之外，微软尽量避免涉足硬件细分市场。在推出 Xbox 产品进入游戏市场之后，微软的主要竞争对手是索尼和任天堂，而不是戴尔，并且到目前为止这一做法能否成功还看不清。几个主要的硬盘制造商，如希捷、迈拓、昆腾和埃美加，从不进入其他细分市场，因为硬盘制造细分市场本身的竞争已经足够

⊖ 没有品牌或不知名品牌的个人计算机制造商被称为"做盒子的"，因为他们生产或 DIY 的个人计算机的机箱通常为白色。——译者注

激烈。即使是 IBM 这样的整机生产巨头也被限制在整机制造细分市场中。IBM 曾经尝试摆脱依靠微软提供操作系统的局面，开发了 MS-DOS 的替代品 OS/2，却未能成功。IBM 也曾生产 CPU，包括与摩托罗拉、苹果合作的 PowerPC 芯片，但自己的个人计算机仍然用的是英特尔芯片。康柏原来也设计甚至制造某些组件，但是在被其他整机制造商收购之后就再也没有生产过芯片或软件了。

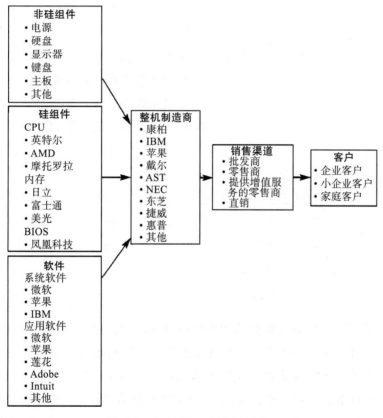

图 6-2　个人计算机行业地图[⊖]

第二，在个人计算机行业的各个细分市场里，只有两个存在进入壁垒：系统软件细分市场和 CPU 细分市场。在这两个细分市场里都只有少数

⊖　这里的个人计算机行业地图和第 4 章的看似不同，但本质相同。

竞争者，并且市场份额比较稳定。虽然整机制造细分市场各家企业的排名起伏不定，但是微软从 IBM 推出个人计算机之后就一直统治着系统软件细分市场。在 CPU 细分市场中，英特尔一家独大。在早些时候，整机制造商要求英特尔将其芯片设计许可给其他企业生产以拥有别的 CPU 选择，因此AMD 获得了推动力。AMD 的行动能给英特尔带来压力迫使其降价，或者提供针对英特尔高端芯片的低价替代品。但是英特尔始终都是 CPU 细分市场的领导者，而且大幅领先。

竞争优势的三个基本来源构成了这两个细分市场的进入壁垒。

- 客户倾向于继续使用他们已经了解的产品，对于软件更是如此。如果很多使用者必须接受培训以掌握不熟悉的软件，那么转换成本就相当高了。搜寻成本的存在也会阻止客户转向其他产品，因为他们必须要对新系统的可靠性及软件开发商的持续经营有信心才行。
- 英特尔在生产技术上投入了大量资源持续提高工艺水平以保持高良品率和低次品率，并积极地保护专利。
- 最重要的优势是规模经济效益。一方面，需要投入大量的人力与财力才可能开发复杂的软件和设计先进的 CPU；另一方面，多生产一套系统软件的成本接近于零，即使把它复制在光盘里再附上说明书，成本也不过几美元。对 CPU 而言，情况虽然没有这么极端，但是多生产一个产品的边际成本也是相当低的。

由于可以将巨额投资分摊到数以百万计的产品上，微软和英特尔的单位成本远远低于其他企业。微软在桌面个人计算机市场上没有真正意义上的竞争对手，英特尔则在一定程度上面临与 AMD 的竞争。英特尔的研发投入在绝对金额上总是超过 AMD，但按照相对销售额的比例来衡量则远低于 AMD。比如，1988～1990 年，英特尔的研发投入是 AMD 的两倍，但按照相对销售额的比例来看，对于每 1 美元的销售额而言英特尔只在研发上花了 12 美分，只有 AMD 的 2/3（即 18 美分）。

网络效应也加强了客户锁定和规模经济效应。对于程序员、设计师和打字员而言，如果能够只学习和使用其他人也使用的同一种软件，那么成本能够大大降低。那些不断推出新机型的计算机制造商也会因为统一的芯片标准在成本、速度和兼容性方面受益。对于那些试图使自己与众不同的勇敢创新者，他们必须投入大量资源来创造一种全新产品，但产品在未来的价值是高度不确定的。所有这些进入壁垒都是无法跨越的，至少目前如此。也许只有等到下一个颠覆性技术出现才可能改变这种局面。

与系统软件和 CPU 这两个细分市场相比，整机制造细分市场的情况可谓天壤之别。在我们研究的时期内，这个细分市场有大量的企业进入或退出，前 20 企业的总市场份额很难超过 60%。这是高度竞争性行业的表现，在位企业不太可能有强大的竞争优势。

如果这个细分市场可能存在某种竞争优势，那么可能的来源是什么？不太可能是客户锁定。购买个人计算机的行为还没有频繁到形成品牌习惯的程度，即使需要更强大的 CPU 来运行更复杂或图形更丰富的程序的需求会促使客户更新换代。因为最关键的产品标准是系统软件和 CPU，所以购买不同品牌的个人计算机没有转换成本。也许对可靠性的要求会带来一些搜寻成本，但随处可见的测评信息能够在一定程度上降低搜寻成本。

技术优势也不太可能是竞争优势的来源。整机制造商的工作本质上是组装个人计算机——购买现成的零件，然后拼装在一起。决定个人计算机性能的核心是芯片，包括 CPU 和内存。另外，在硬盘、电池、显示屏和其他部件上也存在一些技术上的持续演进，行业"更快、更小、更便宜"的精神和市场的力量促使它们不断进步。但是这些大部分都跟整机制造商无关，它们只是负责采购各个部件然后完成装配。

最后，整机制造商不享有规模经济效益，它们的成本结构并不是高固定成本配低边际成本。它们销售的每台计算机都要有 CPU、操作系统、电源和其他部件。虽然这些部件的供应商可能对大宗采购提供一些折扣，但是从生产线下来的最后一台计算机的成本并不会比第一台更便宜，而部件成本占了整机成本的绝大部分。这种成本结构的行业很难产生规模经济效益，企业的研发成本非常低。在同样的时间里，英特尔将 12% 的销售额用于研发，而康柏和戴尔的这一指标分别只有 4.5% 和 3.1%。

康柏的优势

作为整机制造商，康柏处于个人计算机行业里竞争最为激烈的细分市场。1983～1995 年，康柏的市场份额从未超过 9%，也从未跻身行业领导者的行列。然而在 1986～1995 年，康柏的盈利能力十分强劲：营业利润率平均为 13%，投入资本回报率超过 22%。历经几代个人计算机，康柏的策略都很成功：产品保持高品质与高价格，面向愿意为更可靠、功能更齐全的个人计算机支付更高价格的企业客户。无论是用增长率还是盈利能力来评估，康柏的业绩都优于 IBM 在个人计算机业务上的表现。

但是康柏一路走来也并不一帆风顺。1984 年，康柏推出了第一代桌上个人计算机，想接续以前获得成功的便携性机型。事与愿违，这种新机型销售不佳，存货开始积压，康柏被迫以较高的利息借款 7500 万美元用来支付各种款项。随着英特尔推出 80386 CPU，问题迎刃而解。80386 CPU 比之前的 80286 CPU 强大得多。[⊖]市场对 80386 CPU 的需求极为旺盛，供应一开始却很有限。康柏是最早在市场上推出 80386 CPU 个人计算机的企业之一，比 IBM 早了好几个月。受益于康柏雄厚的工程技术实力，其 80386 CPU 个人计算机的性能卓越。在最初的几个月里，在 80386 CPU 个人计算机市场里与康柏竞争的都是一些小企业，在产品质量和性能上的声誉都远不如康柏。

两年之后是第二个重大挑战。当时 IBM 推出了名为 PS/2 的新一代个人计算机，不再和按原有标准设计的板卡兼容。与此同时，PS/2 采用了微通道架构（也就是系统汇流排），使得个人计算机内的数据传输更快。IBM 试图通过新一代个人计算机夺回它之前推出开放式结构个人计算机时放弃的专有技术优势。尽管 IBM 的这一努力最终未能如愿，但是当时康柏感受到了实实在在的危机，管理层甚至考虑将整个企业卖给 Tandy——一家通过自有 Radio Shack 门店建立起强大销售渠道的整机制造商。这一次康柏强大的工程技术实力又拯救了自己，康柏给自己的桌上个人计算机增加了一些新功能，联合一批整机制造商共同承诺采用非专有技术保护的系统汇流

⊖　微软的比尔·盖茨曾评价 80286 CPU 为"脑死亡"。

排。除此之外，康柏还进入了新兴的笔记本电脑市场，将产品出售给既看重便携性又希望得到品质保证的企业客户。

1991 年初，第三个也是更致命的问题突然出现。康柏在 1990 年到 1991 年第一季度取得了不错的业绩，但之后个人计算机的销售开始放缓。最初的信息来自零售商——康柏个人计算机的存货开始积压。康柏最初将销售放缓归因于经济滑坡，当时全球经济正处于衰退期。除此之外，康柏认为使进口商品更便宜的强势美元也是原因之一。康柏最初对此的反应是将价格下调 30%，但无济于事，1991 年初后销售下滑，营业利润直线下降（见图 6-3）。康柏深陷困境，企业高管和董事苦苦寻找对策。

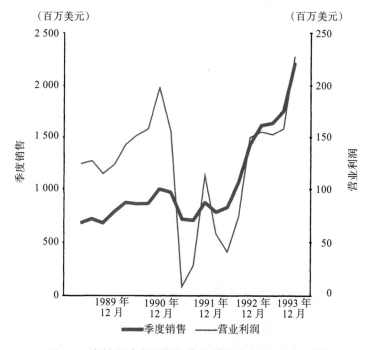

图 6-3　康柏的季度销售和营业利润（1989～1993 年）

帮助建立康柏的风险投资人本·罗森此时仍是其董事会的非执行董事长，他成立了一个针对康柏面临的困境（尤其是康柏销售个人计算机的那些市场）的调研团队。他们从康柏自己的销售团队了解到，客户不再愿意为康柏的产品支付溢价了，因为产品上的差异已经基本不存在了。更糟糕的是，实际上销售团队早在近一年之前就已经向企业高层反映过这一情况，但是由成功创建并带领企业发展壮大的工程师组成的管理层对此竟毫无反应。他们自信地认为康柏可以再次依靠自己的技术实力走出危机，客户不愿意支付溢价只是暂时的，康柏通过推出新功能和更好的技术就可以把他们吸引回来。管理层没有考虑节省费用，把产品价格降到竞争对手的水平，而是保持技术优势继续生产高定位的个人计算机产品。

以企业创始人兼首席执行官罗德·康尼尔为首的工程师的看法确实有历史上的经验为基础。康柏依靠技术优势渡过了许多难关，直到1991年中其业绩都比戴尔、AST这些低价竞争对手要好。但是罗森及其支持者感觉仅靠技术无法解决这次的问题。1991年秋天，罗森和他的团队隐姓埋名地参加了个人计算机行业里最重要的展销会Comdex。

个人计算机展销会上的所见所闻使他们更加坚信自己的判断：即使是康柏的工程师，也不可能在技术上玩出什么新花样了。他们发现键盘、电源、电子控制器这些康柏自行设计甚至生产自用的部件，都可以用比自己成本更低的价格从独立制造商那里买到，而且质量与康柏的产品相当甚至更好。曾经，福特在胭脂河的高度纵向一体化工厂将许多零部件生产整合到自己的生产流程中，包括从铁矿石到成品车的全过程。然而，正是纵向一体化害了福特，随着汽车制造行业逐步走向成熟，外部供应商的效率和可靠程度与日俱增。康柏遇到的问题也是如此，企业包揽了太多个人计算机生产的中间步骤。

成长行业里的规模经济效益

尽管经受了几次严峻的考验，但是康柏在个人计算机行业中最初的战略无疑是成功的：主要面向需要更高品质个人计算机且愿意支付更高价格的企业客户。在IBM兼容个人计算机市场发起的早期阶段，康柏在竞争当中脱颖而出，赢得了整个市场中一个独特的细分市场。康柏在这个细分市场里几乎没有遇到什么竞争。尽管在1987年或1988年康柏个人计算机与其他竞品之间的差异已经很小了，但是在经营业绩上的差异仍然很大。与这一细分市场的竞争对手相比，康柏有着更大的经营规模，从而可以在设计与工艺等相关领域进行更多的投资，这也确保康柏能向客户提供质量最好的个人计算机。在个人计算机这个小细分市场里，康柏享有规模经济效益，而且伴随着程度不高但极其重要的客户锁定。

几年之后，康柏的这些优势消失了。随着个人计算机的销售额从 1986年的 300 亿美元增长到 1991 年的 900 亿美元，对所有部件的需求都上升了，包括高质量部件。那些专门生产高端电源、键盘和其他部件的企业有了较大的出货量，可以和康柏一样把工程和制造相关的固定成本分摊到大量的产品上。与此同时，它们的产品质量随着经验积累提升，价格则随着专业化程度的上升下降。康柏显得有点力不从心，跟不上节奏，雇 60 个工程师负责电源相关的工作完全变成了一种奢侈。曾经占有全球个人计算机销售额 5% 市场份额的康柏对于那些专业化部件生产商已经没有规模优势而言，它们占有扩张之后的市场 2%～3% 的市场份额。只要康柏继续坚持"自给自足"的政策，就会一直处于竞争劣势。

在康柏的发展战略方面，罗森及他在企业内以市场营销为导向的支持者与以康尼尔为首的工程师较上了劲。最终罗森这一边取得了胜利，而康尼尔在激辩中被迫出局。1991 年，康尼尔的位置由曾经负责企业欧洲业务及担任企业首席运营官的伊克哈特·菲佛取代。菲佛立即着手削减企业的成本结构，康柏开始像戴尔、AST 和其他整机制造商一样从专业部件生产商那里购买计算机部件。到 1995 年完成转型之后，康柏与 1990 年的自己相比，成本结构更像戴尔（见表 6-1）。康柏的投入资本回报率低于戴尔，主要是因为戴尔的直销模式帮助其应收账款和存货实现了更快的周转速度。另一项重要的效率指标是人均销售额，康柏在这项指标上获得的改善也和企业的新发展方向相契合。1990 年，康柏的人均销售额刚刚超过 30 万美元，而到 1995 年，这一指标被提升到 86.5 万美元，大大超过了戴尔的 63万美元。康柏聚焦专业化的个人计算机整机制造，加上管理费用的巨大削减，营业利润在 1990～1995 年翻了超过 1 倍。

罗森的明智之处在于清楚地认识到康柏在 20 世纪 80 年代享有的质量与规模经济效益带来的优势已经成为历史，除非企业改变经营模式，否则会在同等质量、成本更低的竞争对手面前处于下风。他和他的团队决定采取在缺乏竞争优势时唯一有效的战略，即坚定不移地实现高效运营，并不断地提升运营效率。

表6-1 康柏与戴尔的成本结构

	康柏				戴尔	
	1990		1995		1995	
	百万美元	百分比	百万美元	百分比	百万美元	百分比
销售额	3 599	100%	14 755	100%	5 296	100%
销售成本	2 058	57%	11 367	77%	4 229	80%
销售与管理费用	706	20%	1 353	9%	639	12%
研发费用	186	5%	511	3%	51	1%
营业利润	649	18%	1 524	10%	377	7%
投入资本回报率		27%		21%		38%

在这段时间里，这一战略非常成功，康柏的销售增长强劲，同时还实现了不错的营业利润率和较高的投入资本回报率（见图6-4）[⊖]。

然而，要去除根深蒂固的文化难如登天。工程师的思考方式和对技术的偏爱是康柏传统的一部分，即使在罗德·康尼尔离开之后，这一传统也未曾被彻底改变。康柏于1997年收购了天腾电脑，这家企业专注于生产用于不间断交易的容错服务器。一年之后，康柏收购了DEC公司，这家企业本来也是计算机行业的技术领先者，以微型计算机闻名，但是在个人计算机发展的大潮中失去了优势。在决定收购的时候，康柏希望能够借助DEC公司的力量开展咨询业务、发展Alta Vista网络搜索引擎及执行一些正在进行的研究工作。科技领域的并购原本就以难以整合而"臭名昭著"，天腾电脑和DEC公司不是例外，康柏也没有再聚焦于高效运营，于是利润率直线下降，于2002年被惠普收购。

⊖ 康柏投入资本回报率的明显上升，正是效仿戴尔"根据订单生产"模式的结果。从1996年开始，康柏大大减少了存货和应收账款，因此现金余额增加。由于在计算投入资本回报率时，要在作为分母的投入资本中剔除多余的现金（即现金里超过1%的销售额的部分），所以这个比率变动较大。如果我们用净资产收益率来分析，那么康柏各年的业绩变化并没有这么大。

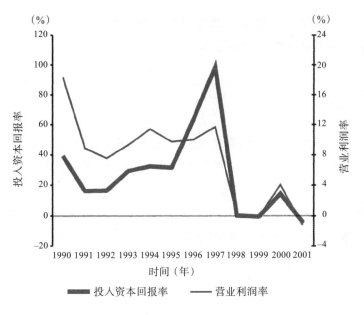

图 6-4　康柏的投入资本回报率和营业利润率

康柏的发展历程与个人计算机行业的演进如此紧密相连，以至于很容易忽略这一案例揭示的普遍意义。康柏失去竞争优势及相应的高利润率，是因为市场增长使得它的竞争对手也可能发展并享有同等的规模经济效益。

这个现象周而复始。全球化在很多行业里已经让从业者领教了这个教训。以汽车行业为例，当美国汽车市场与世界汽车市场相互独立的时候，美国福特和通用汽车的规模相对于美国国内市场而言非常大，以至于它们的地位无可撼动。这种优势在豪华轿车领域尤为明显。随着贸易壁垒的削减和运输费用的降低，全球化使得外国竞争对手得以扩张它们的经营范围，最终构成了对于美国福特和通用汽车的挑战。在家电、机床和电子元器件等其他行业也有相似的案例。

增长对于利润率而言是把双刃剑。获得增长总是要求企业追加投资，而这些投资能否获得高于资本成本的回报则取决于企业在行业中所处的地位。对于那些享有竞争优势并且能够随着市场扩张继续保持竞争优势的企业而言，增长显然是好事。但随着市场规模的扩大，竞争对手将能够获得可观的规模经济效益，这就降低了一个主要的进入壁垒。没有进入壁垒的保护，企业不可能获得超额回报率。

苹果的案例

在本·罗森意识到康柏需要重塑其企业战略的前一年，约翰·斯卡利也对苹果产生了类似的想法。约翰·斯卡利，这位来自百事可乐的营销天才，是在 1983 年应苹果的创始人之一史蒂夫·乔布斯的邀请而加入苹果担任首席执行官的。两年之后，乔布斯被迫离开了苹果，由斯卡利掌舵。1990 年，苹果仍然是行业里的主导者之一。以收入规模衡量，苹果拥有超过 10% 的全球市场份额，这是其在 IBM 于 1981 年推出个人计算机之后获得的最大市场份额。苹果的营业利润率超过了 13%，虽然比之前的巅峰水平有所下降，但是从整个行业状况来看还是属于健康水平。然而，斯卡利展望未来，坚信苹果需要采取行动。

在个人计算机行业，1990 年的苹果可谓是独树一帜。在众多整机制造商之中，只有苹果采用自己的操作系统，无论是 Apple II 系列的文字界面操作系统，还是 Mac 系列多姿多彩的图形用户界面操作系统。除此之外，苹果还自己制造或设计产品的所有重要组件和外围设备。Apple II 系列面向基础教育（K-12）市场，拥有很庞大的客户群。虽然 Mac 系列也在教育市场销售，但在家用和图形处理行业也十分流行。

与 IBM 兼容个人计算机相比，苹果的 Mac 个人计算机拥有重要的优势：界面直观，易于使用。打印机和外围设备具有即插即用的功能，这主要归功于苹果对其部件和部件标准的严格控制。苹果 Mac 个人计算机之间要比 MS-DOS 个人计算机更易于连接，这得益于苹果的操作系统。在各种图形应用，包括桌面排版和照片编辑方面，苹果个人计算机也都远胜于 IBM 兼容个人计算机。在刚刚起步但前景光明的多媒体领域，苹果的 Mac 个人计算机也走在前列。此外，苹果还拥有自己的忠实客户，他们热爱技术及将技术商业化的企业。

另外，斯卡利意识到苹果与其主打产品 Mac 系列个人计算机面临一些劣势，而且很可能盖过了前述的优势。首先，Mac 个人计算机的价格要比 IBM 兼容个人计算机贵。作为 Mac 个人计算机 CPU 的唯一供应商，摩托罗拉错失升级期，导致性能落后且定价过高。其次，尽管图形处理功能强，但 Mac 个人计算机从未成功打入这个领域之外的企业客户市场，面临着"先有鸡还是先有蛋"的困境。由于 Mac 个人计算机在企业客户市场占有的份额较小，第三方软件企业不愿意开发在 Mac 操作系统上运行的软件。由于操作系统上可以运行的软件太少，新客户更愿意购买 IBM 兼容个人计算机，而不是苹果的 Mac 个人计算机。再次，Mac 个人计算机在教育市场的优势地位也被不断弱化。学生和教师逐渐认识到，他们应该选择学生毕业后常用的个人计算机作为学校里教学的对象，而这显然应该是 IBM 兼容个人计算机。

最后，微软在克服了种种困难之后终于在 1990 年推出了 Windows 操作系统。当年的系统版本是 3.0，在发售之后的 21 个月里卖出了 1000 万份。尽管这个版本几乎在所有方面都不如 Mac OS 7.0 操作系统，但它的成功使得苹果认识到自己在图形领域的优势已经受到威胁。Windows 操作系统得以成功推出部分归功于个人计算机配备了速度更快的英特尔 CPU。鉴于英特尔 CPU 的功能不断增强，Windows 操作系统的发展前景一片光明。此外，在 Windows 操作系统上还能运行所有 MS-DOS 系统里的旧程序，这进一步提升了 Windows 操作系统的吸引力。

综上所述，斯卡利确实有理由对苹果的未来担忧。但是，从斯卡利采取的行动及他为苹果勾画的愿景来看，他并没有真正看清苹果面临的宏大且结构性的局面，所以也无法对症下药。个人计算机行业最重要的经济特征是：在 CPU 和系统软件这两个细分市场存在着强大的竞争优势，分别被英特尔和微软享有。这种竞争优势基于规模经济效益，并伴随着客户锁定和一些专有的生产技术。个人计算机行业里的其他细分市场都是高度竞争性的。苹果正处于竞争激烈的整机制造细分市场。在这个细分市场中，苹果没有任何竞争优势，坚持自行设计和制造个人计算机部件使其处于竞争劣势之中。苹果耗费巨资开发和维护操作系统，但在这方面还是处于竞争劣势。苹果依靠摩托罗拉提供 CPU，但与这一细分市场的巨头英特尔相比，摩托罗拉也处于竞争劣势。微软还开发了基于 Mac 操作系统的应用软件，尤其是 Excel 表格软件和 Word 文字处理软件，这两款软件的普及度高于苹果自行开发的任何软件。

再仔细看看我们为了研究苹果在各细分市场运营情况的行业地图，就可以清晰地看出苹果所处的不利地位（见表 6-2）。

表 6-2　苹果在各细分市场的运营情况

细分市场	主导企业与优势	是否具有稳定性	是否具有高利润率	苹果的地位
CPU	英特尔： • 对于 AMD 和摩托罗拉有较大的竞争优势 • 价格与质量举足轻重 • 对整机制造商而言，测试是主要成本 • 可获得性、技术支持和熟悉程度领先 • 在芯片设计和制造上的研发高投入能够获得更高的良品率，进而获得更大的规模经济效益	是	是	与摩托罗拉一同处于进入壁垒之外
部件与外围设备（主板、打印机、磁盘驱动器等）	没有主导企业 自行生产很多部件与外围设备	否	否	没有竞争优势
整机制造	竞争性的细分市场，没有经济特许权	否	否	若专注于效率和设计，或许能有良好的表现
软件（系统软件）	微软： • 由于较高转换成本而获得被锁定的客户 • 规模经济效益（随着 CPU 性能提升每三年进行大更新） • 网络外部性	是（IBM 的 OS/2 操作系统失败了）	是	名列第二，但遥遥落后
软件（应用软件）	微软： • 从 Windows 操作系统拓展到应用软件（莲花和 WordPerfect 是输家） • 被锁定的客户 • 规模经济效益 细分行业的企业，如 CAD/CAM 领域的 AutoDesk	是。对于微软应用软件（在推出 Windows 操作系统之后），以及细分市场的主导企业而言，具有稳定性	是	不具备竞争优势

苹果独自或者与摩托罗拉合作在个人计算机行业里的五个细分市场运营，在其中任何一个细分行业都没有竞争优势。情况最好的是整机制造细分市场，各企业之间平等竞争。斯卡利采取了一些措施来改善苹果在整机制造这一核心业务上的状况，主要目的是大幅削减成本：减少员工岗位；取消部分原来使得苹果工作环境舒适愉快的福利；将部分工作岗位挪出物价较高的硅谷；砍掉一些经济回报不佳的项目与活动；破除企业里对于"非我发明"的相关生产制造流程的歧视，尽可能采用外部供应商。

这次削减成本的行动使得苹果能够提供价格接近 IBM 兼容个人计算机的产品，但是斯卡利并没有让苹果退出应用软件细分市场，也没有解决企业面临的两大竞争劣势。

第一个劣势是，尽管苹果有着技术优势，但是 Mac 操作系统在市场份额上远远落后于微软的 Windows 操作系统。除非行业出现重大变革，否则这会成为苹果的拖累。第二个劣势是，在 CPU 的性能方面，摩托罗拉必然落后于英特尔，后者更大的市场份额使得它能够在研发上投入更多的资金。

支持苹果将所有这些不同的细分市场绑在一起的理由是协同优势，但是这一协同优势究竟表现在何处并不清楚，长期来看更是如此。微软和英特尔一直频繁合作，它们可以复制和获得任何苹果探寻到的合作效益。此外，个人计算机行业演化发展出各细分市场主导企业这一现象，说明纵向一体化并不存在明显的优势。

斯卡利的其他措施更值得商榷。他宣布苹果将在很短的时间内推出一系列"拳头产品"，或是新品或是已有产品的升级版。这些产品当中有一部分取得了成功，如苹果第一款有竞争力的笔记本电脑 PowerBook；还有些产品颇具创新性，如 QuickTime，这个多媒体软件奠定了苹果在这一领域的领先地位。这一战略确实更新了产品线，但前提是苹果必须拥有大量的软件工程师和产品设计师。

斯卡利还认为需要与其他企业形成联盟以保持苹果在软件上的优势。1991 年，斯卡利宣布了三个合作项目，都和苹果以前最大的竞争对手 IBM 有关。第一个项目涉及 IBM 的新 RS6000 系列 CPU。苹果将转向使用基于这一技术的芯片，而摩托罗拉作为"老战友"成为新 PowerPC 芯片的第二来源。通过 Taligent 合资公司，苹果与 IBM 联合开发一个新的操作系统，它既可以在老的摩托罗拉 6800 CPU 上运行，也可以在英特尔 X86 系列芯片上运行，还可以在新的 PowerPC 中央处理器上运行。虽然这是一项明智的举措，使得软件开发者能够更容易地为这一操作系统开发应用软件，但是耗资巨大。与 IBM 的第三个合作项目是为多媒体软件建立标准。

斯卡利这些合作联盟背后的考虑是苹果只是广阔战场上的小角色，应凭借与较大盟友成立合资企业或合作项目运用盟友的影响力发挥苹果独特的优势。他试图改变整个行业，从而减轻整机制造商身上由于竞争带来的利润率压力。但苹果只拥有 10% 的市场份额，自身并没有改变市场的实力。此外，上述举措都没有对微软 – 英特尔标准构成任何挑战。IBM 在操作系统开发上很不成功，因此很难指望 Taligent 合资公司能够获得市场广泛的认可。在多媒体方面拥有经验的是苹果，IBM 能够发挥什么作用也很难迅速有一个明确的答案。

斯卡利是一个有远见的人。推动这些合作联盟不仅体现他改变个人计算机行业的渴望，也体现出他对于即将涌现的数字化信息大潮的敏感度。所有创造、发表、传输、处理和展示信息的企业都将是这一互联世界的一部分。电话、影视与报纸之间的传统媒介界限将被打破，整个媒体行业都将重构。当斯卡利在 1991 年提出这个构想时，可谓是对未来大胆而有先见之明的预言。几年后，互联网的爆炸式增长促成了很多行业之间的联结（斯卡利的苹果愿景见图 4-5）。

苹果的问题是如何在上述构想中找到适合自己的位置。苹果可以试图把自己定位成信息世界里不可或缺的中枢，拥有对所有多媒体信息处理至关重要的软件标准。但这样苹果就要直面拥有强大竞争优势的微软。即使新技术能削弱微软的优势，苹果也只是激烈竞争领域中的一个角色而已，没有人会拱手将中心地位相让。苹果也可以试图成为数字信息化大潮中某种新产品的主导者，如苹果开发的口袋大小、手写输入、能够与现有硬件整合的 PDA。但是在缺乏进入壁垒的情况下，这些新产品的市场肯定也会存在激烈而平等的竞争，很难看出苹果有什么明显的竞争优势。苹果还可以将力量集中在一两个细分行业上，如图形和多媒体软件，这样就可以充分利用自己的技术优势。不过即使在这些领域，一旦"微软 - 英特尔牌联合压路机"有了更好的软件和功能更强劲的芯片，苹果也将面临巨大威胁。

斯卡利识别的危险并没有简单的应对办法。所有的备选方案都不能保证苹果肯定能获得成功。由于众多有力竞争者的存在、数字信息化未来发展方向的不确定性及苹果在个人计算机行业的非主流地位，每个方案都将面临挑战。尽管斯卡利在 1990 年苹果依然盈利颇丰的时候就看到了问题，但是他无法找到一个能够确保苹果未来依旧保持盈利性的方案。1993 年，斯卡利被迫离开了苹果，他的继任者在 3 年之后也同样黯然离去。

苹果看起来每 6 个月就会改变一次战略。1994 年，苹果宣布开放对 Mac 操作系统的授权，允许其他企业生产兼容 Mac 操作系统的个人计算机。这一计划持续了 3 年时间，然后在史蒂夫·乔布斯再度入主苹果之后被终止。在此回归之前，乔布斯将自己的 NeXT 公司卖给苹果，获得了数百万股的苹果股票。乔布斯确实成功地帮助苹果重新实现了盈利，他把企业资源重新聚焦在个人计算机的生意上，凭借优雅的设计与易用的 Mac 操作系统获得了苹果产品忠实客户的青睐。尽管在截至 2000 年 9 月的财务年度，苹果的销售额比 1995 年的最高点下降了接近 30%，但是乔布斯成功地让营业利润率回升至 5% 的水平。苹果终于生存下来了，但算不上兴盛，看不到光明的前景，如图 6-5 所示。

斯卡利对苹果的思考与罗森对康柏的方案形成了鲜明对比。在没有竞争优势的行业里，康柏通过专注于提升经营效率，经营规模超过了苹果，并且在一些年份获得了较高的利润水平。相比之下，苹果一直在挣扎（见表 6-3）。苹果虽有乔布斯眼里的营销天才斯卡利领导，但因为重心分散失去了专业化与明确经营方向可能带来的收益。正如我们所见，康柏的复苏可谓是昙花一现。康柏无法维持恢复盈利所需的成本管控，最终落得被惠普收购的结果。

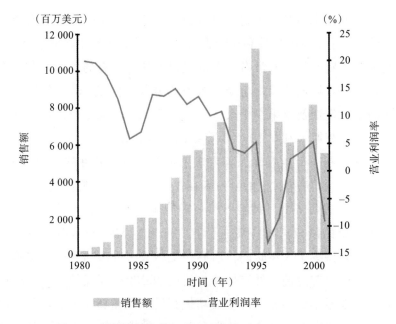

图 6-5　苹果的销售额与营业利润率（1980～2000 年）

表 6-3　康柏与苹果对比（1991 年与 1997 年）

	康柏	苹果
1991 年销售额（10 亿美元）	3.6	6.3
1997 年销售额（10 亿美元）	24.6	7.1
平均营业利润率	10.2%	1.7%

制造优势丧失
光盘、数据交换与烤面包机

飞利浦开发光盘的案例

飞利浦是一家总部位于荷兰的跨国集团，在消费电子领域拥有悠久的经营历史。企业率先推出了替代黑胶唱片的磁带。20 世纪 60 年代末，飞利浦实验室的工程师开始研究用激光来进行数码复制，这项技术是十几年前由麻省理工学院开发的。飞利浦最初搞出了一套影音系统，但是是基于对刻在光盘上的模拟影像进行扫描，而不是针对数字影像。尽管相较于录像带，这一系统在拷贝复制的质量上有明显优势，但是没有获得广泛的接受，原因是只能播放事先录制好的光盘。但是工程师认为在结合影音内容的数字编码之后，激光扫描技术大有可为。1979 年，飞利浦消费电子部门的负责人开始分析采用这一技术为家庭客户录制音乐光盘的潜力。

1979 年前后的美国音乐行业

唱片或者磁带从录音棚艺人到消费者家里途经很多步骤。这个行业里的大多数细分市场是高度竞争性的，企业数量众多且每家企业所占的市场份额都很小。唯一的例外是音乐世界的中心，也就是唱片企业细分市场，少数几家企业控制着大部分生意，它们雇用艺人、生产和销售唱片和磁带（见图 7-1）。

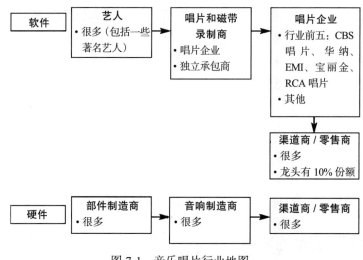

图 7-1　音乐唱片行业地图

飞利浦在行业里的两个细分市场运营。飞利浦是音响制造商之一，但在质量、设计和价格上并没有特别的优势。飞利浦还拥有宝丽金 50% 的股份，德国西门子持有另一半股份。开发光盘最重要的推动者之一是宝丽金的市场总监。宝丽金在唱片企业这个细分市场里属于第二梯队，位于行业龙头 CBS 唱片和华纳之后。除了飞利浦之外，其他企业很少跨细分市场经营。东芝和 EMI 有些联系，而索尼与 CBS 唱片有关联，但这种关系仅限于日本国内（索尼最终在 1988 年买下了 CBS 唱片）。除此之外，各个细分市场之间是相互独立的。对于飞利浦的管理层而言，问题的关键是：在这个四分五裂的行业里，从哪里获得光盘产品的利润。

"播放还是倒带"

1979 年，对于想要购买预录制音乐的人来说，有两个选择：黑胶唱片或者磁带。磁带有两种，即八音轨磁带和卡带。那种作为预录制磁带的早先的开盘带已经消失了，尽管它仍然是业余爱好者和发烧友的录制载体。黑胶唱片在 1979 年的销量超过 3 亿张，八音轨磁带是 1 亿盒，卡带是 8300 万盒，而且卡带销量正在迅速追赶八音轨磁带之中。与八音轨磁带不同，购买卡带的消费者可以自己用它录制音频，这使得卡带的用途更为灵活，尽管私自翻录的行为对唱片企业和艺人制作的原版卡带构成了威胁。

飞利浦的管理层看到了光盘为企业带来的机会，但是需要克服几个障碍。第一个障碍是标准问题，包括光盘本身的标准及播放设备的标准。在录像带领域，索尼的 Betamax 制式和 JVC 的 VHS 系统相互竞争，而 RCA 和飞利浦有一段时间同时采用两种制式。这个现实的例子说明争夺制定行业标准使得参与争夺的任何企业都难以盈利。此外，另一个类似的案例是八音轨磁带和卡带之间正在进行的竞争。

尽管飞利浦在音频光盘方面处于领先地位，但是企业管理层知道德律风根公司、JVC 和索尼也在开发相互并不兼容的竞品。如果没有被广泛接受的产品标准，市场接受新产品的过程就会变慢。唱片企业不会愿意为同一个音乐产品录制多种版本。同样，音响制造商也不会开发和生产没有潜力占有大量市场份额的产品，这表明唯一标准的必要性，所以飞利浦的部分计划是让自己的标准被行业里的所有玩家接受。

第二个障碍是成本与价格之间的关系。要取得成功，光盘的价格必须相对于替代品有充分的竞争力，这样才能够吸引足够多的消费者。光盘播放机的价格也必须合理，尽管可能会比其取代的电唱机要贵。根据一些消费者调研的结果，飞利浦的管理层相信，由于光盘的高音质和耐用性，至少有一部分消费者愿意为其支付更高的价格。他们还确信，只要产量达到一定规模，光盘播放器的成本就会与相同质量水平的电唱机差不多。更困难的是将音乐录制到光盘并通过销售渠道触达最终消费者花费的高成本。

第三个障碍是一旦光盘的市场发展起来，飞利浦如何将自己与其他众多的潜在光盘和光盘播放器制造商区分开来。如果不能独树一帜，飞利浦就不得不与其他企业公平竞争，那么企业的利润率将被压低到竞争性行业的水平，自然也无法从最初领先于市场的产品开发中获益。飞利浦战略能否创造财务上的最终胜利，取决于企业如何应对最后这一项挑战。

需求与供给

在估算光盘的需求时，飞利浦的管理层主要聚焦在爵士与古典音乐黑胶唱片的消费者身上。这些消费者更在意光盘带来的音质提升，因为与摇滚、流行、乡村等音乐类型相比，爵士与古典音乐的音域范围更广。在美国市场，这些消费者购买了 2500 万张唱片，接近黑胶唱片总销量的10%。作为一个群体，他们已表达愿意多支付 30% 的价格来购买数字化重录的唱片，然而这种数字化重录唱片带来的音质改进远远不如光盘相对于黑胶唱片的音质提升。企业管理层估计，这些消费者里的一半比例转向光盘需要大约 5 年的时间。另外，他们认为除了爵士与古典音乐之外的消费者（也就是占比 90% 出头的消费者），也有部分最终会转向光盘这种新技术和产品。他们预测在推出光盘之后的第三年，年需求将超过 1800 万张，而第七年的年需求将达到 1.2 亿张，并且这仅仅是美国市场的数据。如果美国市场占全球市场的一半，那么全球市场的需求就是前述数字的两倍。

由于与宝丽金的股权关系，飞利浦的管理层基本了解黑胶唱片与卡带的生产成本。他们估计到 1982 年，也就是准备推出光盘的那一年，黑胶唱片或卡带在剔除制造与包装成本之后的可变成本结构会如表 7-1 所示。他们认为光盘的成本结构应该与其差不多。付给艺人的版税无论对于黑胶唱片还是卡带都是相同的，因此对于光盘也不例外。在 1.33 美元的单位市场推广费用里还包括了部分放弃的利润，渠道和零售商还会加价 3.00 美元。所以如果不包括制造与包装成本，那么到达消费者手上的成本约为 6.98美元。

表 7-1　1982 年黑胶唱片或卡带可变成本结构　（单位：美元）

项　目	单位成本
艺人版税	2.65
市场推广费用	1.33
渠道成本	3.00
合计	6.98

1979 年黑胶唱片的单位售价在 6.75 美元左右。假设到 1982 年的通货膨胀率是每年 10%（事实也确实如此），那么 3 年之后的唱片价格约为 8.98 美元。如果消费者愿意为更好的音质支付 30% 溢价，那么光盘的零售价可以定为 11～12 美元，其中有 7 美元是剔除制造与包装成本之外的成本，因此还有 4 美元用于制造和包装。如果飞利浦能够以低于这个数字的成本来生产含包装的光盘，就可以一举解决价格与成本问题。

宝丽金力推光盘项目的市场总监汉斯·高特希望用可弹开盖子的塑料盒来包装光盘，并将这个包装盒称为"珠宝盒"。这种包装盒并不便宜，每个要 1.18 美元，比黑胶唱片的纸壳包装贵得多。高特认为额外的包装成本是值得的，能够凸显光盘的高品质。而将 1.18 美元花在包装上意味着只剩下 2.82 美元用于制造。

在估计光盘制造成本方面，飞利浦的高管并没有太多的经验。他们预计对于生产光盘而言，需要好几年时间才能让生产线高效运转；一旦杂质源被剔除之后，良品率就能得以提升。他们估计在累计生产 5000 万张光盘之后，良品率将会得以改善，单位成本能够稳定在 0.69 美元左右（见表 7-2）。率先入场的企业能够通过早一步经历学习曲线而受益。

表 7-2　不同累计产量下的光盘可变成本

累计产量（百万张）	单位成本（美元）
(0, 5)	3.00
[5, 10)	2.34
[10, 50)	1.77
[50, +∞)	0.69

这些可变成本只是制造成本的一部分，还有刻录光盘的固定资产投资。飞利浦的工程师估计，需要 2500 万美元、花 18 个月的时间来建造年产能 200 万张的第一条生产线。之后生产线建造时间将缩短到 1 年，设备也会得到改进，且所需投资额将减少。假设资本成本为 10%，折旧期为 10 年，摊到每张光盘的固定资产折旧成本将从 1981 年的 2.50 美元降到 1986 年的 0.33 美元（见表 7-3）。产量扩大到 200 万张以上之后，随着产量增加带来的成本减少效益就不明显了。

表 7-3　光盘的固定成本　　　　　　　　　　（单位：美元）

年　份	每张光盘分摊的总固定成本	每张光盘分摊的年固定成本 （根据 10% 资本成本和 10 年折旧期计算）
1982	12.50	2.50
1983	8.35	1.67
1984	5.58	1.12
1985	3.73	0.75
1986	2.39	0.48
1987	1.67	0.33

将两部分的制造成本加到一起，很显然在 3 年或 4 年之后，用最新设备生产一张光盘的成本将会降到 2.80 美元以下，这也是飞利浦管理层计算出的唱片企业可以承受、消费者也愿意买单的成本。生产上的规模经济效益非常有限。举例来说，对于第四代设备而言，每张光盘的产能对应的资本投资为 3.73 美元，或者也可以表述为每张光盘要摊上 0.75 美元的资本成本。如果第四年的累计产量达到 5000 万张，那么每张光盘的可变成本是 0.69 美元，总制造成本为 1.64 美元。因此从成本的角度来看，光盘项目看起来是可行的。

学习曲线还是滑坡

对于飞利浦而言，前景看起来十分美好。企业与索尼合作解决了产品标准问题，还结合了两家标准各自最好的特性。索尼坚持光盘直径应该是 12 厘米，这样音乐容量可以达到 75 分钟，能够容纳贝多芬第九交响曲，这个决策至今仍得到古典音乐爱好者的称赞。虽然 JVC 曾经一度坚持采用自己的标准，但是飞利浦和索尼已足够快地达成共识，1982 年就能够开始生产。世界首张光盘是比利·乔尔的《52 号大街》，紧随其后的是贝多芬第九交响曲。1982 年底，已经有超过一百种光盘在售。

但是问题依然存在，飞利浦应该从哪赚钱？宝丽金、CBS 唱片是最早采用这种新媒介的唱片企业，它们是飞利浦的合作伙伴，索尼还参与了开发。其他唱片企业也迅速跟上，但没有企业向飞利浦支付专利费。恰恰相反，飞利浦和索尼不得不说服它们采用这种新产品，这些企业不会"拣芝麻丢西瓜"——帮飞利浦的忙而降低自己生意的回报。这项技术本来也没有专利保护，它是麻省理工学院在 20 世纪 50 年代开发的。大唱片企业是整个行业里唯一能够在一个细分市场相对集中并拥有议价能力的，飞利浦制服不了这些大唱片企业。

飞利浦也许可以作为光盘的制造商而生意兴隆。作为行业先行者，飞利浦或许能够利用先踏上学习曲线的先发优势，在其他企业还在摸索剔除杂质、提升良品率的阶段以更低的可变成本来生产光盘，从而一直保持领先。但是这个计划存在几个问题。尽管经验有助于提高良品率并降低可变成本，但是硬币的另一面是率先投资兴建生产线面临的不确定性和不利因素。后来者的成本会低一些，不用因为先发试错而承担损失。

这两个影响因素之间的平衡取决于光盘市场的发展速度。假设后进入市场的企业采用第三代（即第三年）的技术设备进行生产，那么每张光盘的资本成本是 1.12 美元，比飞利浦第一代的 2.50 美元低 1.38 美元（见表 7-3）。如果飞利浦前两年累计产量为 1000 万张，那么它的单位可变成本是 1.77 美元，比新进入者的 3.00 美元低 1.23 美元（见表 7-2）。先行者的优势与劣势基本相互抵消了。如果飞利浦采用了第三代的技术设备，那么企业每张光盘的资本成本与新进入者相同，还享有 1.33 美元的可变成本优势。这样综合来看，飞利浦相对于后进入者享有学习曲线的先发优势。然而，随着后进入者获得经验，可变成本随着学习曲线不断下降，当它们累计产量达到 5000 万张时，飞利浦在可变成本上的优势将不复存在。而由于新进入者采用的是更新的设备，其资本支出将低于飞利浦。

如果光盘市场爆发性增长，每年的销售规模达到 2 亿张，那么至少某些新进入的企业能够达到 5000 万张的累计产量。由于飞利浦的主要客户是大型、资深和力量强大的唱片企业，很难锁定客户。于是，飞利浦的成本优势只能持续不到两年时间。看起来有些荒谬，飞利浦从学习曲线获得优势的条件竟然是光盘市场发展不能过快，这样它的竞争对手要花费数年才能达到 5000 万张的累计产量，享受到学习曲线带来的好处。

从这个角度来看，光盘市场的问题并不是规模太小，而是规模太大了。虽然飞利浦是先行者，但是无法维持先发优势太长时间，除非飞利浦用某种方式锁定客户，否则就无法阻止当前客户转向其他企业。因为生产线只要累计产量达到 200 万张就能够有效运转，所以没有什么规模经济效益方面的进入壁垒。在没有能被锁定的客户、可持续的生产优势和相对的规模经济效益的条件下，飞利浦作为光盘制造商没有什么竞争优势。

而飞利浦作为音响制造商，情况也好不到哪儿去。飞利浦和索尼首先推出光盘播放机，但是很快其他企业也推出了同类的产品。由于所有播放机都采用同样的技术，它们只能通过设计、次要功能和价格来差异化。这些特性预示着成为光盘播放机制造商不会是一个有利可图的投资，尤其对于飞利浦这样长于研发与技术且间接费用不低的企业来说。

若以事后诸葛亮的角度，飞利浦的光盘战略值得批评检讨。然而实际上很多企业都梦想着在快速发展的市场中依靠先发优势获利，但是大多数这类战略的结果并不比飞利浦好多少。飞利浦的案例解释了这其中的原因。

对于企业而言成为先行者往往是一把双刃剑。一方面，学习曲线效应可以帮助先行者的可变成本随着累计产量的增加而下降；另一方面，后面建的技术设备比之前的更有效率，这是所谓的年份效应，对先行者不利。在一个像光盘市场这样规模巨大且快速成长的市场里，无论是先行者还是后面的进入者，累计产量的增长和学习过程都同样迅速。学习曲线的边际效益递减会缩小先行者的优势，于是年份效应就占据主导地位。这时，不断发展的光盘市场将会吸引更多的进入者，结果飞利浦的盈利能力受到了损失。如果当初光盘技术被限制在一个细分行业中，飞利浦或许能独占市场 5～7 年。在这段时间里，飞利浦可以赢得高于平均水平的回报，足以弥补最初的开发费用。

思科的网络业务

飞利浦作为光盘及其播放机的市场先驱者，为消费者带来了巨大的利益，但是对于企业自身和紧随其后进入市场的企业而言则不然。除了那些忠于磁带的狂热发烧友之外，大多数严肃的音乐爱好者都欣赏光盘的便利和耐用性。理所当然地，光盘取代了黑胶唱片。尽管光盘也遇到了数字格式和文件分享（盗版）的问题，但是仍然在技术、娱乐和个人计算机存储的发展史上拥有一席之地。

就许多方面而言，思科在网络设备细分市场的故事恰好跟飞利浦在光盘市场的案例完全相反。思科开发出了路由器，能够连接同一组织里的不同个人计算机。思科路由器最初的客户不是音乐爱好者，而是企业、政府机关、大学和其他机构。这个细分市场几乎从一开始就有其他竞争者，思科并非唯一试图成为先行者的企业，但始终是规模最大、盈利能力最强、成长最快的企业。

思科成功地为自己创造了竞争优势，随着生意成长，竞争优势也越来越强。飞利浦从未获得过真正的规模经济效益，因为光盘市场相对于每年200 万张的有效生产规模而言太大了。相反，由于开发路由器产品需要大量软件和软件开发相应的高额固定成本，思科享有规模经济效益。思科也聪明地保持了自己的优势。与飞利浦不同，思科从新业务里赚了几十亿美元，也为那些早期投资思科并在 2000 年中的股价崩盘之前退出的股东创造了可观财富。

细分行业领导者

由于解决了行业难题，思科快速发展壮大。20 世纪七八十年代，随着个人计算机和个人计算机制造商激增，不同的语言和协议妨碍了系统之间的通信。思科是在 1984 年由斯坦福大学的工程师创立的，他们想跨越院系之间的网络相互发送电子邮件。然而，他们发现尽管商学院和计算机系用的都是惠普个人计算机，但是它们是不同的机型，采用不同的通信协议，因而无法相互读懂对方的文件。因此，这些工程师开发出了路由器，本质上是一台特定用途的个人计算机，能够接收某个系统输出的资料，加以转译之后再传送出来，这样其他系统也能顺利读取资料。路由器实际上连接了网络，但是这些技术细节在这里并不重要。很多案例都是如此，解决难题是通往财富之路，只要这个问题非常普遍。事实证明，思科凭借消除个人计算机系统之间的语言障碍，使得在企业内架设网络梦想成真。

思科还抓住了另一个机遇。当时互联网刚刚出现，发展迅速，个人计算机之间互不兼容，思科的路由器不仅将组织内部分离的网络连接在一起，还使得互联网上个人计算机之间的通信成为可能。思科的路由器帮助如波音这样的大型企业把企业内部的系统连接起来成为局域网，用互联网作为传输方式促进企业内部数据的交换。网络建设对于波音而言效果卓著，于是其他企业也纷纷找到思科来升级网络。

只要能够将自己与其他提供类似服务的竞争者区分开来，帮助客户解决困难问题，企业就总是能够得到丰厚的回报。在思科这个案例里，丰厚的回报表现在销售收入与营业利润的快速增长，以及证券市场上遥遥领先于销售收入与营业利润增速的股价（见图7-2）。1990年，思科的销售收入为7000万美元，而到了2000年，其销售收入已经达到190亿美元，相当于66%的复合年化增长率。营业利润在这一期间的复合年化增长率为63%，市值从3.5亿美元上涨到4500亿美元（这是思科财务年度期末，即每年7月底的数据），相当于超过90%的复合年化收益率。1999年，以市值衡量，思科一度成为世界上最大的企业。与飞利浦的情况不同，市场新进入者对思科没有带来多大威胁。

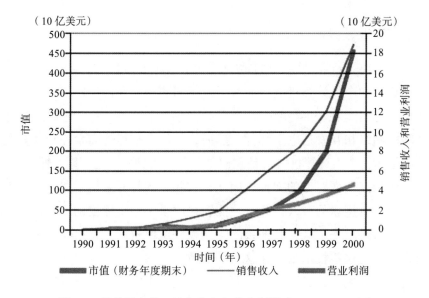

图7-2　思科的市值、销售收入和营业利润（1990～2000年）

在销售收入增长、高营业利润率、非凡的投入资本回报率和市值大幅增长的背后，是思科置身于快速成长市场中的统治地位，以及维持这一地位的竞争优势。作为第一个路由器的发明者，思科一度是这一细分行业里的唯一企业。但是如 Wellfleet 公司和 3Com 公司这类竞争者很快就出现了。思科的市场份额从 1989 年初的 100% 跌到了 1994 年第一季度的 70%。然而，思科在随后的两年时间里又把市场份额提升到了 80%。

思科所在的市场具有光盘市场缺乏的两大要素，那就是彻底的客户锁定和规模经济效益。路由器是一种硬件与软件相结合的精密设备，而且安装和维护路由器都有较高的技术要求。除了具有高水平 IT 部门的企业之外，一般的客户没有这样的技术能力，也就是说大部分客户都必须依靠思科或者其竞争对手的服务。随着企业扩展自己内部的网络，它们会很自然地去找已有设备的供应商，不愿意冒险和承担成本去与新的供应商打交道。这种客户关系上的不对称由于路由器的另一个特点得到强化，那就是路由器之间并不相互兼容。思科的路由器无法与 Wellfleet 公司或 3Com 公司的路由器通信，因此最初采用思科设备的企业或机构不得不继续使用思科的设备。客户由于技术复杂性而被思科锁定了。[⊖]

路由器和其他数字设备一样，性能日新月异。硬件和软件都变得更好、更快，能够处理更多的数据。拜较大的市场份额所赐，思科在编写软件和设计新型路由器方面相对于竞争对手享有规模经济效益。由于拥有庞大而稳定的客户群，思科在采用新技术方面比竞争对手更有效率。这种优势地位意味着思科在获取新技术方面可以比竞争对手投入更多资源，无论是通过自己研发投资还是并购较小的竞争对手。事实上，思科在两种方式上都毫不吝啬。1993～1996 财年，思科收购或参股了 15 家企业，在 1997 年 10 月又增加了 8 家。这些并购也并不是都很成功，有的投资支付了过高的价格，即使用被投资方夸张的股价来衡量都太贵了。不过思科通过收购自己还没有构建的技术或产品，保持了自己的竞

⊖　客户锁定并不是简单的产品差异化问题。家用电器甚至如个人计算机的办公设备都在性能、品牌形象和消费者感知的品质方面进行了差异化。然而，自从 IBM 推出相互兼容的个人计算机之后，消费者很少会对自己第一台个人计算机的品牌保持忠诚。

争优势。

由于渠道、维护和研发方面规模经济效益带来的优势, 思科将自己的业务范围拓展到了路由器之外。20 世纪 90 年代中期, 局域网交换机开始挑战路由器在企业网络设备里的地位。思科通过并购迅速进入了这一市场, 并成为最大的局域网交换机供应商。1994 年第一季度, 3Com 公司拥有 45% 的市场份额, 思科的市场份额为 35%。截至 1996 年底, 3Com 公司的市场份额跌至 21%, 而思科上升到 58%。

思科 1990~2000 年的平均税前投入资本回报率是非凡的 142% (见图 7-3)。[⊖]由于大量地运用股票期权作为支付薪酬的方式, 思科显然在利润表里低估了薪酬费用。有人质疑, 如果将这些股票期权的成本费用化, 在利润表里确认, 那么思科的盈利能力可能并没有那么强。这种批评显然有些过于夸大了。2000 年 7 月, 思科的账上有 55 亿美元 (1990 年为 5000 万美元), 除此之外还有 140 亿美元可以被视为准现金的证券。思科在上述期间也没有任何债务, 净股权融资不超过 30 亿美元。因此, 尽管思科通过低估真正的人工成本抬高了利润, 但是企业在 20 世纪 90 年代的利润肯定远超过其资本成本。

思科在这个时期的盈利能力显而易见。即使在截至 2000 年 7 月的财务年度 (当时美国经济衰退已经来袭, 证券市场从 3 月的高峰跌落), 思科仍然欣欣向荣。企业近 190 亿美元的销售收入较 1999 年增加了 56%, 32 亿美元的营业利润同比增加 13%。这些增长部分来自大量的收购。不过也有一些不好的迹象, 思科的营业利润率仅为 17%, 首次低于 20%, 只有 1996 年的一半。实际上思科利润表的每个项目都存在问题, 但是最大的症结在于研发 (见表 7-4)。

⊖ 思科的资产负债表上有一项规模很大, 被称为"投资", 指的是被投资于固定收益证券的多余现金, 由于到期日太久以至于无法被列为流动资产。我们把这一项当成"现金"处理, 并且在计算投入资本回报率时从分母投入资本里扣掉。

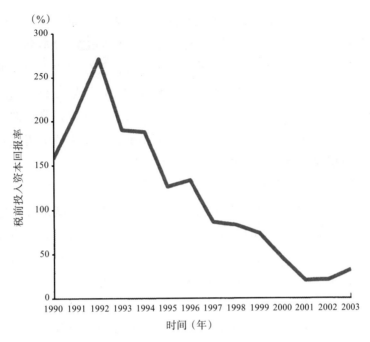

图 7-3　思科的税前投入资本回报率（1990～2003 年）

表 7-4　思科利润表项目占销售收入比例的变化情况（1996～2000 年）

占销售收入比例	总变化（%）
销售成本	1.2
研发费用	4.5
销售与营销费用	3.1
行政与杂项费用	−0.6
商誉与购入无形资产的摊销	1.5
进行中研发项目的费用	7.3
合计	17.0

业务结构变化

思科并不是心血来潮地决定要在研发上加大投资，企业拥有大量高水平的工程师，也希望让他们发挥才能。导致企业营业利润率下降的根本原因是思科生意本质的改变。最初，思科占领的是企业内部网络连接市场，最早发明的产品是路由器。随着企业和其他组织内部网络的规模和带宽需求增加，思科也能不断适应局域网交换机等新技术。截至 1990 年末，企业内部网络连接市场已经变得相对成熟了，大部分需要建立内部网络的组织也已经建设完成，升级网络的业务机会越来越少。由于思科自己已经是行业龙头，它无法通过抢占其他企业市场份额的方式来实现扩张。像思科这样有着高增长历史的企业绝不会满足于停滞不前，仅仅维持销售收入的规模。如果思科想要继续增长，就必须找到新的市场。

从 20 世纪 90 年代后期思科所处的位置出发，最自然的做法就是走出企业、大学和其他组织的界限，进入电信服务提供商的广阔世界，包括传统的电话企业（尤其是以前的贝尔）及其新出现的竞争对手（包括世通、斯普林特、MCI 及本地交换运营商）、互联网服务提供商（AOL、Earthlink 和数不清的其他企业），以及其他以语音和数据传输为核心业务的企业。这些企业正在兴建通信基础设施以迎接数据传输史无前例的爆发性增长，这一增长势头也是业内企业都预期到的。这种"运营商级"企业对网络设备的需求极大，而思科以往服务的企业内部网络连接市场从规模来看可谓相形见绌。

思科凭借技术专长、调动营销队伍、投入巨额现金进入了"运营商级"市场。但很快就陷入了困境，因为企业内部网络连接市场与"运营商级"市场之间的差距远比思科预期的要大。"运营商级"市场已有老练、地位稳固的对手。数十年来，朗讯、北方电讯和其他企业都为电话企业提供交换机设备。这些企业规模庞大、经验丰富，并与客户已经保持着稳定的关系。虽然它们在产品上需要实现从传统模拟设备向数字设备的转换，但是看起来这并不成问题。除了这些企业之外，思科还要面对比自己更年轻的企业的挑战，这些企业拥有技术能力及通过 IPO 从投资者那里募得的大量资金。作为市场的新进入者，思科并不拥有原有企业的核心竞争优势。思科在这个市场也没有锁定好的客户，就稳定的客户关系而言，就像是向内观望的局外人。思科在缺乏这类客户基础的情况下，无论在渠道还是服务支持方面，都没有规模经济效益。因为思科正为新客户开发新的产品，所以在研发上也并不享有规模经济效益。

在这种情况下，思科最多也只能指望一个平等竞争的行业格局。电信服务供应商规模和实力强大，技术实力雄厚。思科不太可能与它们建立起过去的那种客户关系：思科是专家，客户都巴不得把复杂的技术问题交给思科处理。包括光纤通信运营商和互联网服务提供商在内的电信行业新起之秀在规模和技术方面毫不逊色，虽然它们还没实现盈利，根基也不够深厚。就像光盘市场的大唱片企业遇到的情况一样，客户不会被任何供应商锁定。即使存在能被锁定的客户，思科也不会是受益者。如朗讯、北方电讯、西门子和爱立信这类市场里经营多年的电信设备供应商已经跟运营商建立了关系，而不是思科这样的新进入者。

思科还是采用自己的老方法进入"运营商级"市场：企业并购。思科开价很高，在融资方面也很慷慨，给"运营商级"客户很优厚的信用条款来帮助其购买自家设备。思科还不断投入现金，看起来能够负担得起融资成本。但是正如其他大型企业试图利用自己的资金充裕优势来弥补自己的竞争劣势一样，思科的经历和结局并不妙。柯达进入复印机业务、AT&T进入数据处理服务和计算机业务、施乐进入办公自动化业务、IBM挑战微软的软件业务和施乐进入复印机业务，都是资金实力雄厚的著名企业不顾明显的竞争劣势，执着于进入新市场的惨败案例。正如思科学到的教训，资金实力雄厚从来都不意味着拥有竞争优势。

历史背景加剧了思科受到教训的速度和残酷程度。以事后诸葛亮的角度来看，思科的客户整体上增加了过多的产能，这也是那时被所有人忽略的。这不仅是企业由于对需求的估计过于乐观（当时预测互联网的使用量每3个月会翻一番），也是由于各家企业都忽视了别家也在兴建基础设施以满足预期的需求。20世纪90年代的美国股市大泡沫和2000~2002年的崩盘，这一切起伏都是电信业和相关产业带来的。当部分新兴互联网服务提供商和电信企业破产时，思科手上只留下了毫无着落的巨额无抵押债务。更麻烦的是，由于破产企业清算和资产拍卖，很多崭新的思科设备流入市场，于是思科不得不与自己的二手设备竞争剩下的电信运营商市场。思科雄厚的资金实力曾经使得它能够提供给客户慷慨的信用条款，现在却反过来让它狠狠摔了一跤。

事情究竟变得有多糟呢？思科情况最差的一年是 2001 年，当时企业税前营业亏损（operating loss）为 20 亿美元，其中部分来自略超过 10 亿美元的重组费用。对于思科这样一个营业利润率、资产回报率和投入资本回报率"三高"，一贯赚大钱的企业而言，营业亏损是一个沉重的打击，尽管2001 年高科技企业的日子都不好过。思科的业绩来自两块生意：老业务，也就是企业客户网络设备，以及"运营商级"客户的设备业务。实际上思科在新业务上的营业亏损远大于 20 亿美元，因为其在企业客户网络设备这一块的老业务盈利能力还不错。

东山再起

在股价重挫和利润大跌之前，思科的管理层在不断扩张的行业里保持领先地位并实现了盈利的稳步增长，获得了华尔街分析师和其他行业观察家的高度评价。如今，约翰·钱伯斯和他的团队必须在经济与行业的衰退期改弦易辙，挽回局面。他们用了好几个季度进行调整，终于力挽狂澜。认识到销售收入下降的原因不仅是周期波动，他们着手削减费用，提升营业利润率。他们带领思科退出处于劣势的"运营商级"市场。当初思科为了进军这个市场做了不少并购。尽管瞻博网络进入路由器市场，成了有力的竞争对手，但是思科仍然保住了大部分路由器业务，掌握着一半以上的市场份额。⊖随着不赚钱的新业务被砍掉，思科的销售成本（占销售收入的比例）开始下降（见图 7-4）。

管理层还削减了思科的间接费用。当销售收入自 2001 年 4 月开始下降的时候，间接费用占销售收入的比例大幅增加。思科用了近 1 年的时间才把间接费用占销售收入的比例降到 45% 以下，又花了 6 个季度把这个比例降到接近 40%，但仍然比销售收入下降之前的比例要高。思科的营业利润率从 2000 年的 17% 跌到 2001 年亏损（包括多项非经常性开支），再到

⊖ 瞻博网络的处境很微妙。如果瞻博网络成功进入市场与思科直接竞争，那么意味着路由器市场的进入壁垒在降低甚至消失。这样一来，其他企业也会随之进入并挑战思科的地位。另一种可能性是思科的竞争优势从根本上来说毫发未损，瞻博网络最好的结局也只是生存下来，但在行业里微不足道。

2003 年回升到 26%。2003 年是思科自 1999 年以来业绩最好的年份。尽管思科或许永远也无法回到 20 世纪 90 年代中期的辉煌岁月，但是其管理层已经证明思科比 AT&T、柯达和施乐更经得起惊涛骇浪。

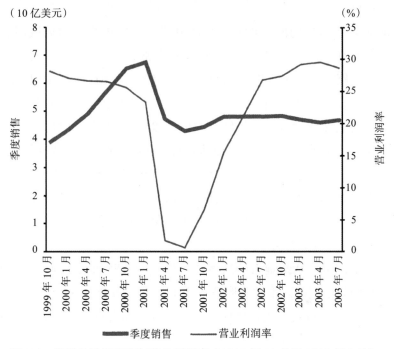

图 7-4　思科的季度销售与营业利润率（1999 年 10 月至 2003 年 7 月）

烤面包机的命运

　　世界上有太多企业生产烤面包机，甚至包括飞利浦（不过不包括思科）。在美国就有超过 50 种品牌的烤面包机，其样式从简单朴素到怀旧，再到未来主义或异想天开的设计风格。最低标准是起码在不烧焦的状况下烤熟面包。因为大多数烤面包机的生产商还同时出品一系列小家电，还有一些面包机来自如飞利浦和通用电气这样业务多样化的巨头，所以从这些企业的财务报表上看不出来烤面包机对于生产商而言利润到底如何。但是既然市场不存在进入壁垒，就很难想象某个企业能够从烤面包机业务的相关资产上获得超额回报。尽管各种烤面包机在功能和设计上有所不同，但是烤面包机的本质是一样的。如果消费市场对一种设计或功能的需求突然激增（如烤好面包后会自动唱歌），那么不久之后每个生产商都会推出类似的烤面包机。

那么复杂昂贵的网络设备（如路由器、智能集线器和局域网交换机）与烤面包机有多大差别？一开始可能差别非常大，但是最终没有什么区别。思科最初在路由器业务上的成功吸引了新进入者，但它们大都无法在前15年对思科的业绩造成任何影响。如果没有强大的技术支持与维护服务，思科的客户无法保证设备高效运转。它们在设备的使用方面显然不像千万个家庭使用家用电器那样顺手。与此同时，不断开发新一代软件与硬件的需求使得固定成本占总成本很大比例，成了规模经济效益的来源。相反，在光盘制造这个生意里，厂房设备都是一次性投资。规模经济效益在年产量达到200万张时就到顶了。所有这些因素都为思科创造了竞争优势，给企业级业务带来了进入壁垒。

但是我们可以清楚地看到这些竞争优势随着时间而消逝。设备变得越来越可靠和易于使用。维护和服务成本下降了。随着设备标准化程度提升，不同企业产品之间兼容性大幅提高。研发成本随着产品逐渐走向成熟而慢慢下降。客户在设备使用时变得更为熟练和自信，于是更愿意尝试与低成本的新供应商打交道。这些变化已经对思科产生了部分影响。新进入市场的企业（尤其是瞻博网络）通过提供更先进的技术蚕食思科的市场。不过像朗讯、阿尔卡特和北方电讯这样根基稳固的老牌企业尽管面临各种各样的诸多问题，但是从未在市场上消失。

尽管思科从2001年电信业的崩盘中成功恢复过来，但是它没能回到20世纪90年代中期的辉煌岁月，当时企业的增长率和超凡的投入资本回报率迅速将其市值推上了股票市场的头把交椅。倘若其他行业的经验具有指示作用，那上述趋势最终会完全消除思科的竞争优势。无论一个产品在开始多么复杂与独特，长期来看它们都是平凡无奇的烤面包机。

在光盘市场里，飞利浦从未享受过思科这样的辉煌岁月。飞利浦从未成功地锁定过客户，它的客户不仅规模大还老练有经验，而且飞利浦的产品不需要什么重要的技术支持。飞利浦的光盘业务也并不享有规模经济效益。对于未刻录的光盘而言，渠道和服务支持成本占总成本比例非常小。尽管最初的开发成本很高，但是后续的研发费用几乎可以忽略不计。与学习曲线相关的成本优势是飞利浦在光盘市场获得竞争优势的唯一希望，但由于光盘市场的迅速成长被削弱了——市场扩张使得它的竞争对手也能很快地在学习曲线上获得进展。几乎在一夕之间，飞利浦就陷入了烤面包机的世界。

在这两个案例里，通常使用的市场吸引力指标与成功并没有关系。巨大的市场容量和快速成长的市场规模都不是制定战略的关键，核心竞争力也不是问题的焦点。飞利浦和思科分别为光盘市场和网络设备市场带来了高水平技术，但它们当中只有一家企业在一段时间内获得了成功，创造了非凡的回报。

在市场里最重要的是有防御性的竞争优势，但往往会遭到市场规模和成长的破坏。在"运营商级"市场里，没有竞争优势保护的市场与规模对于思科来说没有意义。光盘市场的快速增长实际上降低了飞利浦获得竞争优势的机会。产品差异化也不是竞争优势。烤面包机是差异化的产品，但是这个市场既没有进入壁垒也没有竞争优势。当产品呈现出烤面包机的特征时，超额回报就消失了，其实大多数产品随着时间推移都会走到这一步。

企业间的博弈
竞争战略的结构化方法（第一部分：囚徒困境）

目前为止，本书讨论的重点集中在竞争优势：竞争优势是什么；如何判断行业中的某家企业是否拥有竞争优势；如何利用竞争优势。

对于不存在竞争优势的市场而言，唯一有效的战略就是专心致志、不顾一切地实现高效运营。1990 年之后的个人计算机行业及飞利浦进军光盘市场都是遵循此战略或本应该遵循此战略的案例。

如零售业的沃尔玛和啤酒业的库尔斯这样的生意在局部市场享有竞争优势，它们在战略上面临的挑战是如何维持竞争优势并在可能的情况下扩大优势。正如我们已经看到的，沃尔玛在这方面比库尔斯更为成功（这些单一龙头位于图 8-1 里的②）

现在我们要探讨更有趣也更棘手的情况，即几家企业在一个行业或市场里都享有竞争优势。尽管可能有一家企业的规模比其他企业的规模要大，但是这种规模或实力的差异不足以帮助行业龙头避免受到其他竞争对手的攻击。这种情况在本地服务行业（如银行、零售和医疗系统，消费品，以及传媒娱乐）都很常见，如主要电视网络、电影企业和唱片企业。这些情况很难分析，也不容易有效管理。战略上的成功取决于是否能够巧妙地处理企业间的有意识互动，既可以是竞争，也可以是心照不宣的合作。这些情况位于图 8-1 的③，其中关于合作 / 协商的内容将在后面的章节讨论。

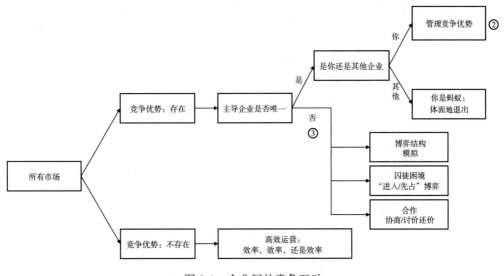

图 8-1　企业间的竞争互动

　　研究零售商家得宝和劳氏之间的竞争有助于我们理解少数几个竞争对手之间互动牵涉的一系列问题，包括门店的定价决策（尤其当家得宝和劳氏门店相邻时）、产品线扩张、门店选址、供应商关系和广告强度等。对于前述每一个方面，劳氏采取任何行动的效果都取决于家得宝如何反应，反之亦然。

　　要理解做这些决策的战略有多复杂，我们可以看看一个看似简单的例子。如果劳氏在一个原来由家得宝独占的地区开了一家新店，那么家得宝可能会发起激烈的价格战，重挫劳氏新店的利润率。家得宝还可能决定做出进一步的反应，在原来劳氏独占的地区开新店。于是劳氏对家得宝领地的入侵就会变得很不划算。但是家得宝的反击也可能代价高昂，特别是在劳氏决定用更低价格和更多新店加以报复的情况下。考虑到劳氏的上述反应，家得宝的行动可能也不会过于激烈。

　　然而，家得宝或许会研判任何自我约束只会助长劳氏蚕食自己的市场的野心，导致各地出现价格与店面位置之争，最后两败俱伤。实际上，通过采取更为强硬的竞争态度，家得宝或许能够阻止劳氏最初的扩张，从而甚至不需要真的采用降价和开新店这样的报复手段。

劳氏也可能会考虑一套完全不同的战略，避免直接与家得宝发生冲突，通过将自家的连锁店集中在与家得宝门店不重叠的地区来限制竞争的强度。在避免价格战和在大量地区重复开店之后，两家企业都会拥有更高的利润率水平。

但是我们再想一下两家企业的互动，如果家得宝把劳氏的克制看成是软弱，又会如何？家得宝是否会因此大举进军所有劳氏原本独占的地区？倘若情况正是如此，那么劳氏的克制战略就会演变成无可挽回的灾难。

这种状况的复杂性让人头疼。劳氏必须考虑家得宝会如何反应，这取决于家得宝如何解读劳氏的行动。而决定这个解读的，是劳氏对家得宝的行为如何反应、劳氏发出的信号，以及家得宝对自己生意当务之急的考量。这又都受家得宝企业文化的影响。此外，这一切相同的要素也同样适用于劳氏在自身文化的影响下，如何解读家得宝发出的各种信号。这里存在一个无穷回归的问题，就像两面镜子之间的无限反射。想挣脱这个陷阱，就必须有一个清晰的焦点和几个经过简化的有用假设。

价格竞争与囚徒困境

好在大多数竞争性互动都围绕两个因素之一展开：价或量。价格竞争是当竞争者数量不多时最常见的互动形式。对于大多数这类情形都有一个常见模式，我们可以通过一个经过简化的例子来理解。

假设这些竞争企业的产品基本一样，那么只要各家企业的产品价格一样，它们应该均分市场，各家拥有相同的市场份额。如果它们都定高一些的价格，那么扣除成本之后都将获得更高的利润。如果它们都定低一些的价格，那么它们仍然拥有相同的市场份额，只是大家的利润都下降了。然而，倘若一家企业定了低价而其他企业定高价，那么定低价的企业将占有更大的市场份额。如果增加的市场份额足以弥补由于低价格而在每件产品上损失的利润，那么定低价的企业就会获得更高的利润。与此同时，继续保持高价格的企业会发现它们的销量下降得很厉害，以至于这些企业获得的利润低于如果它们也定低价时的利润水平。数量有限的企业之间价格竞争的核心是：尽管合作定高价有利于共同获得更高的利润，但是每家企业都有强烈的动机用更低的价格抢走其他竞争对手的生意，从而使合作的可能性破灭。

这类竞争情形（也可以叫博弈）被称为囚徒困境，因为其中的选择类似于两个共同犯下重罪的犯罪嫌疑人被抓获并分别关押审讯时面临的选择。如果他们相互合作，都拒绝认罪，那么很可能两个人都将逃脱指控，只获得较轻的刑罚。但是他们当中的每一个人都可以和警察达成认罪协议，认罪并指证另一个犯罪嫌疑人以换取较短的入狱时间。最坏的情形就是一个犯罪嫌疑人坚持自己是清白的，而另一个犯罪嫌疑人已经认罪了。面对这样的情况，犯罪嫌疑人就有强烈的动机放弃共同利益去认罪。这种激励机制不仅是正面的（通过认罪减少入狱时间），也是防御性的（你最好认罪，因为如果对方认罪而你不认罪，你就被"吊死晒干"了）。因此毫不奇怪，这两个犯罪嫌疑人要保持合作是非常困难的。其实无论对于犯罪嫌疑人还是竞争企业都是如此，通常的结果就是博弈论里提到的非合作均衡。

竞争性互动的描述

描述竞争性互动主要有两种形式。第一种形式在博弈论里被称作正则形式，即用矩阵来展示相关的信息。第二种形式被称为扩展形式，用树状图来展示竞争性互动里的要素（我们将在第 11 章里介绍这种形式）。虽然囚徒困境能够用扩展形式来描述，但是用正则形式的矩阵更为合适。在价格竞争中，行动的先后次序并不重要。这种竞争情形不会随着时间推移演变为需要长期规划或长期承诺投入资产的形式。竞争对手可以在任何时候以任何顺序改变价格。矩阵形式能够清晰地展示这种同时发生且可重复的博弈决策。

由于其二维设计，单个矩阵只能描述两个竞争对手之间的博弈，一个在水平维度，一个在垂直维度。劳氏和家得宝之间的竞争性互动如图 8-2 所示。在本例中，劳氏位于矩阵的顶部（水平维度），家得宝位于左侧（垂直维度）。顶部还有劳氏可能采取的行动方案信息，在本例是劳氏可能对典型的一篮子商品制定的价格水平。如果相关的价格是每篮 115 美元和 105 美元，那么图 8-2 中每一列代表劳氏的定价决策。

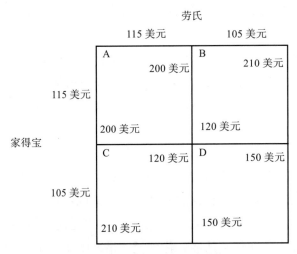

图 8-2　囚徒困境示例（正则形式）

家得宝的相应选择显示在矩阵的左侧（假设仅限于与劳氏相同的两个价格，即 115 美元和 105 美元），每一行代表家得宝的定价决策。

矩阵中的每个方框对应特定的决策结果，它是劳氏和家得宝各自定价决策的交叉点。因为这些都是定价决策，所以当选择了某个价格时，结果就是每个企业的利润水平（在本例中是毛利）。如果两家企业都决定将典型的一篮子商品定价为 115 美元，那么 A 方框中的结果是在市场上，这两家企业都从 10 个客户那赚取 200 美元的毛利。（矩阵顶部竞争者的决策结果通常位于方框的右上角，在本例中为劳氏；对于位于矩阵左侧的竞争者，其决策结果位于方框的左下角。）其他 3 个方框表示劳氏和家得宝各自定价决策组合的其他可能结果。

矩阵展示的结果本身取决于这个行业的经济实质。我们假设典型的一篮子商品的成本是 75 美元。如果两家企业收取的价格都是 115 美元，那么它们实现的毛利都是每篮子 40 美元。如果它们市场份额相当，那么对于市场上每 10 个客户，每家企业将获得 5 个客户，赚取 200 美元毛利。但如果一家企业定价 105 美元，另一家企业定价 115 美元，那么价格较低的企业会赢得 70% 的市场份额，其竞争对手只能获得剩下 30% 的市场份额。如果劳氏的价格是 105 美元，家得宝的价格是 115 美元，就像 B 方框那样，那么劳氏向这 10 个客户卖出了 7 个典型的一篮子商品，每个篮子的毛利为 30 美元，合计 210 美元。家得宝获得 30% 市场份额，其毛利为 120 美元（每篮子 40 美元毛利乘以 3）。在 C 方框里，两家企业的定价决策和毛利刚好与方框 B 相反，家得宝的毛利更高。如果两家企业都把价格定在 105 美元，那么每家企业的毛利都是每篮子 30 美元，各自销售给 5 个客户，得到 150 美元毛利，如 D 方框所示。

矩阵的四个方框代表两家企业各自定价决策的组合对应的结果，但利润可能不是管理层唯一关心的问题。例如，他们可能更关心销售收入的绝对水平，或者企业在市场份额或利润水平上的相对表现，因为击败家得宝可能是劳氏企业文化里根深蒂固的一部分（反之亦然）。认为利润是每个人最关心的问题的想法非常天真。在可能的情况下，应该对矩阵中的结果进行调整以反映这些动机。如果所有博弈参与者都是理性的经济人，并且从不偏离对利润的关注，那么问题会简单很多。然而事实并非如此，因此在计算回报时必须考虑决策者内心的各种动机。归根结底，决定各种结果对家得宝的价值的是其企业文化，劳氏的企业文化也决定各种结果对于它自身的价值。

如前所述，矩阵是刻画静态决策结果的有力工具。但是在描述做出决策的顺序时，它的帮助不大。当决策几乎同时做出时，矩阵是一个有用的模型。矩阵也有助于刻画不断重复的情况：家得宝在第一回合降低价格，劳氏做出回应；劳氏在第二个回合降价，家得宝回应；如此不断继续下去。

在经历了几个回合的博弈之后，聪明的竞争者应该能够预测竞争对手的反应，并相应地调整自己的行动。矩阵的作用在于将注意力集中在决策的结果上，并允许竞争者比较各种结果。

这种情况背后的运行机制是显而易见的：尽管双方合作（即两家企业都制定高价）对彼此都有实质好处，但是每家企业都有很强的动机偏离合作，即降低价格、增加自家销量和相应利润水平。如果其他企业继续当初的合作并保持较高的价格，那么结果是令人厌恶的——偏离合作的企业将从较低的定价中获益。如果其他企业打算降价，这也是防御性的措施，那么每个企业都需要通过匹配已有较低的价格甚至比自己预期更低的价格来保护自己。破坏合作并夺取市场份额的诱惑会持续削弱合作带来的好处。这种博弈的均衡结果无论在理论还是实践中，都是合作破裂，行业陷入低价水平。一旦达到这种低价均衡，就很难逃脱。任何一家试图提高价格的企业都会因为低价竞争对手的存在而损失业务，以至于其开拓性的行动只会导致自己利润下降，而不是增加。

均衡的实现

矩阵形式是检验均衡的理想方法——均衡下的结果是稳定的，因为没有竞争者有明显的动机改变其行为。均衡取决于两个条件：

- 预期的稳定性。每个竞争者都相信其他竞争者将继续在可能的行动方案中坚持他们目前的选择。
- 行为的稳定性。给定预期的稳定性，没有任何竞争者能够通过选择其他行动方案来获得更好的结果。

这两个条件是共同作用的。如果没有竞争者有动机改变其当前的行为（行为的稳定性），就不会发生任何变化，从而确保预期的稳定性。

在博弈论中，上述关于竞争情形的结果的概念被称为纳什均衡，它以这一概念的提出者、电影《美丽心灵》主人公、诺贝尔经济学奖获得者约翰·纳什的名字命名。在劳氏和家得宝的例子里，假设当前的局面是劳氏定价115美元，家得宝定价105美元（即C方框）。如果劳氏预测家得宝将保持105美元的价格，那么劳氏可以通过把价格降到与对方相同的水平来改善自己的状况。当两家企业的价格都为105美元时，它们将平分市场，劳氏获得的利润也由120美元上升到150美元。显然，由于劳氏能够通过改变价格提高自己的收益，C方框描述的局面并不是一个均衡。如果劳氏保持115美元的价格，那么家得宝将没有动机改变自己105美元的价格，所以这个局面看起来或许稳定。但是，劳氏为什么不降低价格以获得更高的利润呢？均衡存在的前提是所有竞争者都必须对现状满意。

B 方框的局面同样也不稳定，与 C 方框相反，是家得宝把价格定在 115 美元，占 30% 市场份额。更有趣的情况是 A 方框，两家企业都把价格定在 115 美元，平均分割市场，各自都获得 200 美元的毛利，400 美元的总利润是四个方框里最高的。但如果双方都相信对方将保持 115 美元的价格，就可以将价格降到 105 美元，赢得 70% 市场份额，获得 210 美元的毛利而不是之前的 200 美元。所以这种局面也不是一个均衡，因为我们给出的第二个条件即行为的稳定性没有满足。唯一的均衡存在于 D 方框之中，两家企业的定价都是 105 美元，在市场中从每 10 个客户那赚取 150 美元的毛利。它们中的任何一个偏离这个价格将其提高到 115 美元是没有意义的，因为毛利将从 150 美元下降到 120 美元。因为两者都没有改变的动机，所以第一个条件即预期的稳定性满足了。

对于企业而言，这种均衡状态的问题是没有谁的状况特别好，而且两者总利润是在四种可能的状态中最低的。它们有可能获得更高的利润水平，但需要更为复杂的战略，而不是简单地追求自己最赚钱的方案而不顾竞争对手的反应。我们将在本书后面的章节讨论这种战略。但是，即使存在更有利可图的路径，对于每家企业而言，依然存在着偏离明显更优的结果的动机。

通过矩阵来展示竞争相关的信息，提供了一种简单明了的方法来考察当前企业的行动和结果是否稳定。那些面临着少数与自己类似竞争对手的企业可以画一个矩阵，将自己与其他竞争对手放入矩阵中，看看当前的局面是否是一个均衡。如果答案是否定的，矩阵中的某家企业有动机改变当前的选择，那么进行矩阵分析的企业就能够预见这些变化并提前做好准备。如果前述变化对自己不利，那么企业可以寻找改变现状的方法来防止这种不利于自己的变化的发生。例如，在前面劳氏与家得宝的案例里，如果劳氏认为家得宝准备通过降价获得市场份额（从方框 A 移到方框 C），就可以公开宣称它将制定与家得宝一样的价格。这一声明将使得家得宝认识到自己对于劳氏行为的稳定性预期是错误的，于是家得宝会重新考虑自己的降价决策。

当前的局面看起来是稳定的，但并不理想。除了上面提到预测可能发生的变化之外，企业还可以设法引导竞争对手改变它们的行动，从而达到更为有利的结果。不论哪一种情况，对于一般的竞争情形而言，战略性思考的一个重要步骤都是考察当前的局面，以确认其在多大程度上处于均衡状态。

影响均衡的其他因素

合作带来了巨大的共同利益，但每家企业都有很强烈的动机偏离合作，这是最常见的竞争性互动形式。根据我们大概的印象，80%～90%的竞争性互动都在这个模式的范围内。当数量有限的企业之间存在直接竞争时，几乎毫无例外地会出现上述局面。当价格非常低，利润很薄时，获得更多业务得到的好处可能不足以弥补降价带来的损失，因而无法成为一种有利可图的战略。在这种情况下，在价格方面的合作将相对容易实现并自我强化。但随着价格和利润率的上升，通过降价增加销量的收益变得更有吸引力。到了某个程度，个别企业将无法抵挡降价的诱惑，这就是为什么维持价格方面的合作是比较困难的。由于这些情况如此常见且麻烦，处理好这类情况是相互影响的企业最为重要的能力——取得并维持合作的成果，即每个企业都制定更高的价格。

具有上述特点的竞争可以采取多种形式，不仅仅是降价。为了增加市场份额，企业可以在广告、销售队伍、质量提升、保修期延长、产品特殊功能及任何其他能使产品更易销售的措施上投入更多资源，所有这些吸引客户的措施都是有成本的。在每种情况下，总会有企业愿意放弃部分利润，以期赢得的额外业务弥补并提供超过因降价或投入增量资源而放弃的那部分利润。在每种情况下，如果把行业内的所有企业作为一个整体看待，大家都放弃各种激进抢占市场份额的以邻为壑的做法，那么整体是受益的。尽管如此，只要利润空间很大，对单个企业的激励就是真实且强烈的。这就是为什么很难维持企业间的合作来控制无限制的竞争性开支。

对资源的竞争通常遵循类似的模式。所有棒球队所有者作为一个整体，可以通过限制对球员转会费的竞价竞争而受益，这种限制被嵌入了保留条款中，防止球员在合同结束时离开球队。但随着电视和其他收入来源的出现，这种限制逐渐销声匿迹。甚至在 1976 年取消保留条款之前，棒球队所有者就已经通过向新球员提供巨额奖金的方式相互竞争。在自由球员市场成为规则后，对那些已经履行完成合同的球员的需求变得强烈，球员的薪水也爆炸式增长，明星球员的投资账户就好像收获了"飞来横财"，但是与此同时所有棒球队的整体盈利能力却大打折扣。

克服困境

尽管竞争者有偏离合作的动机，也很容易进入不利的均衡状态，但是仍可以采取一些措施来降低囚徒困境的不良影响，即使可能无法完全消除这种影响。幸运的是，竞争的互动会随着时间的推移而演变。因此，通过支持合作和控制非合作行为的调整，可以改变环境。这些调整通过压低偏离合作行为的回报及降低合作的成本这两方面起作用。

这些调整包括改变规则、收益、竞争者或任何其他关键因素，可分为两类：结构性调整和战术性反应。结构性调整是直接限制偏离合作行为的事先安排。战术性反应指的是事先承诺针对单个企业偏离合作的行为做出反应。这些调整的目的是降低偏离合作获得的利益，并引导偏离合作者重新回到合作的轨道上来。

结构性调整

鉴于我们在本书中一直强调局部主导地位，因此毫不奇怪，最优的结构性调整就是让企业合理安排自己的业务，从而使得每家企业在市场上分别占据互不交叉和不同的细分市场，这样彼此不受影响。这里细分市场的定义有很多维度，可以是不同地理区域、不同专业领域甚至一天里的不同时间段。一个把市场区隔成不同细分市场的显著例子，就是泛美航空在进入纽约 – 波士顿航线市场时做出的排班决定，而此前东方航空垄断纽约 – 波士顿航线市场。泛美航空安排航班在每个小时的末尾起飞，距离东方航空的航班 30 分钟。此举劝阻了东方航空通过降价来赢得泛美航空乘客的意图，因为决策精度在半小时的商务旅客不太可能等待额外时间，也不会为了更低的票价而牺牲等待时间（是他们的企业支付机票而不是自己）。如果东方航空真的降低了票价，那么实际上它在给任何情况下都会乘坐自家飞机的乘客提供折扣，而只会从泛美航空那里争取到少量乘客，综合来看其实是净损失收入。随后航空业的航线竞争历史证实了泛美航空这一战略中的智慧。即使所有权一边已经从东航转到美国航空，另一边从泛美航空转到特朗普航空再到达美航空，票价一直很高且稳定，这种交叉的航班排班实践也一直延续了下来。

那些聚集在一个地理区域内的零售商和其他服务提供商都避免与其竞争对手发生大规模重叠，实际上是位于彼此的市场范围之外。沃尔玛最初聚焦于它可以主导的市场，这既带来了规模经济效益优势，也限制了价格战对于其他零售商的诱惑。那些零售商在沃尔玛的地盘上只占很小的市场份额。

专注于不重叠的产品细分市场也起到同样的作用。苏富比和佳士得错失了一次将艺术品拍卖市场细分成专业领域的机会，如希腊和罗马为一个细分市场，埃及和中东为另一个细分市场，或者根据意大利文艺复兴和北方文艺复兴来划分细分市场。如果它们采取这一策略，每家企业都在自己的领域积累专业知识、人脉和声誉，那么自然就能成为该领域艺术品卖家的自然选择。由于它们的客户并不重叠，通过降价每家企业都不会获得什么收益，也不会有太多损失。它们也不会公然串通定价，这会损害它们的业务和声誉，并给一些业内人士造成实际上的囚徒困境。（我们将在第15章中更详细地讨论。）

因此，要摆脱囚徒困境，首先要进行结构性调整以避免直接的产品竞争。这种调整实际上增加了消费者的选择，就像泛美航空决定在东方航空航班的半小时之后排航班一样。结构性调整还可以减少重复性的开销，如拍卖行所需的专业知识，并增强规模经济效益，如本书前面讨论过的沃尔玛和库尔斯的案例，它们的优势会随着业务的进一步发展而减弱。

如果设计得当，客户忠诚度计划是第二种结构性调整，可以达到限制竞争性降价行为的目的。例如，常旅客计划根据乘客在某一航空公司累积的飞行里程数，为乘客提供免费机票或机票升舱等奖励。在这些客户忠诚计划的设计中，通常缺少两个关键点：第一，奖励必须与累积的购买行为挂钩，而不仅仅是当前的购买，以便随着时间推移建立客户忠诚度；第二，奖励累积的速度应该随着购买次数的增加而增加。最后一点很重要，因为如果每飞行一英里都能获得相同单位的奖励，那么这个计划实际上只是一个普通的价格折扣。但是，如果随着积累飞行里程的增加，常旅客获得奖励的速度越来越快，那么购买这家航空公司的机票同时成为其忠实乘客的动机就会增强。这些忠实乘客不太容易受到其他航空公司打折机票的诱惑，竞争对手也不太可能提供低价机票，因为这只会降低对那些无论如何都会乘坐它们航班的旅客的票价。如果通过降低票价来赢得竞争对手的客户变得不那么有吸引力，那么航空公司作为一个整体将能够维持更高的价格，更高的价格足以抵消航空公司常旅客计划的成本。

在现实生活中，这些常旅客计划并未有效地消除价格战。乘客在几家航空公司都积累了大量的里程，因此他们仍然会被更低的票价吸引，同时继续积累自己的里程数，而航空公司因为组成常旅客计划联盟伤害了自己。这使得旅客对在不同航空公司之间的选择更加漠不关心，因为无论如何他们都能够在已积累大量里程的航空公司继续积累里程。只有当对忠诚的奖励足够丰厚时，客户忠诚计划才能够减少价格竞争，因为这时客户会使他们的购买更为集中。航空公司曾经试图通过引入落日条款来改变前述的糟糕局面，其中规定未使用的里程数在一段时间之后将失效，从而重新建立起对忠诚度的递增奖励。

第三种结构性调整的方法是限制产能。如果市场里的企业都同意限制可供出售的产品数量，然后都遵守该协议，那么任何一家企业降价获得的好处都将大幅减少甚至完全消失。如果不能通过降价来吸引更多的顾客，降价的企业将一无所获。事实上，许多行业新建的产能超过了市场所能支撑的容量，主要问题并不是新建产能和维护设备的直接成本，而是随着产能增加，企业倾向于降低价格来赢得更多的客户，从而充分利用新的厂房、设备、空间、时间或其他资产。随后可能引发的价格战将导致企业利润率降低，不仅会损害新业务的盈利能力，而且也会伤及原有业务的盈利能力。

限制产能方面最成功的例子是自我约束的行业行为规则，如电视网对于出售的商业广告播出时间的自我约束。区域规划和环境保护法规限制了某些新增产能的建设活动，限制运营时间或推迟新项目建设的行业安全标准与流程也有同样的效果，就如同行业里在降低产能扩张速度方面心照不宣的协定一样。要使这些调整取得成功，所有涉及的企业都必须同意遵守这些规则。如果有一些企业违反规则，那么它们将以损害遵守规则企业的利益为代价获得更大的利益。于是，合作的局面很快就瓦解了，价格战接踵而至。此外，只有当企业受到行业进入壁垒的保护时，产能限制才起作用。如果新进入者能够顺利进入，那么在位企业在限制产能方面的协议就站不住脚。例如，对卡车司机驾驶时间的限制不太可能降低整个行业的运力，因为只要运费有所提高，新进入者就会像野餐招来的蚂蚁一样蜂拥而至。

　　第四种结构性调整的方法同样需要在位企业全部遵守，即通过采用统一的定价方式，提高任何降价企业的成本。一种典型做法是行业定价合同中所谓的最惠国条款。根据最惠国条款，如果一家企业向一个客户提供较低的价格或更好的条件，它就必须向其所有客户都提供相同的价格或条件。这项政策防止企业通过提供较低的价格来有选择地挖走其他企业的客户，因为任何降价都会自动适用于所有客户。于是获得新业务的成本几乎肯定会超过收益。在极端情况下，某些最惠国条款要求向客户返还以前交易中超过目前售价的金额。尽管这些安排看起来保护了某些客户，使其不会为同一商品支付比其他客户更高的价格，但事实上所有客户最终都会支付更多的钱，因为没有一家企业会为了获得新业务而降价。有时，反垄断当局实际上禁止使用最惠国条款，以维持企业之间的有效价格竞争。

　　还有一种限制价格竞争的结构性调整，是将采购和定价决策限制在特定狭窄时间窗口的协议。电视网和其他媒体采用季前广告购买市场的运营方式，这个市场只在赛季开始前两到三周开放。在这段时间里，广告的售价被暗示会低于后来在现货市场上的售价。通过缩短采购期，广告供应商使得客户难以利用供应商之间的竞争来压价。由此产生的"有序"市场不太容易受到连续降价的伤害，如果购买期无限期地持续下去，焦虑的广告供应商可能会为了填满广告展示位置而降价。

行业内的社会关系可以作为一种非正式但强大的约束，来规制破坏集体价格合作的行为。在那些存在企业间"公平"定价行规的行业里，违规企业受到的社会谴责会强化行规的权威。如女士内衣这样的行业，在过去几十年都有显著的行规，这些行业的企业所有者和高级管理层往往背景相似，或来自相近的地理区域。这些经济因素之外的联系能够减缓竞争，这也是为什么市场全球化往往是价格竞争限制完全崩溃的前兆，因为把企业所有者和高级管理层联系和约束在一起的社会关系不太可能延伸到很远的地方。

限制价格和功能竞争激烈程度的最后一种结构性调整是行业里企业内部的基本奖励制度，无论是正式的还是非正式的。如果一家企业对员工的认可、奖金、升职评估体系看重的是销售增长而不是盈利能力，对以牺牲利润为代价提升销量的降价措施就不会有太强的限制。那么行业内的价格竞争可能会很激烈，不可能维持相对较高的价格。

这种奖励制度的一种极端形式是，一些企业的文化强调与竞争对手比较的相对业绩而忽略其他成就，更看重由增加市场份额带来的成长，而不是跟着行业扩张得到的成长。由于相对业绩是一个零和博弈，拥有这种企业文化的行业竞争尤其惨烈。在价格和功能竞争的囚徒困境里，几乎不可能有合作的结果。只有行业内的企业文化专注于提升利润和避免不必要的风险时，对大家都有好处的合作才有可能出现。

战术性反应

我们前面讨论的结构性调整是克服坠入囚徒困境自然倾向最有力的管理工具，这种自然倾向使每个竞争者的境况都比其能够合作时更糟糕。这些结构性调整适用于直接价格竞争及产品功能、广告和服务支持的竞争，甚至包括对于资源的竞争。如果由于某种原因，这些结构性调整无法实施，那么战术性反应是避免陷入囚徒困境的另一种手段。作为结构性调整的补充或替代，战术性反应有助于抑制直接竞争。

在囚徒困境／价格竞争的情形下，任何成功的战术性反应都要包括两个组成部分：对竞争对手降价做出即时甚至自动反应，同时发出愿意与对方一起重新回到更高价格的信号。第一个组成部分确保降价的企业永远不会从它发起的任何降价中获益。受到攻击的企业会立即甚至自动地通过匹配新的低价进行反击。这种快速反应可以防止客户流失，而这家降价的企业最终将遭受降价带来的不利后果，也没有太多额外的销量来弥补。偏离合作的企业的管理层应该在一两轮之后就意识到通过降低价格来吸引客户并不是一个成功的战略。如果管理层是理智的，那么他们将放弃这种做法，回归到维持行业较高价格的定价政策上来。第二个组成部分，即愿意联合提价的信号，是为了确保行业内的企业不会陷入最初降价和即时跟进降价（通常是自动匹配）的价格陷阱之中。

最佳行业价格合同是战术性反应的一个例子。如果客户支付的价格高于行业里其他竞争对手可被证实的报价，那么根据合同要求，企业应该向客户提供补偿。这类合同实际上是向所有客户和竞争者宣布，企业将跟进竞争者可能做出的任何减价动作。"满足或解除"合同是另一种形式的战术性反应。它的额外好处是如果一家企业认为价格太低，行业里的任何竞争对手都无法获利，就不要求该企业匹配竞争对手的低价。保证跟进并匹配甚至优于竞争对手公布的任何价格的策略是战术性反应的常见形式。

如果没有自动触发的战术性反应，企业就必须对竞争对手的价格保持警惕，时刻准备迅速做出反应。假如企业对竞争对手的降价行为漠不关心，不愿意踏上降价的"跑步机"，在囚徒困境的环境下，这将是一场灾难。竞争对手会从最初的降价举措中获益，没有及时反应的企业则会遭受客户流失和利润骤降。更重要的是，如果任何竞争对手认识到激进的降价行为奏效，那么很难把其后面的行为纠正过来，从而导致利润损失惨重的长期价格战。

当一家企业试图阻止非合作行为时，选择性回应往往比笼统回应更为可取。以一家老牌银行为例，其竞争对手为了吸引新客户，提供了低于市场利率水平的贷款利率。虽然这家老牌银行可以通过匹配所有借款人收到的较低贷款利率要约以留住客户，但是通过有选择地为信用良好的借款人提供较低贷款利率，同时拱手相让信用一般或较差的借款人给竞争对手，该银行提高了贷款组合的质量，也没有因为不得不收回贷款或拒绝新贷款激怒客户。与此同时，它还"被动地"将信用可疑的借款人转移给了其激进的竞争对手，后者的贷款组合可能出现更高频率的违约事件和更严重的盈利下降。尽管这可能需要一些时间，但是这一教训会在一定程度上遏制好斗的竞争对手未来向客户提供贷款利率折扣的倾向。

任何旨在留住高质量客户，同时让边缘客户离开的选择性反应都会产生类似的效果。一家企业有能力以选择性反应来应对降价的行业，应该比那些企业不能选择性反应的行业拥有更大的价格稳定性。选择性反应也可以是一种攻击性武器，那些能够挖走竞争对手最好客户的企业也会这样做，结果反而会促进价格竞争。

选择性反应可以采取另一种形式。面对激进的定价行为，企业可以选择特定的市场领域做出反应。价格战中常见的诱惑是去攻击价格不合作竞争对手最弱的地方，这往往意味着其所占市场份额较小或渠道能力有限。但从经济方面考虑，相反的策略通常更有意义。如果竞争对手在一个你占主导地位的市场上降价，你可能就想在这个市场跟进并进一步降价，给其一个教训。但这种反应就好像"割自己的鼻子"，对自己的伤害更大。如果在位企业每个月在市场上的销量为 200 万台，而新进入者只能卖出 40 万台，那么每降低 1 美元的价格，在位企业每月就要损失 200 万美元，而新进入者只损失 40 万美元。谁受到的伤害更大呢？

更好的应对措施是选择一个新进入者所占市场份额比自己更大的市场，在那里打价格战。如果竞争对手做出回应，它就将承担价格战带来的不成比例的成本，而不是在位企业。事实上，仅仅为了让竞争对手知道价格战有多痛苦，将一种新产品引入竞争对手的市场甚至是值得的。应该记住的是，攻击竞争对手是一种战术，目标是恢复价格稳定和加强行业合作，不是单纯为战而战。

就像许多有价值的东西一样，合作性的安排易于打破却不易修补。在囚徒困境下，进行战术调整的第二个组成部分，即传递一起回到更高价格的信号很难实现。如果所有企业的管理层都是理性的，并且专注于企业盈利能力，那么一旦竞争对手以更低的价格做出回应，他们就会意识到停止价格战是明智之举。但情况并非总是如此。由于企业采取的任何行动都得避免违反反垄断法，于是回到更高价格的路径就变得更加复杂。通过面对面会议来争取和协商恢复更高的价格显然是非法的，使用电话沟通的方式来达到同样目的也是非法的，如美国航空总裁给布兰尼夫航空的总裁打电话，试图一起涨价这个案例。⊖

不过也存在既有效又合法的办法。一家企业的管理层公开表态，强调不仅重视价格，也看重行业整体利益，这就发出了有意一起重建行业合作的信号，同时也不会引发反垄断执法者的愤怒。在游说政府、制定全行业产品标准、开展集体慈善项目等活动中共同努力与产品定价毫无关系，但也会加强行业里各企业的合作态度。更直接地说，企业可以通过宣布实际价格上涨来表示愿意提价。竞争对手的快速跟随涨价是重建价格纪律的关键，正如对降价的即时反应是约束激进降价者的必要手段。每当竞争对手表现出缓和价格竞争的愿望时，都应该加以鼓励。

就像跟进降价惩罚不合作的激进行为那样，涨价促进合作最好有选择性地进行。与在广大市场里不易察觉的零星涨价相比，在惹人注意的市场提价更容易被竞争对手注意到（曾经的标准做法是在伊利诺伊州的皮奥里亚涨价）。竞争对手企业总部附近的价格上涨也更可能引起注意，不过经常这么做的危险是引起反垄断执法者的注意。

如果某家企业能够在行业事务上确立其领导地位，并且该企业的文化强调利润而不是市场份额或销量，那么该企业可以被行业内的竞争对手依赖，以重建价格或其他方面的行业合作。拥有这样一个行业公认的领导者有助于摆脱囚徒困境的陷阱，特别是在价格战和随之而来的合作破裂之后。只有当每家企业都控制好反射性竞争冲动时，合作才能被重新建立起来。如果企业在没有对如何终止冲突做出任何计划的情况下就卷入了价格战，那么恢复和谐的机会就渺茫了。"永远不要发动一场你不知道如何结束的战争"，这个原则对于企业和国家同样有效。

⊖　1983年2月23日，美国司法部起诉美国航空及其总裁罗伯特·克兰德尔试图通过与竞争对手协商价格垄断达拉斯市场的民航服务。美国司法部的起诉基于1982年2月1日克兰德尔与布兰尼夫航空总裁霍华德·普特南的电话录音。普特南："你能不能给我提点建议？"克兰德尔："可以，我给你提个建议。将你们的……收费提高20%，第二天早上我也提高收费。"普特南："罗伯特，我们……"克兰德尔："你可以挣更多的钱，我也是。"普特南："我们不能谈论有关定价的事。"克兰德尔："噢……霍华德。我们可以谈论任何……我们想谈的事情。"——译者注

在囚徒困境里维持合作的结构性调整和战术性反应是相辅相成的，而不是相互排斥的。结构性调整同时还可能有助于战术性反应。例如，对于企业而言，与复杂、模糊、私下协商的价格相比，针对统一、透明、公开的价格变动做出跟进反应更容易。如果行业惯例是采用统一、公开宣布的价格，那么企业很容易针对试图通过降价来争取客户的非合作企业采取跟进的降价行动。对企业和客户而言，这些定价原则表面的优势得以加强，至少对企业而言，帮助维持了行业合作的有效性。⊖

虽然到目前为止关于反应措施的讨论都是针对价格竞争的，但这也同样适用于产品功能、折扣、广告和投入资源的竞争。在所有上述这些领域，一家激进的企业都会认为可以通过提供更多的产品功能/服务、制定更低的价格、进行更多的营销或者在稀缺资源上花费更多来赢得客户。同样还是这些领域，企业间合作能够提高大家共同的收益，但对个别企业的偏离出轨的行为总有激励存在。企业的任何非合作行为对于集体共同的盈利能力都是一记打击，同时也可以通过前面讨论的使得价格竞争无法带来有利结果的结构性调整或战术性反应来加以纠正。

最后一点要切记的是：理解囚徒困境是如何运作的，以及应对这种困境的工具，对于市场参与者（通常是从竞争中实际受益或因企业合作受损的客户）来说是有价值的。与真正的囚犯打交道的检察官知道应该将囚犯单独关押，分别进行审讯。在企业合作程度较高的行业里，买方也应该寻求私人的、不透明的价格安排，分别与供应商单独协商，表示愿意把业务集中给能够在价格或功能上偏离行业合作的供应商，以及与其他业务量大的买方进行合作（即买方的行业合作），以削弱供应商一端的企业合作造成的影响。双方都可以利用对囚徒困境的理解来制定战略。

⊖　这些定价原则确实也有一些缺点。它们可能会限制价格歧视带来的收益。价格歧视指的是针对那些对产品或服务赋予更高价值的客户制定更高的价格，如需要次日搭乘航班的航空旅客；针对那些对产品或服务赋予较低价值的客户制定较低的价格，如提前几个月购买廉价机票的旅客，或者愿意在最后一分钟乘坐任何航班的旅客。

野蛮的可乐大战
可口可乐与百事可乐的囚徒困境

百事可乐的挑战

1974 年，百事可乐在得克萨斯州达拉斯市的汽水销量仅排第三，落后于可口可乐和胡椒博士。百事可乐的一位销售经理决定直接向可口可乐发起挑战，他开始在超市中进行口味测试，看消费者在不知所饮为何物的情况下是否更喜欢百事可乐（胡椒博士直接被无视了）。其实百事可乐之前已做过类似的盲测，结果显示百事可乐更受欢迎（受欢迎比例为 58%，高于可口可乐的 42%）。这让该销售经理坚信自己的品牌可以胜出。新测试的结果确实如此，结果公布之后，百事可乐在当地的市场份额随之增长。这一招很成功，因此百事可乐总部决定将其推广开来。1975 年，这一挑战从达拉斯市扩展到企业自有灌装厂覆盖的所有市场，规模占到了企业软饮料总销量的 20%。两年后，百事可乐将活动推广至全美国，宣称消费者更喜欢百事可乐而非可口可乐，这帮助百事可乐扩大了在食品店渠道中对可口可乐的领先优势。

这波攻势猛烈而有效，对可口可乐甚至有点羞辱，但这只是百事可乐对规模更大、利润更高、地位更稳固的竞争对手发起的一系列竞争性攻击中的一次。这次挑战的确引起了可口可乐的注意，双方你来我往，可乐大战愈演愈烈。

　　本章将聚焦可口可乐和百事可乐在美国软饮料行业中的竞争，忽略它们在其他行业的交锋，包括动作电影、葡萄酒和烈酒、快餐食品、电视节目、设备租赁和瓶装水等，因为其竞争本质与软饮料行业并无二致。我们不太关注两家企业的国际业务，尽管这也是其主要的利润来源（尤其对可口可乐而言）。美国市场的激烈竞争可谓是美国版的蔷薇战争，本身已经足够有趣了，两家企业都花了很长时间才学会如何在规避自我损失的前提下对付竞争对手，对可口可乐来说尤其如此。

可乐简史

　　可口可乐和百事可乐的起源相似，都是 19 世纪末南方城市的药剂师调制的。1886 年可口可乐诞生于亚特兰大，1893 年百事可乐诞生于北卡罗来纳州的新伯尔尼。两者最初都在药店柜台出售，且都成功扩展到其他药店，最后以瓶装形式渗透至更广泛的客户群体。最初五六十年间，可口可乐比百事可乐成功得多。1919 年，爱德华·伍德拉夫以 2500 万美元的价格买下了这家企业，在当时可谓是一笔巨大投资。相比之下，百事可乐不止一次破产，经常摇摇欲坠。直到 20 世纪 50 年代末，当阿尔弗雷德·斯蒂尔成为百事企业的首席执行官时，有些员工还认为他是来清算企业的。

　　但斯蒂尔并没有让百事可乐进一步沦落。相反地，他让百事可乐成了老东家可口可乐的强大对手——他曾经在可口可乐主管营销方面的工作。他推出了更大容量的"家庭装"，并通过"二战"后新兴起的超市渠道销售。在他任期的前 8 年，百事可乐的收入增长了两倍多。斯蒂尔的继任者唐纳德·肯德尔于 1963 年出任首席执行官，继续从可口可乐手中攫取市场份额，重点聚焦在还未钟情于可口可乐味道的年轻一代。1975 年，百事可乐的食品店销量首次超过可口可乐。

　　多年来，可口可乐应对百事可乐的主要战略一直是无视其存在。高管禁止在员工会议上提及百事可乐，也不得与灌装厂讨论此事。1955 年，他们姗姗来迟地把可口可乐的基本瓶容量增加到 12 盎司[⊖]，而这是百事企业 20 年前早有的举措。他们在 1960 年将广告口号从"真正心旷神怡"改为"当然可口可乐最清爽怡神"。可口可乐的"鸵鸟政策"可以理解为一种和善的忽视——如果我们什么都不做，问题可能就会自行消失。然而这种对百事可乐的单方面善意成为可口可乐的不幸，百事可乐继续侵蚀着可口可乐的市场份额，并在美国软饮料市场大举扩张。可口可乐需要更有效的战略来对付这一新贵竞争对手。无论是从当时的实际情况来考量还是事后分析来看，制定战略的第一步都是对所在行业和竞争格局进行分析。

行业分析

从各种调味料和甜味剂到终端消费者，软饮料的生产经过许多环节。生产糖浆和浓缩液的软饮料企业自然处于行业的中心位置（见图 9-1）。由于软饮料企业通常也布局行业之外的延伸环节，我们有必要把处于行业中的环节要素和不处于其中的环节要素区分开来，即使它们都属于同一家企业。

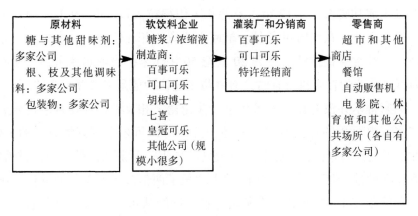

图 9-1　软饮料行业

显然各类原材料的供应商为数众多，与软饮料企业并没有紧密联系。

⊖　1 盎司 = 29.57 毫升。——译者注

可口可乐和百事可乐从 20 世纪 60 年代开始生产自己的易拉罐，但到了 20 世纪 90 年代已不再涉足包装业务。产业链末端有更多企业向消费者销售饮料，包括超市、餐馆等，但它们与软饮料企业并无内在联系。当百事可乐旗下还拥有必胜客、塔可钟和其他大众食品品牌时，前述观点可能会遭到质疑，但事实上这些品牌后来都被剥离掉了，毕竟软饮料销售的"最后一英里"是一个截然不同的行业。同时，也没有哪家软饮料企业曾收购过麦当劳这个快餐业巨头，它们更应该是软饮料企业的客户而非旗下品牌。

相比之下，灌装厂和分销商与软饮料企业是紧密相连的，部分在不同时期为软饮料企业所有，其余则是特许经营。软饮料企业向它们收取浓缩液和糖浆的费用，时不时还基于提供额外的广告宣传支持而提高价格。广告费一般由软饮料企业和灌装厂平摊，而宣传费由灌装厂承担 2/3。不过无论如何分摊，两个环节都是联合作战，软饮料企业只有在灌装厂和分销商能赚到钱的情况下才能成功运转。无论是软饮料企业自有还是特许经营的，灌装厂和分销商都是软饮料行业不可分割的部分。

灌装是行业中资本最密集的环节，高速生产线昂贵且高度专业化：瓶装生产线不能生产听装饮料，而且夸脱规格（16 盎司）的瓶装饮料生产线也不能用于生产 12 盎司容量的听装饮料。对资本的依赖也是软饮料企业在不同时期反复收购和剥离灌装厂的原因之一：在必要时增资购买，其余时候又通过出售持有的股权来剥离。由于可口可乐和百事可乐很少对各自灌装厂持有同样比例的股权，两家企业的财务报表往往也很难比较。软饮料企业向剥离后的灌装厂出售糖浆的利润率和回报率很高，而购入灌装厂后利润率会下降。

竞争格局分析

竞争格局有两种，即存在进入壁垒的和不存在进入壁垒的。那么可口可乐和百事可乐所在的市场是哪种竞争格局呢？

稳定的市场份额和高回报率是行业存在进入壁垒的证据，而这两点都能在可乐行业观察到。在 20 世纪 70 年代末百事可乐发起挑战的时候，美国软饮料行业的市场份额已经相当稳定：两家龙头分享了超过 60% 的市场份额；剩下的则由其余 3 种较为大众的品牌，以及众多贴牌厂商、区域性品牌和三流品牌瓜分（见表 9-1）。

表 9-1　1977～1982 年美国软饮料行业市场份额（按销量计算）

	1977 年	1978 年	1980 年	1982 年
可口可乐	26.3%	25.8%	25.3%	24.6%
健怡可乐				0.3%
雪碧	3.0%	3.0%	3.0%	2.9%
泰伯	2.8%	2.9%	3.3%	4.0%
其他产品	4.2%	4.0%	4.3%	3.8%
可口可乐总市场份额	36.3%	35.7%	35.9%	35.6%
百事可乐	20.0%	20.4%	20.4%	20.3%
百事轻怡可乐	2.4%	2.7%	3.0%	3.3%
激浪	2.2%	2.7%	3.2%	3.2%
其他产品	1.4%	1.2%	1.1%	1.3%
百事可乐总市场份额	26.0%	27.0%	27.7%	28.1%
七喜	7.3%	7.0%	6.3%	6.7%
胡椒博士	5.6%	6.0%	6.0%	5.2%
皇冠可乐	4.6%	4.3%	4.7%	3.9%
其他软饮料企业的产品	20.2%	20.0%	19.4%	20.5%
两家龙头以外软饮料企业的总市场份额	37.7%	37.3%	36.4%	36.3%

在此期间，可口可乐饮料和可口可乐总市场份额都略有下跌，而百事可乐的市场份额小幅增长。尽管这些变化足以让可口可乐意识到其必须对百事可乐采取行动，但它们并不是处在无进入壁垒、完全竞争市场中的那种竞争状态。七喜、胡椒博士和皇冠可乐等较小品牌的市场份额也都很稳定，它们的忠实消费者可能比两家龙头少，但非常忠诚。

另一个迹象也表明了进入壁垒的存在，可口可乐和百事可乐软饮料业务的回报率都非常高（见表 9-2）。⊖对单位销售额仅需要较少资本投资的生意而言，16%～17% 的营业利润率意味着至少 30% 的税后投入资本回报率。

⊖　由于 20 世纪 70 年代中期，可口可乐和百事可乐都已成为大型多样化企业，且都拥有庞大的海外业务，其美国国内软饮料业务的盈利能力需要从合并报表中分离计算，回报率需要基于经营数据估算。

由于这个数字大约是美国上市企业平均税后投入资本回报率的 3 倍，它支持了可口可乐和百事可乐所在的软饮料行业存在进入壁垒的说法。

表 9-2 还揭示了另一个重要信息：20 世纪 70 年代后期，随着两家企业的竞争加剧，它们的营业利润率都开始下降。当可口可乐开始对百事可乐持续的挑战还以颜色时，结果是伤敌一千自损八百。待讨论完软饮料行业的竞争优势之后，我们会回到本节关于两家企业竞争和战略的分析。

表 9-2　美国软饮料销售收入和营业利润

（单位：百万美元）

	1977 年	1978 年	1980 年	1982 年
可口可乐				
美国与波多黎各软饮料销售收入（百万美元）	1 178	1 307	1 928	2 281
美国与波多黎各营业利润（百万美元）	201	191	204	250
营业利润率	17%	15%	11%	11%
百事可乐				
美国软饮料销售收入（百万美元）	876	1 000	1 403	1 867
美国营业利润（百万美元）	136	159	177	221
营业利润率	16%	16%	13%	12%

竞争优势的来源

存在进入壁垒表明在位企业具有潜在新进入者无法比拟的竞争优势。在软饮料行业，这些优势的来源很容易识别。

首先，在需求方面，软饮料企业有着网络服务提供商、啤酒和汽车行业做梦都想拥有的消费者忠诚度。软饮料爱好者都高频饮用，且不管在哪都钟爱同一品牌。相比之下，百威啤酒的追随者在日料店可能会点麒麟，在中餐馆会试试青岛，在墨西哥餐馆则会点多瑟瑰。而百事可乐和可口可乐的消费者是不会想尝试墨西哥可乐的。同时，就算消费者更有钱了，也没有升级款的高端可乐可供饮用，好比福特车主就算嫌弃自己的座驾也没有宝马可以换。

其次，无论在浓缩还是灌装环节，都存在着显著的规模经济。推出新产品的开发费用和现有产品的广告费用都是固定成本，与销量无关。同样重要的是，软饮料分销存在着局部规模经济效益。软饮料企业供应浓缩液给灌装厂，后者添加水、气泡和甜味剂（百事可乐一直如此，可口可乐在20世纪80年代前亦是如此），封装后送往各个零售渠道。与啤酒一样，水很重，因此长途运输很贵；一个地区消费者越多，分销就越经济。在当地市场份额达到40%～50%的可口可乐灌装厂要比市场份额只有5%～6%的胡椒博士灌装厂的成本更低。

消费者忠诚度高和规模经济效益的叠加造就了巨大的竞争优势，但还不足以消灭其余的软饮料企业。小软饮料企业可以联合起来，共用第三方的灌装厂和分销商以达到自家产品能够销往各地的目标，所以喝七喜的人也不至于渴死。但这些企业并没有威胁到两个行业巨头，它们频繁地被收购和卖掉，因为不停出现的新老板总认为自己比原老板更会赚软饮料的钱。老实说他们也不是无中生有：二线品牌也受到进入壁垒的保护，它们有忠实的消费者。另外，如胡椒博士还受益于局部区域集中基础上的规模经济效益。稳定的现金流使它们一直是杠杆收购的理想标的。

可乐之战：软饮料制造商的囚徒困境

囚徒困境就像罪恶之都的一场婚姻。尽管彼此忠诚对各自都好，但终究抵不住出轨的诱惑。一方出轨往往会导致双方都出轨，婚姻在互不信任的重压下破裂。在这样的环境中，保持婚姻的完整需要双方共同的努力和重视，以及为了整体利益合作的意愿。

从一开始，可口可乐和百事可乐的"婚姻"就是一场噩梦。占主导地位的可口可乐对百事可乐的忽视超过了应有的限度。直到20世纪70年代，可口可乐的高管才在内部会议上提及百事可乐。被忽视的百事可乐一直不安分：大萧条最严重的1933年，百事可乐把瓶装容量增加一倍到12盎司，而价格还是5美分，实际上降价一半；20世纪50年代，百事可乐再次发起攻势，如前所述率先进军超市渠道，聚焦于那些有钱但还不忠于任何品牌的年轻人——百事可乐用流行歌星吸引他们，造就了现象级的"百事一代"。它赞助演唱会并开展各类宣传，嘲笑可口可乐是在退休社区和养老院供应的老年饮料。

另一边，可口可乐对百事可乐的行动毫不理会，自然无法阻止竞争对手的步步紧逼。放在囚徒困境的框架中来分析，百事可乐一直选择不合作，而可口可乐对百事可乐的行为没有采取任何惩罚措施。表 9-3 是 1982 年及之前双方行动与回应的总结。

表 9-3　可口可乐与百事可乐的行动（1933～1982 年）

时　间	百事可乐发起的行动	可口可乐的回应和发起的行动	百事可乐的回应
1933 年	推出 12 盎司瓶装可乐，售价 5 美分；1939 年打出"还是 5 美分，容量翻 1 番"的广告语	1955 年将瓶装可乐容量增至 12 盎司	
1950 年	阿尔弗雷德·斯蒂尔成为首席执行官，发起可乐战	1955 年广告语变更为"真正心旷神怡"	
20 世纪 50 年代	推出 24 盎司款瓶装可乐；开拓超市渠道		
1950～1958 年	销售收入增长两倍		
1961 年		推出产品雪碧	1964 年推出产品激浪
1963 年		推出产品泰伯	1964 年推出产品百事轻怡
1963 年	唐纳德·肯德尔成为首席执行官		
1964 年	开启"百事一代"宣传		
20 世纪六七十年代	通过送货上门和展示优化改进超市销售服务	跟进对手	
20 世纪 70 年代初	浓缩液提价 20% 到与可口可乐相同，加大广告和宣传支出	同样加大广告和宣传支出	
1974 年	在达拉斯市开启口味盲测挑战		
1975 年	食品店销售份额成为第一		
1975 年	推广盲测挑战至 20% 的市场（以销售额计）		
1976 年		首席执行官奥斯汀宣布美国不再是可口可乐增长的阵地	
1977 年	推广盲测挑战至全国市场	在敌弱我强的区域降价打折	
1980 年	美国区总裁约翰·斯卡利呼吁灌装厂反对可口可乐对自动贩售机渠道的控制	国际软饮料市场份额达 62%（同期百事可乐市场份额为 20%）	

（续）

时　间	百事可乐发起的行动	可口可乐的回应和发起的行动	百事可乐的回应
1981 年		郭思达成为首席执行官；宣布聚焦美国市场增长	降价回应
1982 年		"如此可乐"广告语开启更强攻势	
1982 年		降价并占据 50% 的食品店销售份额	等幅降价跟进
1982 年		推出健怡可乐，首次在第二品牌命名里使用"Coke"名称；1983 年成为销量第一的减肥人士饮料	

在此期间，百事可乐几乎一直在主动出击。可口可乐的反应迟缓、懦弱且无效。它用了 20 年时间才开始提供 12 盎司装的可乐，缓慢的新产品供应也是不愿同已有的 6 盎司半的裙形经典包装产生冲突。它跟随百事可乐进入超市渠道，并跟随百事可乐采取送货到门服务。除了率先推出柠檬饮料（领先于百事可乐，但落后于七喜）和健怡可乐（同样领先于百事可乐，但落后于皇冠可乐）之外，可口可乐一直是追随者。百事可乐在 20 世纪 50 年代收入增加了两倍，削弱了可口可乐在美国软饮料市场中的领先地位。"二战"结束时，可口可乐占据 70% 的市场份额，1966 年这一比例降至 30%，百事可乐则以 20% 的市场份额紧随其后。

20 世纪 70 年代末，百事可乐仍然落后于可口可乐但进展迅猛，尤其是获得了年轻消费者并抢占了超市和食品店渠道。尽管这一成就值得百事可乐当时庆祝一下，但是正面竞争的出现预示着经营环境即将恶化，双方似乎都致力于打击竞争对手而不是寻找互利共赢。两家企业的高管都获得了收入增长和份额增加带来的奖励，即使以牺牲利润为代价。对抗的氛围笼罩着软饮料行业，并在双方的态度和行为中展现出来。这显然不利于两者维持成功的"婚姻"，此时可口可乐对百事可乐的挑战虽迟但到。

可口可乐的第一步行动：自讨苦吃

眼看着自己的市场份额被蚕食，营业利润率也不断下降，可口可乐决定对百事可乐发起反击。1977 年，它发动了一场价格战以争夺市场份额。在一个有进入壁垒的行业中，两头巨象之间的价格战几乎不给其他“小花小草”般的从业者活路，倒是让消费者很开心。虽然这不会导致大象死掉，但是价格战的发起方式还是有好坏之分的。可口可乐可谓是选择了最差的方式，它没有在全国范围内降低浓缩液的价格，而是把重点放在了那些敌弱我强的区域（百事可乐市场份额 20%，可口可乐市场份额 80% 的市场）。这使得百事可乐每放弃 1 美元的收入，可口可乐就要放弃 4 美元。在这些区域中，可口可乐的灌装厂是自有的，而百事可乐的灌装厂是特许加盟商。

面对这一攻击，百事可乐别无选择，只能对浓缩液降价以支持灌装厂，否则加盟商将质疑百事可乐对合作的诚意。百事可乐降价并增加广告支出以直面挑战，这应该是可口可乐可早已预见到的。最终两家企业都损失了利润，但可口可乐并没有阻止自己市场份额的进一步下降。

在非合作博弈的标准形式中，最糟糕的情况就是双方都不合作（见图 9-2）。不幸的是，这也是双方最有可能达到的均衡状态，因为给定对方可能的行动选择，对自己最优的选择只能如此。

		百事可乐	
		合作	不合作
可口可乐	合作	百事可乐 + 可口可乐 +	百事可乐 ++ 可口可乐 − − −
	不合作	百事可乐 − − − 可口可乐 + +	百事可乐 − − 可口可乐 − −

图 9-2　百事可乐与可口可乐的博弈

可口可乐的降价策略可谓损人而不利己，且自己遭受的损失更甚于对手。

可口可乐的第二步行动：重操胜券

在此期间，两家企业不断推出新产品，包括健怡可乐、无咖啡因产品和无咖啡因健怡可乐，以及添加了其他调味原料的软饮料。通过进一步投资送货到门服务，它们积极经营超市渠道并努力扩大市场份额。与价格战和昂贵的广告支出不同的是，超市渠道的争夺战伤害的是其余的小品牌，而非两巨头自己。推出新产品（开发费用和广告支出）和送货到门服务（本地规模经济）都受益于规模经济效益。品类的丰富和优质的服务使两巨头获取了更高的销量，牺牲的是其余小品牌的利益。

尽管相较于七喜、胡椒博士等相对较小的品牌，可口可乐取得了成功，但是其面对百事可乐的挑战仍然处于劣势。年轻的消费者更喜欢百事可乐的甜味，尽管两家都在食品店渠道里铺货不少，但是百事可乐已经开始占优。⊖可口可乐开始担心，短期内百事可以名正言顺地说自己卖得更好，而不仅仅只是因为人们的主观印象。

1985 年，可口可乐决定直面这个问题。以健怡可乐的配方为基础，可口可乐使用高果糖玉米糖浆替换掉了人工甜味剂，产品从口感上更接近百事可乐而非传统可口可乐。多次口味测试后，可口可乐决定将这种新产品作为旗舰品牌，甚至将老可口可乐下架。新的可乐罐设计、新口号及新的广告，所有这些变化和更甜的口味都直接瞄准百事可乐的年轻消费者。但整个战略从一开始就是一场灾难，新可口可乐在口味盲测中确实更受青睐，但销量极差。老可口可乐的拥趸持续抗议，迫使企业重新考虑其计划。4个月后，老可口可乐又回来了，先是叫经典可口可乐，后来直接改回可口可乐，更甜的新品改叫新可口可乐。

事后，有些分析声称可口可乐的新战略是开拓市场的明智之举，因为企业拥有了两个高咖啡因和卡路里含量的子品牌。但要知道企业最早是打算完全放弃老可口可乐的，因为不希望销售额被两款产品平分，从而送百事可乐到榜首。不过这场折腾对可口可乐也挺好，媒体和公众的密切关注让企业意识到它在聚焦口味盲测时忽略了重要的东西——许多忠实的消费

⊖　沃伦·巴菲特不仅是位伟大的投资者，还很爱吃糖（他作为可口可乐的大股东长期担任其董事），他曾在报道中说在软饮料行业的各种口味盲测中，更甜的饮料总能胜出。

者对原汁原味的可口可乐有着发自内心的依恋，他们从中能够找到青春年
代、国家归属和身份认同感。百事可乐只是短暂超越了可口可乐的市场份
额，1986 年可口可乐的销量重回单品榜首，加上新可口可乐和健怡可乐的
市场份额（28.8%）也超过了百事可乐和百事轻怡的市场份额（23%），如
表 9-4 所示。

表 9-4　1982～1986 年美国软饮料行业市场份额（按销量计）

	1982 年	1984 年	1985 年	1986 年
可口可乐（经典可口可乐）	24.6%	22.5%	6.1%	19.1%
新可口可乐			15.0%	2.4%
健怡可乐	0.3%	5.2%	6.7%	7.3%
雪碧和健怡雪碧	3.3%	3.8%	4.3%	4.3%
泰伯	4.0%	1.6%	1.1%	0.6%
樱桃可乐			1.7%	1.9%
无咖啡因产品		1.8%	1.7%	1.7%
其他产品	3.4%	2.6%	2.0%	2.5%
可口可乐总市场份额	35.6%	37.5%	38.6%	39.8%
百事可乐	20.3%	19.1%	18.9%	18.6%
百事轻怡	3.3%	3.2%	3.9%	4.4%
激浪	3.2%	3.0%	3.0%	3.0%
无咖啡因产品	0.4%	2.7%	2.4%	2.0%
其他产品	0.9%	0.7%	1.6%	2.7%
百事可乐总市场份额	28.1%	28.7%	39.8%	30.7%
七喜	6.7%	6.8%	6.0%	5.2%
胡椒博士	5.2%	5.0%	4.9%	4.8%
皇冠可乐	3.9%	3.1%	3.0%	2.9%
其他软饮料企业的产品	20.5%	18.9%	17.7%	16.6%
两龙头外软饮料企业总市场份额	36.3%	33.8%	31.6%	29.5%

这场一度失败的战役反倒为可口可乐提供了一个新的武器来开拓年轻
人的甜味市场。凭借新可口可乐这个品牌，可口可乐可以将战火烧到百事
可乐的大本营，且成功之后能抢到约六分之一的市场份额。一旦可口可乐
决定用新品牌搞价格战，百事可乐将会十分难受，毕竟可口可乐每放弃 1
美元销售额，百事可乐就要放弃 6 美元。而与此同时，经典可口可乐产品

线不受影响，依旧保持其对成熟可乐爱好者的吸引力，利润率高而稳定。无心插柳柳成荫，可口可乐最终学会了价格战该怎么打。拥有致命武器之后，两巨头的和平共处也有了希望。

明智之举：从价格战走向合作

经过 10 年的相互厮杀，百事可乐也开始面临可口可乐新武器的威胁，两家企业的战局暂缓。就像囚徒也会在多次博弈后学会合作，两家企业最终改变了策略（见表 9-5），开始采取行动向对方表达合作意愿。可口可乐以一次重大资产重组开启了新时代：在收购了许多灌装厂并对其进行重组之后，可口可乐把灌装业务剥离给新成立的实体——可口可乐企业（CCE），把 51% 的权益卖给了新的公众股东，同时负担了新实体债务。由于要偿还大量债务，可口可乐不得不专注于现金流而非略显虚无的市场份额。软饮料巨头都能理解可口可乐的意图。相应地，百事可乐中止了口味盲测挑战，减少了激进的广告宣传，以此表明停战的意愿。新开启的合作为双方带来了可喜的利润增长。可口可乐的营业利润率从不足 10% 上升到超过 20%，百事可乐的增幅没那么大但也可观（见图 9-3）。⊖

这种和谐又有钱可赚的状态一直持续到 20 世纪 90 年代。

表 9-5　可口可乐和百事可乐的行动（1984～1992 年）

时间	百事可乐发起的行动	可口可乐的回应和发起的行动	百事可乐的回应
1984 年	在减肥饮料中 100% 使用人造甜味剂阿斯巴甜	部分产品使用阿斯巴甜（无法获得足够供应全产线的阿斯巴甜）	
1985 年 4 月		推出新可口可乐替换老可口可乐并辅以大量媒体宣传	宣布员工放假，推出新广告语"他们眨眼了"
1985 年 7 月		以经典可口可乐的名义推出老可口可乐，9 月食品店渠道新老可口可乐销量比 1:3	

⊖　可口可乐在 1986 年剥离灌装业务时，通过剥离利润率较低的灌装厂资产提高了软饮料业务的利润率。百事可乐直到 1999 年才采取了类似的举措，因而在图 9-3 里的利润率相比较低。

（续）

时间	百事可乐发起的行动	可口可乐的回应和发起的行动	百事可乐的回应
1986 年	韦恩·卡洛韦成为首席执行官，致力于提高利润率和回报率		
1986 年		收购了两家最大的特许灌装厂，拥有了 38% 的总灌装产量	收购了两个大型的独立特许灌装厂并不断继续收购，至 1990 年拥有了 51% 的总灌装产量
1986 年		剥离灌装业务给新实体 CCE，进行首次公开募股，出售 51% 权益	1999 年剥离灌装业务并进行首次公开募股，出售 65% 权益
1989 年	两巨头同时提价 3.3%（1981 年以来最大涨幅）		
1992 年		以可口可乐 II 的名义重新推出新可口可乐，仅在少数市场出售	在可口可乐 II 所在市场加强广告宣传

图 9-3　美国软饮料行业利润率（1977～1998 年）

文化决定命运

就像糟糕的婚姻一样，企业总有与竞争对手的斗争欲望，即使和平共处能带来高回报率也无济于事。在董事巴菲特的英明支持下，可口可乐的郭思达和百事可乐的韦恩·卡洛韦曾给可乐世界带来过和平。郭思达通过净资产收益率和股价来衡量和评价企业业绩，同时认为以收入作为评价标准是"诅咒中的诅咒"。在他任期内的 16 年间，可口可乐的股价以每年近30% 的速度增长。在成为百事可乐的首席执行官之前，韦恩·卡洛韦曾是菲多利的主管。在他担任首席执行官的 10 年间，百事可乐的股价大幅上涨，年增长率达 24%。不幸的是，这两位高管都由于癌症英年早逝。

他们的继任者，可口可乐的道格拉斯·伊维斯特和百事可乐的罗杰·恩里科都是可乐世界的好战分子，积极投身于对两家企业的文化都影响深远的百年可乐大战。在《财富》杂志上发表的一篇广受关注的文章中，即将上任的道格拉斯·伊维斯特被称为郭思达的"战斗犬"，他宣称可口可乐的政策将是让挣扎的竞争对手毙命：把软管插入竞争对手的嘴里，眼睁睁看着竞争对手在泳池里挣扎。越战老兵恩里科出版了《那个家伙眨眼了：百事可乐如何赢得了可乐大战》（*The Other Guy Blinked: How Pepsi Won The Cola War*），书中嘲讽了可口可乐在曾经推出新可口可乐时的狼狈。在他的领导下，百事可乐雄心勃勃地宣布要夺取可口可乐在国际市场中的份额和控制权。

两人的战略都以失败告终。道格拉斯·伊维斯特本人和董事会都清楚，他不仅没能战胜百事可乐，还眼睁睁看着竞争对手的市场份额增加了，与此同时他倒是让可口可乐的收入减少了。百事可乐那边也一团糟，它失去了委内瑞拉这个唯一拥有可观份额的国际市场。可口可乐当即向委内瑞拉唯一的灌装厂提出了收购要约，后者立刻改换门庭，足见可口可乐提出的条件相当丰厚。看到这里人们不禁想问，当两家企业诉诸竞争两败俱伤的时候，它们的董事会都在干嘛？

道格拉斯·伊维斯特在可口可乐的任期不到两年，欧洲的几起食品安全事件和亚特兰大的种族歧视诉讼让他麻烦缠身。董事会认为他的回应过于激进，破坏了企业形象这个最重要的资产。这个想淹死竞争对手的人被自己的倔脾气害惨了。正是在他的任期内，百事可乐在 1999 年效仿多年前的可口可乐剥离了灌装业务，创建了一家被业内称为"理性玩家"的企业。随着这一举措的实施，两家企业都提高了已连降 4 年、幅度达 10% 的超市渠道售价。不过对 1999 年底就离职的道格拉斯·伊维斯特来说，一切都太迟了。

强调增长、打压和驱逐对手，或至少大幅削减其市场份额，一直是拥有竞争优势的企业长期业绩不佳的原因。进取的个性驱动着管理者不断奋进直至登上企业的最高层，但也促使他们不惜一切代价参与竞争。不能指望这些人中的大多数瞬间由战士变成政治家，但制定一套基于利润而非收入或销量的激励制度确实有利于帮助管理层将精力集中在对股东和债权人都有益的事情上。

狐入鸡笼[⊖]

福克斯进军电视网

福克斯广播公司[⊜]

1985 年，鲁珀特·默多克宣布进军美国电视网行业，试图从早在"二战"后的 10 年行业初兴阶段就已建立统治地位的三巨头手中分一杯羹，建立美国的第四大电视网。作为整体战略的一部分，默多克购买了 6 家独立电视台及 20 世纪福克斯影业公司[⊜]。默多克当年从西澳大利亚以一份报纸起家，他创办的新闻集团如今已经成长为在欧洲、澳大利亚和北美坐拥 100 多份报纸和杂志，在欧洲及澳大利亚拥有多家电视台的环球传媒帝国。他将影业公司视为其帝国的核心娱乐资产，用于为其握有的传播渠道生产内容。

默多克此举野心勃勃。他对新闻集团的新规划面临着巨大挑战：一手建立起第四个电视网，并维持至可以盈利，是自 20 世纪 50 年代以来无人实现的壮举。为了实现这一目标及更宏大的全球化设想，默多克希望能把内容制

⊖ 福克斯是英文单词 fox 的音译。Fox 在英文里既有狐狸的意思，又可以作为姓氏。本章标题可谓是巧妙的一语双关。——译者注

⊜ 后文简称为福克斯。

⊜ 后文在没有歧义的地方简称为影业公司。

作环节和自己手中远超美国现有电视网的发行系统相结合，以产生协同效应。

广播行业

默多克心心念念的"电视网俱乐部"目前只有三位成员：美国广播公司（ABC）、哥伦比亚广播公司（CBS）及（美国）国家广播公司（NBC）。它们都是 20 世纪 30 年代广播行业的佼佼者，这些积累帮助它们顺利转型进入新媒体（电视网）时代。它们知道如何与各方势力打交道——无论是赞助商、本台附属机构、独立电视台、新闻机构，还是产出颇丰的娱乐节目制作部门。历史上曾出现过第四个电视网，由电视工程师艾伦·杜蒙所创，但 20 世纪 50 年代后便销声匿迹。如派拉蒙之类的娱乐企业也曾试图打入电视网行业，但不久同样败北。

在"二战"结束后 30 年的行业发展中，电视网仅仅是将新闻、体育、娱乐及为以上内容买单的广告商带入美国千家万户的完整产业中的一环而已（见图 10-1）。

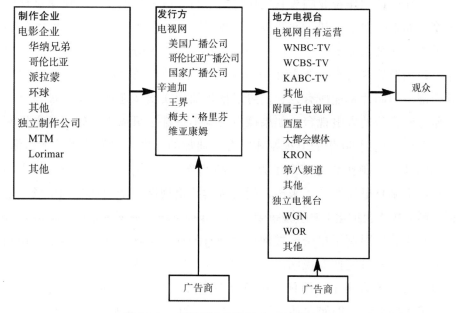

图 10-1　电视网行业地图（1985 年左右）

美国广播和电视网行业的发展过程几乎与其他所有国家的不同之处在于：虽然需由政府签发许可证，但是其本身并不为政府所有，不受政府直接控制。整个行业的最终收入来源是为推广产品购买播出时段的赞助商。在广播行业的黄金年代和电视网行业发展的初期，大型广告商实际上自制了一些用于宣传产品的节目。但到了20世纪60年代初，它们逐渐放弃了主控权。随着内容制作成本的提高，广告商更愿意在一系列节目和电视网中灵活地挑选一些时段购买。它们也直接从地方电视台购买广告时段，无论是独立电视台还是附属于电视网的电视台。

电视的"内容"制作由电视网、制作企业和地方电视台三方分治。电视网和地方电视台自己制作美国全国及地方新闻、体育赛事和部分其他节目，晚间（黄金时段）的主要娱乐节目为喜剧、连续剧、电视电影等，向制作企业购买。电影企业拥有制作类似内容的经验和设备，尤其是在政府以反垄断为由终止了它们对影院的直接所有权后，它们欣然跃向了电视电影这笔新财源。电视的小屏幕并未削减电影本身的魅力，小玩家也被吸引进来与老牌电影企业竞争。电视网的节目概念从不缺乏天才创意。

电视网从制作企业购买它们认可的节目，或者先购买一季剧集试探收视率，如果收视率可观，就续签。电视网向制片企业支付80%~90%的制作成本，其余则需要制片企业另寻他路——辛迪加分销市场成了它们的出路。美国监管规定严格限制了电视网自己可以拥有的黄金时段节目数量，其余部分归制片企业所有，它们可以把重播权卖给辛迪加。辛迪加将节目打包并转售给地方电视台，如果播出反响不俗甚至可以再次转卖给电视网重播。至少达到60集的电视剧才符合辛迪加的标准，多数节目并不达标，达标的那些为制作企业带来了收入。20世纪70年代，电影企业总收入的半数以上来自电视制作，来源包括直接卖给电视网、辛迪加分销市场，电视电影的售卖及旧电影的重播。

政府管制限制了单个电视网可以拥有的地方电视台数量。由于认识到规模经济效益可能使电视网形成自然垄断，以及担忧大部分新闻话语权最终落入极少数人手中，历任美国政府在允许该行业企业业务扩张的同时，设立了某些上限。即使在甚高频（VHF）台的绝对数量从5个增加到12个之后，电视网通过自有（即"拥有并运营"）渠道触达的观众量仍然不允许超过总人口的 25%。不过电视网与许多地方电视台签署了附属协议，后者承诺播放某个电视网的大多数（并非全部）内容。对地方电视台来说，买这些现成的人气节目要比去找同样优质的节目源便宜得多。拥有附属电视台的独立电视台面临着和电视网一样的所有权限制。事实上，电视网自有电视台和附属电视台的利润水平要高于独立电视台，它们更多地投入在新闻和专题之类的本土节目上，拥有更多观众。独立电视台则被迫依靠电视剧重播、老电影、当地体育节目等小众节目来经营。

附属电视台无须向电视网购买节目。相反，电视网付钱让附属电视台播放它们的节目，以获得每小时 6 分钟的黄金时段广告费用。同时，这些附属电视台自己也拥有每小时 3 分钟的广告时间，可以卖给当地或全国性广告企业，也可以用来发布公共服务公告。地方电视台，尤其是自有电视台和附属电视台，是整个业务中最赚钱的部分。纵观 1984 年和 1985 年，三大电视网的营业利润仅占总收入的 9%，而自有电视台的营业利润率却高达 32%。由此可见，事实上是自有电视台在对电视网进行补贴。

这种重要的关系表明，当我们看待电视网时，应该把它们的自有电视台，包括附属电视台，视为行业中同一环节（本质上的传播环节）的一部分。剩下的环节——制作企业、辛迪加及广告企业，显然是行业中的其他环节。它们与电视网的联结就像出版商之于书店或者果农之于饮料制造商。

进入壁垒

通常，我们通过观察两大特征来确定一个行业是否存在进入壁垒。首先是市场份额长期的稳定性，如果新进入者很难在行业中取得成功，并且现有玩家的市场份额变动幅度很小，那么该行业很可能存在进入壁垒。其次是高回报率，如果该行业现有玩家的回报率普遍高于正常水平，那么存在进入壁垒。如我们所见，在福克斯之前，所有试图进入电视网行业的人都失败了，包括无广播业背景直接进入电视网行业的杜蒙。

电视网行业的市场份额非常稳定。1976～1986 年，三大电视网各自市场份额的变化量绝对值之和仅为 9%，即在 10 年间三大电视网每家的市场份额变化平均来看仅为 3.1%（见表 10-1）。

表 10-1　三大电视网的市场份额（1976~1986 年）

	收视率（%）		标准化市场份额（%）		份额变化（%）	绝对值（%）
	1976 年	1986 年	1976 年	1986 年		
美国广播公司	18.7	12.8	36	32	-4.2	4.2
国家广播公司	16.4	14.6	31	36	4.6	4.6
哥伦比亚广播公司	17.1	13.1	33	32	-0.4	0.4
总计	52.2	40.5	100	100		9.2
平均						3.1

在计算市场份额的稳定性时，我们将三大电视网市场份额加总视为
100%，这样有利于看清三大电视网的相对变化。但这种假设忽略了同样重
要的一点：如果把电视网行业看作一个整体，它的市场份额正在以每年 1%
的速度流向别处。这些市场份额部分流向独立电视台，另一些流向有线电
视台。截至 1986 年，有线电视台已经覆盖了 4000 万个家庭。纵使我们证
实了电视网行业确实存在进入壁垒，可以保护在位企业免受新进入者威胁，
但由于存在众多可替代传统电视网的小电视台可供选择，电视网的观众群
仍存在被蚕食的可能性。

高回报率是检验是否存在进入壁垒的另一个关键标准。1984~1985 年，
三大电视网的收入共计 158 亿美元，其中营业利润占收入的比例为 12.6%，
达 20 亿美元。这些数字中既包括电视网业务，也包括营业利润率更高的自
有电视台。我们必须把 12%~13% 的营业利润率和企业的所需资本结合起
来分析。电视网行业的所需资本极低——大多数广告在节目播出季开始之
前已经出售，应收账款并不多，同时存货基本为零。过去，对本土电视台
的节目分销都掌握在 AT&T 手中，因此固定资产（土地、厂房和设备）只
有演播室和广播设备而已。自有电视台除了自己的演播室、广播天线和设
备外，也几乎没有其他资本要求。我们预估其资产情况如表 10-2 所示。

假设总资产占收入的 15% 左右，其中自发性负债⊖（指应付账款、应

⊖　自发性负债包括应计工资、应付账款和应计费用等，即经营过程中自然产生的负债，实
　　际上是对工人、供应商和其他公司的占款，企业无须支付利息。经营负债减少了企业为购
　　置资产需要筹集的资本（债务和权益）。

计工资、税款及其他无息债务）占其 1/3，意味着所需资本仅占收入的 10% 左右。在营业利润率为 12%～13% 的情况下，税前资本回报率可高达 120%～130%。即使所需资本是我们估计的两倍，税前资本回报率也能达到 60% 以上。考虑到其收入的稳定性，电视网可以很容易地用一半债务、一半股权的方式为其运营融资，其中债务带来的税务减免可以进一步使税后净资产回报率保持在高位。

表 10-2　三大电视网及旗下电视台资产情况（资产占收入比例）估计（1984～1985 年）

现金	1%
应收账款	4%
存货	0%
土地、厂房和设备	10%
总资产	**15%**
自发性负债	5%
所需资本	**10%**

一切迹象都指明电视网行业无疑承蒙高进入壁垒的庇护。拜进入壁垒所赐，护城河内的在位企业坐享惊人的回报率。这一切都吸引着此刻的默多克，就像过去吸引着派拉蒙，以及其他所有跃跃欲试的新进入者一样。但它同样警示我们：对于一个新进入者而言，突破进入壁垒进入围城并最终占据一席之地，是何等艰难的挑战。

竞争优势

技术是电视网行业中唯一与进入壁垒无关的竞争优势。在当时的美国，电视已经十分普及，而电视网企业在收发信号的设备方面并无专利权。与杜蒙一样，国家广播公司的母公司 RCA 是电视设备制造商，但也有很多设备制造商并未涉足电视网业务。科技领域是一个开放战场，任何人都可以一较高下。

观众忠诚度则是另一回事。成功的电视节目可以收获一批忠实粉丝，并且往往持续数年之久。此时，其他电视网会小心规划排播表，避免自己主打节目的播出时间和这类王牌节目撞车。在遥控器发明之前（部分技术史学家称，遥控器和 ATM 机是 20 世纪上半叶最具人性化的发明），不少观众在节目结束之后也不会立刻换台。电视网高管据此精心制定排播表，让想要重磅推出的新节目紧跟口碑王牌节目之后播放，以拉高收视率。不过，观众并不是完全被动的消费者，他们同样可以（也确实会）"喜新厌旧"。尽管如此，先发优势仍然存在，新进入者必须在激烈竞争中沉浮良久才能慢慢实现自己的观众积累。

美国政府对电视业保持管制，如限制无线电频谱数量以防止信号干扰，并利用监管来保证观众的利益和免费收视的权利。美国政府限制电视网和其他非电视网广播企业对地方电视台的拥有量，规定其覆盖观众量不得超过总人口的 25%。这一限制催生了附属电视台：它们与电视网之间存在合作关系，但关联度显著弱于自有电视台。不过，多数政策事实上进一步固化了进入壁垒。例如，美国联邦通信委员会负责向地方电视台颁发许可证，并制定广播频段。在大都市区，美国联邦通信委员会颁发的 VHF（甚高频）牌照不超过 7 个，小城市则更少。这些有限的牌照在 20 世纪 40 年代全部流入当时已经存在的电视网手中，从而使其在获取观众上赢得了永久性优势。

当有线电视技术在 20 世纪 60 年代出现后，美国联邦通信委员会起初限制了有线电视的覆盖范围和订购数量，以保证观众免费收看的权益。但逐渐地，观众可以通过有线电视台系统和改进后的超高频技术（UHF）看到更多的频道。

美国政府同样管控着电视网基于信号传输向 AT&T 支付的费用。最初的收费结构对每天只播放几个小时节目的小型广播企业并不友好——全天播放的费用仅比每天播放几小时的费用略高一点点而已。20 世纪 80 年代初，情况有了转机。包括卫星运营商在内的竞争者开始进入传输行业，AT&T 的定价结构也与播放时长更加挂钩。1986 年，一度如天堑般的政府管控壁垒已经不再是不可逾越的鸿沟。

然而，规模经济效益仍然是使在位企业免受新进入者冲击的最强大的竞争优势，这一点始终没有改变。在很大程度上，电视网是一个成本固定的行业。

- 节目成本固定。电视网和内容制作方在明确得知观众规模之前就已经签订了合同。虽然一些明星阵容强大的人气节目可能要求更高的后期续订费用，但是接受的决定权掌握在电视网观众手中。总体来说，节目成本与观众规模并不完全成正比。

- 网络传输成本固定。AT&T 将节目从电视网传输向地方电视台时，不会因为节目收视率更高就收取更高的费用。从每位观众平均成本来看，新进入者显然处于劣势。

- 区域传输成本固定。对于覆盖范围相同的电视信号而言，实际触达率无论是潜在观众的 50% 还是 5%，成本都是一样的。电视网行业具备的规模经济优势甚至远高于报纸行业。

- 地区性节目（如新闻）制作成本相对固定。人气新闻播音员的工资会稍高一点，但收入和观众规模并不完全等比例挂钩。演播室的固定设施、摄像机，以及发射信号设备的成本同样不会随着观众多寡而变化。

- 广告成本固定。无论是电视网或电视台播放的广告，它们为自己做的广告，还是投放在报纸、杂志甚至竞品电视台上的广告，价格都不会随其观众规模的变化而变化。对于所有全国性电视网而言，广告销售成本基本不受收视率影响。

在这种情况下，一个精明的决策者在决定是否将手中的数百万美元砸入电视网行业之前，想必已经意识到了在位企业的先发优势。他（她）同样意识到了，电视网行业整体的市场份额正在缩减，在位企业的一些优势也正因技术迭代（如遥控器、录像机和通信卫星的出现）和政府管控放松（如削减对于有线电视服务的限制）而受到蚕食。即使有钱、有胆量、有政治头脑如默多克，也不得不在严峻的竞争劣势之下谨慎经营。这从来不是个令人舒适的战略定位。但默多克或许已经发现，在进入壁垒保护之下的在位企业似乎已经形成了某种游戏规则，能够在整体市场下行的情况下保持和平共处。如果我们的这位传媒大亨选对了路，或许真的能与老对手化敌为友、共同发展。

君子之争

如果说可口可乐和百事可乐之间的战斗是美国内战的重演、亚特兰大之子在纽约白原与北方侵略者之间的较量，那么电视网企业之间的竞争更像是乡村俱乐部的高尔夫之约。三大电视网的总部都设在纽约，都有广播行业背景。20世纪40年代，随着国家广播公司的部分业务被迫剥离，美国广播公司应运而生。三大电视网都在视频时代开始时进入电视网行业，多年来践行着同一套心照不宣的规则：控制竞争，提高利润。它们不打价格战，无论是在收费层面还是付款层面。与软饮料企业不同，它们学会了在囚徒困境中谋取共同福利。

广告业务

电视网的收入来自向广告商出售广告时段，且它们对此绝不打折。

首先，大部分广告时段都是由广告商基于长期合同预购的。当实际播出时段临近时，电视网也会在现货市场出售广告时段，但价格要高于长期合同。它们不搞价格战，三大电视网都在有限的时间内签订合同，这有利于限制广告商的议价能力。

其次，电视网以维护公共利益为名收紧供应，限制黄金时段的广告时长。广告被售出后，电视网会对观众规模做出预估。如果实际观众量低于预期，那么电视网会予以补偿：通过免费向广告商提供更多的广告时段来兑现广告合约。这种补偿策略进一步消耗掉了部分广告时长，在未成功交付导致需求下降的情况下收紧供应。如果在电视网可接受的预期价格上没有买家，它们宁可播自己节目的广告或者公共服务公告。它们绝不做任何会鼓励广告商静待减价大拍卖的事。以上种种的结果是：即使电视网行业整体市场份额下降，它们的广告价格仍始终稳步提升。

节目采购

电视网在节目采购环节秉持了和广告出售环节同样的绅士风度：绝不与同行野蛮竞争。兜售节目创意的期限仅有两周，因此有一个电视网表示感兴趣的话，节目制作方就没有时间再去看别家是否报价更高。当试播集拍摄完成后，电视网有权砍掉这个节目，而制作方需要承担费用。这些决定同样要在各家电视网共同规划排播表的那两周内完成。这些时间上的限制避免了电视网之间为了抢夺王牌节目竞出高价。

同样，它们也不会去挖别家电视网已经打出名气的节目的墙角。如果某个系列剧中途换了电视网（如系列剧《出租车》，1982 年从美国广播公司换到了国家广播公司播放），是由于老东家已经取消续约，而不是新东家横刀夺爱。这种电视网间的合作立场同样表现在体育节目上：对于哥伦比亚广播公司与美国国家橄榄球联盟建立的长期合作关系，国家广播公司没有横插一脚，而是帮忙建立了美国橄榄球联盟。当美国国家橄榄球联盟和美国橄榄球联盟在 20 世纪 60 年代末合并时，两家电视网仍保持着各自的合作关系。美国广播公司不甘落后，但深谙电视网行业和平共处的游戏规则，于是推出了周一晚间橄榄球节目，顺利分得一杯羹，这种格局持续了长达 20 余年。

附属电视台

这些电视网不会抢夺别家的附属电视台。根据美国政府规定，在每个给定市场中一家电视网只能拥有一家附属电视台，因而各家都有空间。此外，监管规定使得播放许可证很难从一家电视台转到另一家，这同样限制了竞争。当然，即便没有政府监管，各家电视网在这一方面也一如既往保持着绅士风度。

还有新进入者的位置吗

鲁珀特·默多克不是靠与人为善这一套成为全球最大的媒体大亨之一的。他向来与竞争者、工会和政府正面交锋。默多克要挑战现有电视网的宣言很快引起了三巨头的关注：这个人已经拥有了影业公司和多家地方电视台，报纸产业遍布三大洲。如果他决意猛烈进攻电视网行业，火力将远胜其他潜在入侵者。

尽管如此，在这场福克斯和现有电视网之间的赌局中，不少人仍然选择下注现有电视网：现有的观众不会很快流失，因此比起福克斯，它们可以买更多的节目、卖更贵的广告。除了自有电视台之外，它们还有强大的地方电视台联盟。无论是通用电气旗下的国家广播公司，还是大都会通讯公司旗下的美国广播公司，都拥有足够的资源来和福克斯打一场持久战。为了保持独立而负债累累的哥伦比亚广播公司相对脆弱一些，但仍然有不少有价值的资产（如它拥有的地方电视台）可以出售，同时还可以通过整合业务来削减成本。多年的投入积累了丰富的资源，电视网老玩家不会轻易被伤到筋骨。

毫无疑问，这场来自默多克的正面攻击即使以福克斯的失败告终，对电视网来说仍然代价高昂。不管福克斯是在广告售卖还是节目采购上打价格战，老电视网当然都可以予以反击，但因为福克斯尚处在起步阶段，收入和节目数量都比较少，这种恶性竞争给老电视网带来的损失要远高于福克斯。无论是对福克斯还是对老电视网而言，放弃原先君子之争的游戏规则转而进行野蛮竞争，都将是一种两败俱伤的局面。

默多克需要一种方式来获得老电视网玩家的认可，以避免正面强攻破坏行业进入壁垒，最终伤及所有人（包括他自己）的利益。他必须让它们知道，自己的利益诉求多多少少与它们是一致的，让他和平进入比焦土防御更好。他需要释放一个信号：我懂得这套游戏规则。

地方电视台

默多克的第一步是从大都会媒体手中收购了 6 家独立电视台。他没有向电视网的附属电视台下手，那将被视为一种挑衅。默多克举债筹款，一举豪掷 16.5 亿美元。这个数字远超这些独立电视台现有现金流的价值。他认为将它们打造成自己新电视网核心的这一计划，将合理化自己支付的高额溢价。默多克这套"不碰对方地盘，举债进入行业"的操作是送给现有玩家的一份投名状：这意味着福克斯在最初几年会亏损，由于背负着沉重债务，不太可能与盈利的竞争对手打价格战。

以这 6 家电视台为基础，福克斯开始在全国各地签约。尽管它确实设法与地方电视台签约，覆盖面积达到美国 80% 的地区，但是后者多数都在收益不高的超高频频段经营，在黄金时段的观众中所占份额很小。起步阶段的福克斯只有很小的观众群。

广告

广告方面，默多克遵循现有电视网的规则，限制黄金时段每半小时内的广告时长。他的广告平均定价比现有电视网略低 20%，这个折扣并不算太激进。如果他想要把广告企业吸引到这个根基不稳的小电视网中，就必须给它们点好处。通过将价格与现有电视网价格挂钩（尽管有所折扣），默多克传递出了合作的意愿，但同时也表明现有电视网在价格方面无法完全与之匹敌。如果现有电视网降价，他同样会降低价格使这 20% 的差距始终存在。在可预见的未来，现有电视网的广告收入将远超默多克，而打价格战给它们造成的损失同样远超默多克。另外，如果现有电视网提价，默多克也会相应跟上，虽然还是保持 20% 的差距。总之，默多克不会成为现有电视网把控定价权的障碍。

节目

同样，福克斯并没有在节目方面选择正面交锋。起初它的原创节目非常有限，福克斯聘请的第一位明星是琼·里弗斯，她担任了一档深夜脱口秀节目的主持人。彼时，里弗斯已经在老东家过气，由杰·雷诺接任约翰尼·卡森主持的《今夜秀》才是国家广播公司的新宠。福克斯头几年的节目都是捡其他电视网的漏：要么是它们完全不要的节目，要么是不大可能播的节目，如太粗俗的《种马》与《拖家带口》，或太卡通只会被别的电视网放在周六早上儿童频道或迪士尼专栏里的《辛普森一家》。

默多克靠走哗众取宠的路线在纸媒界发家，连主要出版物都是些八卦小报。福克斯采用了同样的路线，通过主打低端市场，它避免了与其他电视网的直接竞争。这类节目更有可能抢来的是调性与它更类似的有线或者无线独立电视台的观众。同时，福克斯把目标瞄准了年轻观众，他们尚未形成固定的观看习惯，也更容易被诱惑。

最后一席

默多克购入独立电视台、广告定价，以及排播娱乐节目的方式，向现有玩家传达了强烈的信号：福克斯并不打算惹是生非。福克斯不会挖它们的节目、明星或者合作电视台的墙角；广告价格虽然有折扣，但是整体仍然遵循行业规则，而且不打算通过为广告预留更多时间来扩大供应。福克斯传递了如下信号。

- 我们打算遵守游戏规则。
- 伤敌一千，必然自损八百；与其两败俱伤，不如一起赚钱。既然我们决定要把福克斯纳入全球传媒战略中，就绝不会无声无息悄然退却。
- 接纳我们加入俱乐部，才是明智之举。

福克斯的信号意味着它希望和其他电视网携手，选择囚徒困境游戏中共同收益最高的那一格。

假如不把福克斯视为试图颠覆电视网现状的起义军领袖的话，"接纳它"对于现有玩家而言无疑是明智之举。假如噩梦成真，现有玩家也别无选择，只能杀鸡儆猴并将它枭首示众。但福克斯也证明了在无数潜在新进入者中，它即使不独一无二，至少也卓尔不群。它买下了6家大都会独立电视台，后来又加购了一些；与地方电视台签约，获取了全国发行渠道。而其他新进入者只能通过有线电视进入战局，这对于观众来讲未免价格过于高昂。福克斯作为默多克媒体帝国的一部分，还联动着一个电影制片厂和无数报纸杂志。即使它最后并没有实现默多克的厚望，这些关系也已经足够令现有玩家有所敬畏。

纵览全局，异军突起的福克斯可谓是打入电视网行业的狐狸。

业务转型

三大电视网并没有把福克斯扼杀在萌芽之初。它们正确地解读了福克斯的信号：放它一条生路，它会循规蹈矩。这种太平盛世确实持续了一阵，但好景不长。随着时间的推移，环境发生了变化，竞争变得更加激烈：放宽的政府监管允许更多的有线电视台进入并扩大服务范围，有线电视频道的订阅数和吸引力不断增长；卫星传播技术的发展进一步降低了向地方电视台传输内容的成本；电视网和辛迪加之间的分野日渐模糊，如今辛迪加会从电影企业购买首轮节目，然后附上广告条款直接卖给独立电视台；遥控器和录像机之类的家用电子设备无处不在，进一步削弱了电视网对观众的控制。更要命的是，它们让观众可以避开广告，而广告恰恰是整个电视网行业的收入来源。

这些发展削弱了一直以来使电视网行业利润丰厚的竞争优势。美国广播公司、哥伦比亚广播公司和国家广播公司的新东家开始裁减新闻和其他机构人员，降低节目制作支出，以削减成本。当默多克和福克斯进入这个行业的时候，这些变化已初现端倪。随着福克斯羽翼渐丰，变化也在不断演进。

福克斯的出现伴随着利润水平的下降和其他电视网易主，最终破坏了电视网行业长期以来"以和为贵、君子之争"的文化，闲适的"乡村俱乐部"式联盟一去不复返。1993 年，福克斯以高价击败哥伦比亚广播公司，夺取了全国橄榄球联赛的转播权，数十年的合作关系毁于一旦。由此引发的价格战旷日持久，并最终危及了整个橄榄球转播业务的利润。几年后，美国广播公司从哥伦比亚广播公司手中挖角大卫·莱特曼。这种故事在两家企业老主管伦纳德·戈登森和威廉·佩利的时代绝不可能发生，这是典型的可口可乐与百事可乐式的战争。

协同效应是否存在

默多克的战略核心在于一体化。他希望把福克斯和新闻集团的其他媒体业务（包括影业公司、电视网，以及自有经营电视台）紧密结合，从而获得更高利润。除了利用影业公司为电视网提供内容之外，他还计划整合海外内容资源。然而，尽管协同效应经常被当作溢价购买某种资产的合理化缘由，但是在实践中往往很难实现。把行业供应链上企业的所有权都握在手中到底有什么好处呢？如果该行业受到进入壁垒的保护，那么该企业已经能获得超额的回报率；如果这个行业竞争激烈，那么与姐妹企业签约对双方都并无裨益。无论何种情况，都很难看出合并两家企业的所有权有什么好处。

显然，这个行业的生产环节并没有进入壁垒。拜娱乐圈的诱惑所赐，新玩家始终层出不穷。如我们所料，这一行业的企业历史回报率一向很低。其他电视网没有任何制片业务，部分原因是监管要求，但更重要的原因是它们发现电影工作室做创意工作的成本更低。以影业公司和福克斯为例，如果影业公司做出了一个有潜力成为爆款的节目，那么以低于市场价的水平卖给福克斯好处何在？如果做出的节目前景堪忧，福克斯又为什么要比国家广播公司或美国广播公司花更多的钱来买呢？钱可能从一家企业的口袋转移到另一家口袋，但总收益始终为零。只要市场上节目供应不短缺，福克斯就不会从影业公司那里获得任何额外收益。只要影业公司能够做出满足其他电视网需求的节目，与福克斯的联合就同样不会使它从中得利。

那么一体化对广告时长方面又有什么影响呢？假设福克斯有卖不完的广告时段，它会不会利用这些空闲时段来免费宣传影业公司的电影呢？或许如此。但存在免费时段就意味着，没有足够多能吸引付费广告商的观众基础。影业公司也许能得到一点点免费的午餐，但绝不是大餐。默多克对整个协同战略的设想，应该不只是为了在一个收视率堪忧的电视网上做点免费广告而已。

福克斯协同效应另一个可能的来源是将影业公司节目和国际发行渠道相结合。同样的问题又出现了，与卖给外部发行商相比，卖给姐妹企业到底可以带来什么协同效应呢？如果国际辛迪加是一个竞争性行业，那么把辛迪加整合进来就不会产生任何协同效应。辛迪加部门的收费不可能超过行业平均水平，也不可能在收取更低费用的情况下仍然保持盈利。如果国际辛迪加不是一个竞争性行业，也就是说在该市场上的在位企业受到进入壁垒的保护，那么福克斯的辛迪加部门就会处于不利地位。在这种情况下，影业公司最好选择与已经进入这个行业的龙头签约。可见，搞影业公司和辛迪加一体化同样不会产生任何好处。

福克斯的启示

福克斯进入电视网行业的整个历史涉及了本书中的诸多观点。拜客户锁定、政府监管以及巨大的规模经济效益所赐，已有的三巨头坐拥进入壁垒与竞争优势。它们手下的地方电视台宛如路边收费站，来来往往的广告商只能乖乖大把缴钱。三巨头深得囚徒困境游戏的精髓，无论是买节目还是卖广告，都绝不打价格战。

高额回报和进入壁垒正是吸引默多克加入的原因。他以高超的手法进行了进入／先占博弈（我们将在下一章详细讨论）。他向现有玩家表明，让他加入这个俱乐部比试图扼杀他更加划算。最终，福克斯成功跻身第四大电视网，可谓前无古人。

尽管默多克才华横溢，老牌电视网在避免价格战方面技巧高超，但是对于电视网行业而言，这种田园诗般的时光好景不长。监管变动和技术变革双管齐下，削弱了为电视网行业带来丰厚利润的大部分竞争优势。有线电视台、录像机甚至遥控器的出现降低了观众忠诚度，也降低了电视网对于广告商金主的吸引力。包括福克斯在内的电视网行业仍然存在着，但那种印钞机式的黄金时代早已不复存在。

福克斯的战略目标是通过同时拥有具有协同效应的企业来获取利益。影业公司可以为电视网及其附属电视台提供节目内容，电视网未出售的广告时间可以用于宣传影业公司的电影，企业旗下的辛迪加部门则负责向海外出售节目。默多克作为一位媒体大亨，如果能够整合他所有的资产，理应会产生一定的协同效应。但在实践中，协同效应更取决于进入壁垒。如果供应链上的各个环节都处在无进入壁垒的市场当中，那么集中所有权本身并不会带来超额利润。

企业间的博弈
竞争战略的结构化方法（第二部分：进入 / 先占博弈）

量的竞争

除了价格竞争外，另一种常见的竞争是涉及进入新市场或在现有市场中扩张的竞争。这种竞争的关键在于产能而非价格，是对价格竞争的天然补充，因为价与量是市场竞争中的两个基本变量。

价与量的竞争在福克斯进军电视网的决定中都有所体现，然而量的竞争在一些主要方面与价格竞争不同，涉及的战略要求也不同。因此，了解产能与产量等量的竞争动态，是竞争分析的另一个要素，捕捉此类竞争特点的结构化方法即进入 / 先占博弈。

价与量的竞争的第一个重要区别是时间。相较于可以快速实施或叫停的价格调整，产能扩张的周期更长。正因如此，进入 / 先占博弈的竞争对手之间通常有一个重要区别。在囚徒困境中，所有竞争对手的地位基本对等，都可以成为价格调整的发起人或跟随者，攻与守差异不大。在进入 / 先占博弈中，攻方与守方有明显的差别。在多数情况下，在位企业为守方，

新进入者为攻方，双方在博弈时需要制定不同的战略。⊖

第二个重要区别是，在进入/先占博弈中，决策（尤其是错误决策）具有持久的影响。在囚徒困境中，如果出现长期不利的结果，多半源自持续性的愚蠢行动，毕竟竞争对手可以随时修正并做出更有利的决策。但如果劳氏决定在家得宝的地盘上开家新店或孟山都决定扩张产能以增加氮肥产量，这些设施就将长期存在。在进入/先占博弈中，各方必须考虑到这些长期后果。

第三个重要区别是，进入/先占博弈中的进攻行动与囚徒困境中的不同。在价格竞争中，有的企业发动旷日持久且代价高昂的价格战，试图将竞争对手逐出场外。史上鲜有经营良好的老字号被价格战击垮；除非反击竞争对手，否则价格竞争中新进入者的进攻行动多半不奏效。好在价格战在理论上还是易于纠正的，因而损失也不算太沉重。

在进入/先占博弈中，进攻行动有所不同。首先，产能扩张的决策代价巨大，在位企业不太会对新进入者反应过度。产能扩张的决策不像价格调整那么容易叫停，所以号称为让开战者冷静而过度反击的行为并不如宽容和解的做法靠谱。由此可知，由于应对一方认识到进攻一方不会放弃，因此扩张产能或扩大产量的进攻性决策，可能比试探性的更有效。其次，进入/先占博弈中的进攻行动的风险也更大。如果一家企业率先扩张产能，随后竞争对手纷纷跟进，由于产能扩张的决策不易叫停，大家都扩张带来的损失的影响也将是深远的。在量的竞争中，进攻行动是一把双刃剑，因此进入/先占博弈中的战略分析要比囚徒困境中的更复杂。

新进入者的战略

在典型的进入/先占博弈中，局部市场（地理区域或产品维度）的在位企业要比大多数竞争对手拥有更明显的竞争优势。不过，在位企业有时也会面对拥有类似竞争优势的强大竞争对手发起的进攻，柯达进入宝丽来称

⊖ 有时多家企业会争夺仍无在位企业的新市场，每家都想将其余竞争对手挤出以独占市场。这是一种不常见但很重要的进入/先占博弈变体，我们会在本章后面的部分讨论。

霸的拍立得市场就是一个典型案例，我们将在第 13 章中详细讨论。此时球在新进入者脚下，在位企业能做的就是整体布防。尽管新进入者可以采取各式各样的手段进入市场，从试探性的到全面性的进攻，但是为了简化分析，我们假设摆在其面前的只有两个选项：进入或不进入。一旦新进入者决定进入市场，在位企业就必须决定该如何回应：它可以事先摆出强硬姿态以威慑新进入者，但一旦后者决意进入，这种威慑战略就失效了；它也可以采取积极行动来将其逐出场外，但自己需要承受降价及巨额的广告与促销费用等高昂代价。在位企业必须在接受或宣战之中做出选择，两种选择都有成本，需要仔细权衡。

进入 / 先占博弈的树状图（扩展形式）

如前所述，矩阵是囚徒困境（价）博弈的最佳表述形式，而扩展形式或者树状图是进入 / 先占（量）博弈的最佳表述形式。我们以家得宝与劳氏的互动为例，彼时劳氏已在一个局部市场站稳脚跟，而家得宝正在考虑是否进入。竞争性互动始于家得宝的最初决策。根据之前的简单假设，家得宝只有进入或不进入两个选项，如图 11-1 中的第一级分支。如果家得宝决定不进入，劳氏就无须回应，博弈到此为止，即图 11-1 中的 D 情形。

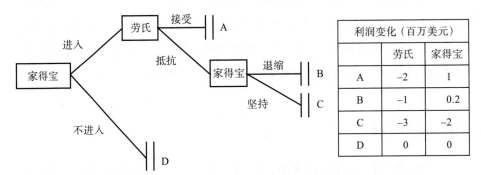

图 11-1　进入 / 先占博弈的树状图（扩展形式）

如果家得宝决定进入，劳氏就必须回应，要么接受家得宝的存在且不改变原有经营策略，要么以竞争性反应来抵制入侵。这些选择位于树状图的上半部分（进入分支），根据劳氏接受或抵抗的回应延伸出第二级分支。

如果劳氏对家得宝的进入予以接受，即维持原有价格、广告与促销水平，也不去家得宝的地盘上开店，博弈就此结束，如图 11-1 中的 A 情形。

劳氏的消极回应可能会激发家得宝进一步进攻的欲望，如继续在劳氏的其他市场中开设新店，或者在当前市场中通过降价与促销等手段进一步抢夺业务资源。可见，我们很难在两个强敌竞争的过程中找到博弈的终点，如果想要表述后续的行动，就必须将接受这一分支进一步延长。

劳氏也会想到，倘若一直对入侵视而不见，只会招致家得宝继续紧逼，因而会选择抵抗，通过降价、增加广告开支或宣布在家得宝的地盘开店等方式让其感到不适。此时便又轮到家得宝采取行动：它可以坚持进攻战略，选择降价、增加广告开支和对抗劳氏在自己地盘上的开店计划；也可以收起原本的野心，满足于略低于预期的市场份额。无论家得宝是坚持（情形 C）还是退缩（情形 B），市场都会维持一段时间的稳定。坚持会引发两家企业的长期冲突，且战火可能由当前地区蔓延至全国；退缩的结果相对和平，两家都互相承认对方在特定市场中的统治地位。

如果我们选定一种情形作为基准，基于该基准对其余情形进行分析，就更容易进行不同情形间的比较。在本例中，基准自然是家得宝最初便选择不进入，此时两家企业的利润变化都是 0。接着，我们计算其余 3 种情形下两家企业的利润变化。如果家得宝选择进入而劳氏选择接受（情形 A），那么相较于基准，劳氏的利润将减少，家得宝的利润将增加。根据两家企业在其余市场交手的经验，我们估计劳氏的利润将减少 200 万美元，家得宝的利润将增加 100 万美元。

如果劳氏决定抵抗，那么最终结果取决于家得宝如何应对。一种结果是沿着进入—抵抗—退缩的分支（情形 B），此时劳氏的损失减少到 100 万美元，家得宝的利润增长缩小到 20 万美元。在另一种情况下，家得宝选择坚持（情形 C），最终将会是两败俱伤的最糟结果：降价和增加广告开支会降低利润，而两家企业总份额的增加都不足以弥补损失掉的利润，且更高的市场份额也会增加管理费用；唯一的受益者只有享受低价和获得更多选择的消费者。我们假设这些额外开支将使劳氏的利润减少 300 万美元，家得宝的利润减少 200 万美元。同价格博弈的矩阵表述形式一样，若考虑到收入规模或业绩比较等激励性动机，或者家得宝不允许劳氏独占市场等因素，上述分析所得数字需要再进行调整。

　　显然，对于行动次序重要且回应不断升级的博弈而言，树状图是表述竞争性互动的更好形式，简单直观的矩阵更适合表述行动次序不重要且决策可重复的博弈。两者之间的一个重要区别是：树状图更适合于表述资本开支决策，其间需要做关键承诺且行动次序至关重要；矩阵更适合于表述定价、营销和产品特性决策，此类决策可根据竞争对手的回应撤回或调整。

评估可能的结果

　　分析时采用树状图的好处在于它是动态的，各步行动依序进行，在过程中可以通盘考量一系列行动及反应可能产生的后果，包括未来每个阶段（图中的框状节点）自己的最佳选择和竞争对手的可能反应。这些决策连在一起构成不同的分支，每个分支都有特定的结果，每个结果都有相应回报，对不同结果的回报进行比较便能对不同的行动方案进行优劣排序。带来糟糕回报的行动方案或许会被直接毙掉，如图 11-1 中的进入—抵抗—坚持分支（情形 C）；部分行动方案可能会被暂时接受，如图 11-1 中的进入—抵抗—退缩分支（情形 B），至少对家得宝来说还算是有利。在树状图完成后，分析过程实际上是逆向的，即根据结果去分析行动选择。

　　在本例中，面对劳氏的抵抗，家得宝的最终决定要么是退缩，要么以降价和增加广告开支的方式坚持进攻。如果家得宝的管理层比较理性，那么答案非常简单——赚 20 万美元总比赔 200 万美元强。回到上一节点，面对家得宝的进入，劳氏要么默默接受并最终损失 200 万美元，要么抵抗。如果后面家得宝退缩，劳氏的损失就缩小到 100 万美元；如果后面家得宝坚持，劳氏的损失就扩大到 300 万美元。给定前面对家得宝的分析，劳氏其实是在接受并最终损失 200 万美元与抵抗并最终损失 100 万美元之间做选择，显然抵抗是更好的方案。再次逆向回到最初，家得宝是否进入的选择也建立在对劳氏后续反应的预期之上。在本例中，决策需要谨慎做出。

　　在实际状况下，做出包含详细分支与结果的树状图并进行逆向分析，要比上面的例子复杂得多。比起试图详尽预测一切的可能性，更实用的办法是模拟博弈。

模拟的第一步是确定行为人、其动机及其博弈开始时的最初选择。这时需要赋予不同行为人不同的角色，按部就班地推演博弈的过程，直到产生最后的结果并对其进行评估。不断进行这样的演练有助于判断哪种战略更优，哪种更糟。在处理较为复杂的现实情况时，该方法通常比单纯的思考分析更加有效。就分析利用竞争对手的历史信息而言，无论是分析其以往在类似情况下所做的选择还是选择背后的动机，模拟都是最佳方式。

一旦在位企业做出决定，新进入者的选择便会受限，或坚持进攻或退缩，在极端情形下甚至会退出市场。但决策重大且难以叫停是进入／先占博弈的重要特点，因而博弈的结果在很大程度上取决于在位企业对新进入者的回应。也正因为该回应如此重要，新进入者应该尽量避免在位企业做出抵抗的回应。如果该回应不可避免，新进入者就应该置身市场之外，毕竟持续的对抗会毁掉其在新市场中的获利机会。为了避免在位企业做出激烈回应，新进入者必须找到一种战略，使得在位企业接受的成本低于抵抗。

降低接受的成本有多种方式。

第一，避免囚徒困境似的短兵相接：如果在位企业主要面向成熟的高端客户，新进入者就可以瞄准低端市场的新客户；如果在位企业奉行大而全的市场战略，新进入者可以选择利基市场战略。新进入者就还可以直接聚焦于对在位企业而言不太重要的特定区域与目标群体。例如，福克斯进入电视网行业后播放的都是其余电视网不愿碰的节目，如《琼·里弗斯深夜秀》《辛普森一家》及《拖家带口》。

第二，新进入者要低调行事，逐步推进。大张旗鼓地宣称要抢占在位企业的市场份额必然会招致激烈抵抗，只有"温水煮青蛙"一样的做法才能安静平稳地实现目标。

避免冲突的态度可以通过发出一些信号予以强调。新进入者主动约束自己的产能可以令在位企业放心，1 家店显然不如 5 家店有威胁，仅能满足 10%市场份额的厂房设施显然也比能满足整个市场的厂房设施更令人放心。有限的融资也可以释放和平信号，反之大额融资只会招致抵抗而非在位企业将市场拱手相让。限制新进入者打广告的范围和品类也有助于规避正面冲突，毕竟此时在位企业接受的损失要远小于抵抗。福克斯在进入电视网行业时便限制了节目的品类与数量，既为经济条件所限，也是为了传递和平信号。

第三，新进入者应该尽可能让在位企业知道，自己只会进入这一个市场，而不会攻入其掌控的所有市场，同时自己与其他潜在新进入者相比是与众不同的。如果在位企业认为新进入者是一众潜在新进入者中的急先锋，它们会别无选择，只能抵抗，以达到杀鸡儆猴的目的。在这点上福克斯做得不错，它确保自己对现有电视网的挑战是间接的：与老牌电视网相比，它的目标受众明显处于低端市场；福克斯的风格使其难以向主流转型，减少了对老牌电视网的威胁；此外，在进入电视网行业之前，它已经聚集了一批自有与附属电视台，其他新进入者难以模仿。老牌电视网有理由相信，即使福克斯成功了，其他新进入者也不太可能照猫画虎地跟进来。

第四，如果市场中在位企业不止一家，就像电视网行业一样，新进入者就应该尽量分散进入市场造成的冲击，对多家在位企业都只造成一点小伤害不太会生出事端，但若是重伤某个在位企业必然会使其勃然大怒。福克斯在这方面依然是成功的，在其首批节目中，深夜脱口秀直接与国家广播公司的约翰尼·卡森竞争；后续推出的喜剧与青少年节目又直接与美国广播公司竞争；但面对 1986 年国家广播公司以《天才老爹》为代表的周四晚间王牌节目档，福克斯选择不去挑战。

新进入者还可以采取许多方法来提高在位企业发起反击的成本。如果新进入者做出某项难以叫停的决策，就相当于发出了一个信号，告知在位企业若想击垮自己势必要经过长期且代价高昂的拉锯战。大量的前期投资与固定资产投资体现着新进入者破釜沉舟的决心，尤其当其可以灵活调节固定成本与可变成本的成本结构时。相反地，将生产、销售等重要业务外包就传递着完全相反的信号，尤其当外包合同期限很短且易于中止时，这意味着新进入者非常谨小慎微且已做好了随时撤退的准备。

当存在多个在位企业时，新进入者将业务分散在它们各自的领域可以减少对单独某一家在位企业的伤害，也可以让自己难以被击垮，毕竟没有任何一家在位企业能够单枪匹马击败新敌。同时，任何一家在位企业若试图反击，都有可能损害同行利益甚至触发行业混战。例如，如果国家广播公司、哥伦比亚广播公司或美国广播公司试图抵抗福克斯的进入，且采用降低广告价格的手段，那么业内的广告定价规则势必会被破坏，全体同行的利润水平都会受损。换言之，只要某个在位企业发起反击，就必然会损害自己和同行的利益；且一旦同行也加入战争，局面就一发不可收拾了。事实上，在福克斯的例子中，各家在位企业并没有采取什么行动，也没有发生激烈的价格战。

最后，新进入者可以公开表示自己开拓市场或至少坚守场内的决心，哪怕还没有付诸大规模行动，目的是遏制在位企业的反击，但这一策略是很冒险的：在进入／先占博弈中，最糟的结果是拉锯战，到那时退出其实是更明智的选择，但先前的公开表决心已经堵死了自己的退路，一旦在位企业没被这个决心吓到放弃抵抗，那么激烈的拉锯战就将上演，就像柯达进军宝丽来占据的拍立得市场一样。

在位企业的平衡之术

在进入／先占博弈中，由于在位企业可能损失更大，它们会比新进入者更加小心。在新进入者出现之前，在位企业甚至就需要通过强硬的姿态来遏制新进入者的进入企图。如果在位企业公开声明会对入侵进行强力反击，并做到言出必行，那么所有潜在新进入者就都会退避三舍，另谋他就。从理论上来讲，这种威慑若奏效将非常划算，毕竟在位企业根本不必将威慑付诸实践，可谓不战而屈人之兵。不过在实践中，尽管非理性的新进入者并不多见，但是在位企业做出这种强硬承诺依旧不易，言出必行更是代价不菲。

在位企业可维持富余的产能，以对抗新进入者降价后新增的需求。倘若在位企业拥有高固定成本、低可变成本的成本结构，则无须追加过多开支就能提升产量，从而使先前的强硬承诺更可信。严阵以待的广告与营销部门、齐全的产品品类及不留利基市场的广覆盖经营范围，也都将对潜在新进入者构成威慑。此外，可随时支撑开战的充裕资金自然也有相同作用。企业文化和定位也可以加强这些经济手段。产品品类较为集中的企业在面对竞争对手时更容易以死相搏，毕竟经营成败在此一举，如宝丽来的业务就集中在拍立得市场。反之，多样化经营的企业由于把鸡蛋放在许多篮子里，需要照看更多的领域，不太可能针对某一个领域的入侵而大举反击。与仅追求回报率的"冷血"企业相比，对旗下产品充满热情且不只视其为利润工具的企业，更容易与竞争对手发生正面冲突。总之，一个承诺坚决且言出必行的在位企业，更有机会将潜在新进入者挡在门外。

不过这种先占策略也有缺点。首先，以高固定成本维持富余产能、大规模的营销团队和齐全的产品品类代价高昂，其成本需要和遏制新进入者的收益相比较，但这种隐性收益难以精确计算，因而这一成本－收益分析并不好做。其次，如果新进入者已下定决心且不可阻拦，对在位企业而言接受就是比抵抗更有利的选择，毕竟价格和产品性能的拉锯战对谁都没好处。可见，好战的企业文化是一把双刃剑，有时还是不要轻易出鞘比较好。在位企业应保持理性，不要对新进入者过度反应，要以尽可能低的成本惩罚对手。同囚徒困境一样，价格战损害的是占优的企业，所以在位企业最好去新进入者的地盘上实施惩罚，新进入者在自己的地盘上对抗打过来的在位企业要付出更高代价。将战火烧到敌方后院这种打法是在位企业的重要武器，且早用早好。如果劳氏发现家得宝在自己的地盘上开店，就该立即派人去家得宝的地盘上活动，并高调放出这一消息。这种潜在威胁的手段还有个好处，就是代价不高。

新地盘的战略

进入／先占博弈的一个变体需要特殊处理，即进入地理或产品维度方面尚未被占领的市场。进入／先占博弈可以在此展开，但这里没有明确的在位企业与新进入者的角色划分，势均力敌的企业可能都想独吞这个地盘。俗话说，先下手为强，先发制人之后还可以威慑后来者。但在实践中并非如此，竞争对手不会仅仅因为动作慢了一些就直接放弃争抢地盘。

举个例子，假设家得宝宣布将在它和劳氏都未涉足的地方开设新店，劳氏会推测家得宝获取到了一些自己不知道的信息，因而想先发制人；即使劳氏跟随进入地盘也不一定能获得可观的利润，但相比于自己不进入，家得宝进入后大获成功，劳氏的管理层会受到更严厉的质询。可见，无论对于先行者还是跟随者来说，试图进入新地盘的过程都不轻松。总之，在进入／先占博弈中，审慎比勇气更重要，尤其是对于无规则而言的新地盘争夺而言。

分析竞争性互动的原则

分析竞争性互动的重点在两种情形：主要涉及价的决策的囚徒困境与主要涉及量的决策的进入／先占博弈。这两种基本的博弈形式可以涵盖少数势均力敌的企业间竞争性互动的绝大多数情形，因而制定战略的首要步骤即为看是否存在这两种博弈的特征。只要其中一种博弈的特征存在，我们就可以利用已经积累的相关博弈知识。

现实中的竞争性互动问题不能被简单"求解"以获得最优战略。仅能用两种特定博弈形式来整理信息并预测行动，本身就说明该领域的理论并不完备。对于无法用这两种特定形式来表述的博弈情形，仍坚持套入这两种博弈理论没什么意义。好在我们还有其他的分析方法，寻求合作便是其中一种，我们将在第 14 章中讨论。在探讨合作之前，需要铭记各类博弈通用的一些一般性原则。

首先，要系统性地整理相关信息：竞争对手是谁，它们可能采取的行动有哪些，它们的动机是什么，可能的决策次序是什么，等等。最关键的是要识别会影响企业利润水平的行为人，不管它们是囚徒困境中的当前竞争对手，还是进入／先占博弈中的潜在竞争对手，抑或是其他更为复杂的关系人。忽视这些因素会让企业处于战略上的被动位置。

对于每个行为人，分析应该揭示：

- 行为人可能的行动范围。如果竞争对手的行动完全出乎预料，说明分析是失败的。
- 各方竞争行动的可能组合对企业的影响。对各方而言，不同行动组合的结果和收益是什么？

■ 各方对不同结果持何种态度，或者每个行为人的动机是什么？

此外，分析也有助于了解行为人在进行一系列行动时面临的约束条件及信息禀赋。只有收集到足够的信息，才能厘清博弈情形并加以分析，正如前面关于家得宝和劳氏的简化分析。

对上述信息的分析有两种方法。一种是采用树状图（见图 11-1）或矩阵（见图 11-2）的形式将信息系统地表述出来，然后考虑如何"求解"该博弈。对于简单情形，这种方法非常有效；对于复杂情形，仅依靠推理很难确切得到最优行动策略，不过仍能得到方向性的指引。例如，再次考虑家得宝和劳氏与价的竞争有关的囚徒困境，我们可以计算出各结果的总收益，即图 11-2 中每个方框内两家企业的利润（包括非货币收益）之和。如果总收益随不同结果而变化，两家企业就有空间通过合作争取更高的联合收益（见表 11-1）。在本例中，最高的联合收益来自两家都定价 115 美元且均分市场之时；最低收益来自两家都定价 105 美元时。若两家能够约束自己的竞争行为以获取最优结果，则能同时受益。许多现实情形与本例类似，因而不难理解合作不失为一种更理智的选择。

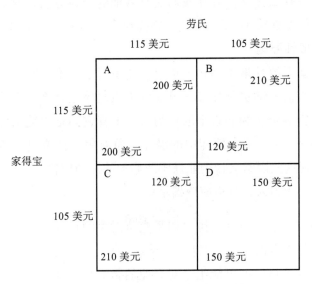

图 11-2　囚徒困境的矩阵（标准式）

表 11-1　囚徒困境中的各方与联合收益　　　　　　（单位：美元）

方框	劳氏		家得宝		联合收益
	价格	收益	价格	收益	
A	115	200	115	200	400
B	105	210	115	120	330
C	115	120	105	210	330
D	105	150	105	150	300

类似的计算也可应用于进入／先占博弈（见表 11-2）。在这个例子中，最高的联合收益出现在家得宝一开始就选择不进入的情形下；如果它决定进入，最高的联合收益出现在没有出现全面竞争与价格战时。同样地，由于联合收益在变化，两家依然有合作空间。

表 11-2　进入／先占博弈中的各方与联合收益　　　　（单位：百万美元）

	利润变化		
	劳氏	家得宝	联合收益
家得宝进入—劳氏接受	−2	1	−1
—劳氏抵抗—家得宝退缩	−1	0.2	−0.8
—家得宝坚持	−3	−2	−5
家得宝不进入	0	0	0

反之，如果所有结果的联合收益相同，就不存在任何合作空间，因为合作并不会让各方受益。这种竞争情形通常被称为零和博弈，其实叫常和博弈更准确，因为联合收益是常数，并非一直为零。一方获得的任何收益必定以其竞争对手的损失为代价，竞争极其惨烈。这种博弈常出现在管理层最重视相对业绩评价时，如更关注市场份额而非销售收入，更关注与竞争对手的利润之差而非利润的绝对水平，更强调战胜竞争对手而非自己经营良好等。在极端情形下，与竞争对手的胜负成为唯一目标，每种结果下都只有一个获胜者，"常和"的收益结构和残酷的竞争便无法避免。更强调相对业绩的企业文化不利于利润、股东回报和员工福利的增长，这一结论仅靠逻辑"推理"就能理解。

另一种方法是模拟博弈，即针对各方的竞争性互动进行"沙盘推演"，这种方法在实践中常常效果不错。模拟能够进行的前提是要获得详细的信息，包括各方的背景资料、可能的行动、不同结果下所获收益及其动机，这些信息是模拟中角色扮演的基础。重复模拟以获得不同结果，并与历史经验比较分析，效果更优。例如，如果一家多样化在位企业每次遇到新进入者都选择降价，那么将来大概率依旧如此。

尽管模拟能处理比单纯推理分析更复杂的情形，但是在竞争对手数量过多时（经验数据是超过 6 个）仍会面临局限，此时模拟的过程将变得复杂混乱。不过，此时模拟的"失效"也说明目标市场中并不存在有效的竞争优势，因而根本不需要进行竞争性的互动分析，这也算是模拟这种方法的一个好处。

对于大多数直接的竞争性互动，最好采用多种方法进行分析：在合适的情境下采用囚徒困境和进入 / 先占博弈分析；周密计划模拟的过程，并重复多次；结合历史案例进行分析；尝试合作或谈判的方法（见第 14 章）。竞争性战略分析是科学更是艺术，懂得多角度看问题的艺术家更为优秀。

插翅难飞
几维航空的崛起与坠落

航空业[⊖]：投资者及其回报的黑洞

对投资者而言，航空业可谓是一把辛酸泪。本杰明·格雷厄姆曾在《聪明的投资者》（英文第 1 版）中提醒那些觉得航空业前景不错而买入航空股的投资者：

投资者买入航空股，是笃定该行业的前景将超过市场的普遍预期。对这类投资者而言，本书的价值在于警示这项投资中隐藏的陷阱，而非给出具体投资时的有用技巧。

航空业在 1949～1970 年的发展历程印证了格雷厄姆的预言。尽管行业的收入增速超预期，但是"技术问题叠加产能过度扩张，导致盈利糟糕且波动极大"。

不过航空业仍具有十足的投资吸引力。格雷厄姆的杰出门徒，向来精明坦率的沃伦·巴菲特承认曾因不听老人言而在航空股上栽过跟头。1989

⊖ 本书航空业指美国航空业。——译者注

年大举买入美国航空在他看来可谓一时糊涂，用他自己的话说，自从莱特兄弟发明飞机以来，"尽管投入了数不清的资金，但是如果你拥有整个行业，并且将所有这些资金都投入进去，那么整个航空业给所有者带来的净回报还不到零"。

投资者源源不断地将资金投入航空业，换来的是一批又一批的新企业和破产重组后的老企业。企业家不断开辟新航线，投资者持之以恒地送钱，这恐怕不只是"一时"的糊涂了。不过我们也不能因为行业整体回报率不尽如人意，就一刀切地认为投资航空业是非理性的，毕竟复盘来看，特定时段和部分细分市场中的企业还是赚过钱的。即使在2003年的至暗时刻，在经济衰退、恐怖袭击与战争氛围笼罩及行业产能过剩的背景下，仍有少数航空公司在同行频频破产之时赚到了钱。

因此，几维航空⊖的创始人冒了很大风险，却也不能说是自寻死路。如果能摆正自己的位置，不去招惹根基稳固的在位巨头，严格遵循强敌环伺之下新人的立足准则，那么机会还是有的。前人一个个倒在厮杀之中，仅有少数能像西南航空一样成功突围。几维航空的管理层必须意识到：想在航空业存活，战略决策与执行均不容有失。

蹉跎岁月：政府管制下的航空业

航空业从一开始就离不开政府扶持。20世纪20年代，《凯利航空邮件法案》为私人航空公司开展邮政业务敞开了大门。这项业务带来的稳定收入对彼时初涉商业客运的私人航空公司极为重要。不过，既然取消了准入门槛，竞争就必然激烈，航线的规划可谓非常混乱。1930年，当时的邮政部长决定对邮政业务进行官方指派，以整治混乱的市场。尽管美国国会要求竞标，但是邮政部长更青睐大型航空公司，于是联合航空、环球航空和美国航空等巨头都成功地在美国全国范围内抢到了自己的地盘，并通过兼并收购不断发展壮大。1934年，罗斯福总统试图结束这种有失公允的指派，在短暂的军机运输混乱过后，邮政业务恢复了竞标。此时竞争开始规范起

⊖　几维鸟是地球上唯一的一种无翼鸟，恰好也是本章案例中几维航空的名字。——译者注

来，三大航空公司不得不直面达美航空和大陆航空等新对手的挑战。所有的航空公司都期望通过价格战扩大市场份额，结果均亏损数年。

为了扭转该局面，美国国会在 1938 年罗斯福新政末期通过了《民用航空法案》，成立了民航委员会，负责对航线增减、票价制定、兼并收购、同行协议及邮件费率等进行管理。新的管制体系下航空业秩序井然，1938～1978 年再未新增主干航线；高利润的大流量航线与薄利的小流量航线之间的分配保持平衡；航空公司不得进行价格战，但可以在成本上升时相应提高价格。干线航空公司曾盛极一时，即便民航委员会鼓励地区航空公司参与竞争，四大干线航空公司直至 20 世纪 60 年代仍拥有 70% 的市场份额。

但管制并未让航空业持续繁荣。喷气式飞机进入民航市场始于 20 世纪 50 年代末，并在此后 10 年间迅速普及。由于客容量更大且速度更快，干线航空公司的运力得到极大改善甚至出现了运力过剩的问题，购置新飞机也让航空公司背负了巨大的债务。1973～1974 年的第一次石油危机和劳动力市场的通胀推升了成本，疲弱的经济又限制了需求，航空业一片凋敝。情急之下，民航委员会允许航空公司合作以减少冗余运力，但只是杯水车薪，彼时运力过剩的问题已经十分严重，政府管制也是问题的根源之一。不过，美国各州内部的航空公司此时无须遵守民航委员会的定价规则，因而可通过更低的价格揽得更多客源，所得利润也超过了跨州运营的航空公司。

群雄逐鹿：管制解除

1978 年，自由派和保守派开始联手推动管制放松。有人担心如果一条航线仅有一家航空公司覆盖，那么乘客很可能被航空公司以高票价"勒索"。但经济学家认为进入壁垒低的市场总会吸引新进入者，高票价不可能维持。由卡特总统任命的民航委员会主席阿尔弗雷德·卡恩坚持解除管制。1978 年 10 月，国会通过了《航空管制放松法案》，并由卡特总统签署实施。根据该法案，民航委员会将不再对航线与票价进行管制，航空公司可以自由定价与增减航线。管制放松原计划在几年内完成，但实际上进展迅速，到 1980 年时价格和航线管制已全部解除。

管制解除后，航空业的竞争更加白热化。大型干线航空公司立即遭遇来自想扩张的地方航空公司及爱打价格战的新航空公司的挑战。老牌航空公司在管制时期只能将上升的成本转嫁给乘客，因为劳动合同中的工资水平都不低且限制条件诸多；新成立的航空公司则没有这种负担，它们可以逼着在位企业忍着亏损加入价格战。部分业绩不佳的航空公司试图通过进入破产重组（美国《破产法》第 11 章）来解决该问题，因为重组后它们就不再受现有合同的制约，可以通过低得多的工资雇佣新员工。航空公司的工资水平 20 世纪 80 年代持续下降，但这点成本下降不足以抵消票价的降幅，可以说只有乘客在这场竞争中获益了。

在管制解除引起的诸多意外变化之中，影响最深远的应该是中心辐射航线模式。在压力之下，干线航空公司发现通过长短途航线汇集的中心城市集中转运，可以降低成本并提升客座率：每个中心城市可辐射到 40 个终端城市，仅仅通过在中心城市增加一次中转就能构建 440 个终端城市间的航线。航空公司还可以将飞机维护及乘客服务设施集中在枢纽机场，并将区域性广告投放在客流密集处。凭借该模式，航空公司可以构筑区域性的规模经济效益，同时还能减少对飞机的需求。

但中心辐射航线模式节约的成本仍不够，因为小型航空公司为了揽客开始将价格降至成本之下：如果一个中心城市仅有一家航空公司，那么它必然能够盈利；如果一个中心城市有两家航空公司，它们通常也能保持价格稳定并盈利；但如果第三家航空公司进入，而且是人工和固定成本都很低且野心勃勃来打价格战的新航空公司，在位企业就遭殃了，据经济学家测算，其损失相当于旗下飞机空载飞行 4 个月。

在位企业此时进退两难：加入价格战意味着亏损；维持原价意味着乘客流失，里程奖励等措施也于事无补。但新进入者如果太咄咄逼人，在位企业势必强势反击，不仅是为了留住乘客，更是为了直接将竞争对手逐出场外。

1978 年后，出现了一种适合在位企业的更具策略性的反击方法，即通过复杂而灵活的定价模式来控制客英里收益和客座率这两个关键指标。客英里收益指的是客运收入与收入客英里之比，收入客英里即实际运送（创收）的乘客数量与飞行里程的乘积。[⊖]客座率指收入客英里与可利用客英里之比，可利用客英里即航空公司可提供的座位数量与飞行里程的乘积。[⊜]根据对出行限制、购票时间和剩余座位数等因素的综合计算，大型航空公司可以在计算机订票系统的帮助下制定出差异化的价格策略，即为相同的座位制定不同的价格[⊜]，以最大化客票收入。小型或新成立的航空公司则缺乏足够的经验、规模及信息技术来实施上述策略，只能采取"简单化"策略，即同航班中的同座位以相同的价格不加任何限制条件地出售。

中心辐射航线模式及复杂的定价模式为老牌航空公司减轻了部分压力，但仍不足以让这个丰年尚且利润微薄的行业日进斗金。1990 年，三大航空公司已更迭为联合航空、美国航空和达美航空，老牌的东方航空和泛美航空等已经销声匿迹，环球航空等则在苦苦支撑。不过，龙头的日子也不好过，1975～2000 年三大航空公司的营业利润率略低于 4%，税前投入资本回报率约为 7%（见图 12-1）。如此低的回报率还能吸引管理者和投资者前赴后继地进入，实在令人费解。

1990 年的航空业

航空业结构简单（见图 12-2）。航空公司位于中心，包括大型干线航空公司和小型支线航空公司。上游飞机制造商较为集中：1990 年，只有三家大型客机制造企业，即波音、麦道和空中客车，其他如巴西航空、庞巴迪和福克等制造商主要生产小型支线客机。飞机制造商有时会投资航空公司，但总体上两者关系不算紧密。空中客车在 20 世纪 80 年代的崛起改变了此前波音的垄断局面，航空公司向上游的议价能力有所提高。备餐、除冰与加油等其他核心服务由专业的服务企业提供。飞机维护、货物装卸及票务

⊖　客英里收益可理解为航空公司的实际票价（每英里价格）。在以公里为单位的国家或地区，同样有客公里收益的概念。——译者注
⊜　客座率可理解为航空业的产能利用率。——译者注
⊜　即微观经济学中的价格歧视。——译者注

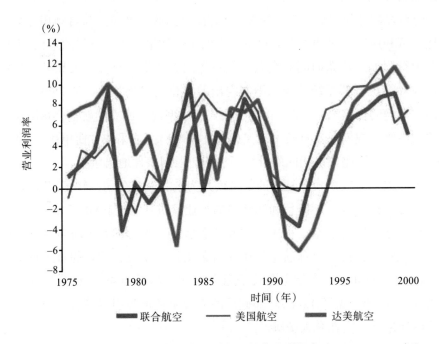

图 12-1　联合航空、美国航空与达美航空的营业利润率（1975 ~ 2000 年）

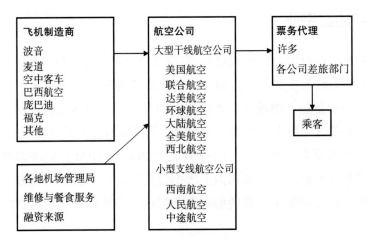

图 12-2　航空业结构图

等重要职能大型航空公司基本自己承担，小型航空公司通常选择外包。资本实力雄厚的大型航空公司靠自有资金购买飞机。实力较弱的小型航空公司需要向第三方租用飞机，不过像几维航空这样的新航空公司也能很轻松地找到第三方飞机租赁商。

航空公司可以被细分成不同类别，各类之间偶有重叠。一类是像联合航空、美国航空和达美航空一样历史悠久的大型航空公司，其历史可追溯到管制时期。即使最成功的这三家大型航空公司也不能一直保持盈利，不过它们在各自的枢纽机场还是能维持高额利润和垄断地位的。其他大型航空公司近况凄凉，泛美航空等已经销声匿迹，大陆航空和环球航空等走向了被兼并收购或破产重组的道路。另一类是在区域性市场站稳脚跟的新航空公司，如以得克萨斯州和西南地区为根据地的西南航空，其绝大多数航线都以达拉斯爱田机场为中心，经营效率极高。其他新航空公司多昙花一现，如中途航空、人民航空和纽约航空。

航空公司客票销售有三种渠道：一是通过众多的票务代理；二是通过各公司差旅部门，这种途径往往会给予折扣；三是直接卖给乘客。联合航空、美国航空及环球航空等拥有自己的计算机订票系统，构成了它们的优势：在提供系统给票务代理机构使用时，它们自己的航班将显示在页面最上方；其他航空公司若希望得到更好的展示位置，则需要向它们按票支付一定的"共享"费用；并且借由此系统，它们还可以获知竞争对手的票价和航班信息。显然，自己拥有这样的订票系统，要比去别人那里租位置划算得多。

管理机场尤其是登机口分配的各地机场管理局也是航空业的参与者。核心机场的登机口是航空业的稀缺资源，各地机场管理局可以借此向航空公司收取经济租金。然而，各地的机场管理局也有着促进本地经济发展的愿景，其根本利益在于提升机场运转效率，通过更多更便捷的航线与其他地区增强联系，因此通常不会向航空公司收取过高的费用。

整体而言，航空业没有太强的进入壁垒，行业内不断上演新旧更替，与具有在位竞争优势的行业大不相同。三大航空公司的营业利润率和投入资本回报率也反映了竞争的激烈程度。总之，解除管制主要利好乘客，尤其是对价格敏感的乘客，但无法让航空公司赚到更多的钱。

不过，仍有少数企业能够在激烈的竞争中保持稳定的盈利水平，其中一个重要原因就是它们拥有局部区域性的统治地位。联合航空、美国航空、达美航空、大陆航空和环球航空等都有自己的枢纽机场，它们在那里保持着稳定的市场份额和更高的利润水平，这正是基于客户偏好和局部规模经济效益产生的竞争优势。在自己的枢纽机场，航空公司有更多的航线和更便利的登机口，当地乘客自然会优先选择该航空公司，形成客户偏好。由于可以集中配置地勤、机组人员甚至飞机，并且更有针对性地投放广告与开展促销，航空公司的固定成本可以被分摊到更多乘客身上，形成了局部的规模经济效益。不仅如此，即使是像里程奖励等旨在提高客户忠诚度的手段，在枢纽机场也会因客户偏好度更高而更为有效。

几维航空起飞

几维航空由 20 世纪 80 年代末行业动荡时被裁掉的飞行员创立，期初只有两架波音 727 飞机。创业者的动机是让自己与类似的飞行员能够重回热爱的岗位，且他们坚信凭借自己的经验和热情，一定能比那些因管理不善而被迫裁员的航空公司做得更好。当然，实践出真知，仅凭满腔热情及一点复仇情绪是无法制定出实际的商业计划与战略的。暂不论其动机如何，几维航空在初入市场时采取的策略是令人钦佩的。

1990 年，在前东方航空飞行员罗伯特·艾弗森的领导下，几维航空核心团队前身计划从深陷泥潭的泛美航空手中购买纽约—波士顿—华盛顿航线。他们在 1 年内筹到资金，并开出了 1 亿美元的价码，但最终输给了达美航空，后者用 17 亿美元买下了泛美航空旗下的不少航线和客机等资产。后来，他们又尝试对中途航空开价竞标，结果输给了西北航空。尽管如此，团队仍然保持团结，10 名飞行员每人捐出了 5000 美元以支持几维航空的后续计划。他们曾试图通过收购加利福尼亚州和佛罗里达州深陷困境的航空公司获得联邦航空管理局许可证，但再次无功而返。联邦航空管理局和交通部的官员被几维航空团队的毅力与职业精神打动，建议他们自己创立新航空公司并申请自己的许可证。

　　46 名飞行员每人拿出 50 000 美元，空乘人员每人投入 5000 美元，加上行政人员投入的数目不等的资金，共筹集到约 700 万美元。数额虽然不算巨大，但是足以起步了。几维航空选择了竞争不太激烈的纽瓦克作为枢纽，也因此成了首家根植新泽西州的拥有固定航线的航空公司。1992 年 9月，几维航空租了两架旧飞机，开始在 3 条航线上运营：纽瓦克到芝加哥、纽瓦克到亚特兰大及纽瓦克到奥兰多。这样一家资金紧张的小航空公司如何能够在三大巨头的包围中存活下来呢？

　　在某种程度上，几维航空的处境类似向三大电视网挑战的福克斯创始人默多克。相较于实力雄厚的三大电视网，福克斯在客户忠诚度及规模经济效益方面都处于明显劣势。但是电视网行业具有很高的进入壁垒，业内企业拥有较高的利润水平，且懂得如何应对囚徒困境并保持和平，这与进入壁垒弱且仅巨头才有些许优势的航空业不同，航空公司不知道如何和平共处，管制时期以来的经验证明了控制运力过剩无比困难，过剩的运力又导致了残酷的价格战。显而易见，进入一个进入壁垒如此低的行业并没有什么难度，但关键问题是几维航空为什么要进入这个行业？

　　几维航空知道要避免与大型航空公司正面交锋，艾弗森在接受《福布斯》杂志采访时曾说："我们的任务就是不触碰它们的底线"。换句话说，三大巨头要干掉几维航空其实像"拍死一只背上的苍蝇"一样容易，几维航空要做的就是保持小体量和低威胁，使得三大巨头默许其存在的成本比干掉它更低。几维航空在航线的选择上执行了这个战略：纽瓦克到芝加哥的航线轻微触及联合航空和美国航空的业务；纽瓦克到亚特兰大的航线触及了达美航空的业务；纽瓦克到奥兰多的航线触及了达美航空和大陆航空的部分业务。通过将对三大巨头的影响分散化，几维航空给单个竞争对手造成的损失非常小。几维航空选择的这 3 条新航线也在一定程度上降低了生意的风险，如果这些巨头中真有一家要打价格战干掉自己的时候，几维航空还有两条航线可以不受竞争的影响。

　　几维航空还避免在价格方面挑战大型航空公司，其价格与竞争对手的最低票价相同，但辅之以更高质量的服务。几维航空的机票没有任何限制购买条件，也不需要提前预订。此外，几维航空还对其客机进行了改造：

将座位数从 170 个减到 150 个，从而使所有乘客都有商务舱标准的座位空间；供应热食，尤其是在其他航空公司只供应小吃的情况下。

几维航空没有资金在公共媒体上进行宣传，这也避免了与在位企业的直接交锋。几维航空采取的办法是由管理人员直接向小企业经理这个目标群体进行游说推销，后者对低价和优质服务更为敏感：艾弗森和同事在扶轮社和同济会的俱乐部里巡回演讲；其他的管理人员则拜访旅行社和类似企业，介绍几维航空的情况来给大家留下好印象。这些"小企业，大可能"的故事引人入胜，以至于几维航空在首飞之前就获得了大量媒体关注，变相弥补了部分营销缺口。

几维航空并不会从同行那里挖走飞行员、空乘或者其他岗位人员，它存在的意义本身有很大一部分在于帮助那些热爱这个行业但被裁掉了的人重返蓝天。几维航空相信自己可以依靠优于传统航空公司的成本结构获利：由于行情不景气，市场上旧飞机资源丰富，几维航空可以用相当低廉的价格租到飞机；良好的公共关系又替它省下了一笔可观的广告费。但它真正的撒手锏在于更低的劳动成本：几维航空的飞行员和空乘拿着低于同行平均水平的报酬却甘之如饴。不同于传统航空公司限制性的分工模式，几维航空的员工秉持着"敬业奉献，我行我上"的工作态度，没有什么工作在飞行员、空乘乃至其他员工眼中是分外之举。如果某个飞行员忽然生病，其他从事管理工作的飞行员会立刻成为替补。在首飞之前，根据计算，只要上座率达到 50% 即可实现收支平衡，且几维航空的每收入客英里的成本要比联合航空公司低 20%（虽然仍不敌成本再低 18% 的西南航空）。无论如何，成本上的优势显然不像价格方面的宣传攻势一样惹人注目，几维航空并不想引起巨头的警惕。

在位企业视角

在开始时，几维航空成功地让联合航空、美国航空、达美航空和大陆航空等忽视了它：它在每条航线上的运力都不大，即使每次航班都满员也不会对大型航空公司有什么影响；小企业旅行者这个目标群体并不是大型航空公司的目标客户；没有发动任何价格战，只是在同等价格水平下提供更优质便捷的服务；没有从同行手中挖走飞行员；没有上市融资，而是靠员工集资的方式获取资金；组织和经营模式也十分独特，只有真正渴望飞行的驾驶员才愿意交出自己的储蓄并屈尊装卸行李。几维航空即使能大获成功也难有效仿者。

几维航空在初定商业战略时便考虑到了同行对自己可能产生的看法。艾弗森在接受一个行业杂志采访时表示："我们精心设计了运营体系以免触及大型航空公司的利益，并确保它们知晓几维航空是人畜无害的，如此少的座位数不会对它们的收益产生什么影响"。

但换个角度来说，几维航空又确实是难以击垮的。飞行员、空乘和其他航空从业者组成了一个坚实的团队，他们投入了自己的生命、财富和背负的荣誉感，因而不会轻言放弃。每个飞行员拿出的 50 000 美元对其中的很多人而言并不是一笔小数目，但他们渴望继续飞行，任何职业都无法与之相提并论。如果有哪家大型航空公司要向几维航空发起攻击，后者显然不会轻易屈服。

与几维航空进行价格战势必旷日持久且代价高昂，且这些代价大部分得由那些大型航空公司来承担：如果联合航空打算在纽瓦克到芝加哥的航线上与几维航空竞争，将会损害美国航空的利益，后者显然不会坐以待毙；联合航空和美国航空的客容量要比几维航空大得多，因而损失也会大得多；且几维航空通过在定价上盯住大型航空公司，已经表明了会跟随其降价的决心。此外，几维航空还有亚特兰大和奥兰多两个航线作为利润支撑，所以价格战必然不会速战速决；但持续时间越长，大型航空公司的损失就越多，价格战的巨大代价显然比少数客源流失更令人难以承受。

几维航空初入市场的战略堪称高明，大型航空公司不可能在对其反击时不触碰其航空公司的利益。在几维航空首飞的前 3 个月，在位企业并没有什么激烈的回应。但到了 1993 年初，几维航空的成功开始引起注意，同样有枢纽在纽瓦克的大陆航空感觉受到了威胁，开始通过价格战的方式向几维航空发起攻击。几维航空的员工不惜以降薪为代价继续运营，迫使大陆航空次年便放弃了纽瓦克市场。整体来看，几维航空都在"小而美"的道路上稳步前行。

几维航空坠落

不幸的是，几维航空没能严格遵循最初的经营模式。1992 年 9 月，几维航空仅有 200 名员工和两架租来的飞机，每天飞行 6 次；1994 年 9 月增长到 1000 名员工、12 架飞机，每天飞行 47 次。除了早期的纽瓦克、芝加哥、亚特兰大和奥兰多之外，几维航空还增加了坦帕和西棕榈滩两个目的地，同时将各城市之间的航线增加了 1 倍多，使得航线结构更为复杂。1995 年 3 月，几维航空已拥有 15 架飞机，每天飞行 62 次，且准备进一步拓展航线至百慕大群岛、默特尔比奇、洛利 - 杜罕、里士满和夏洛特等地。几维航空早期限制规模集中单一枢纽、单一航线结构及明确的目标市场的战略已不复存在。

奥斯卡·汉默斯坦曾写过"鱼儿天生水中游"，或许还应该再加一句"飞行员生来要翱翔"。至少有 46 名飞行员参与创立几维航空，他们不满足于区区每天 6 次往返飞行，想要飞更多的里程以证明几维航空比曾经的老东家经营得更好。

同时，与新进入者的竞争也将不可避免，西太平洋航空、瓦卢杰航空、雷诺航空、中途航空、穿越航空、边疆航空、先锋航空、南方航空和精神航空等一大批新航空公司纷至沓来。可廉价租赁的飞机、大批失业的飞行员及老牌航空公司劳工问题不断，这种进入航空业捞金的好机会不仅吸引着几维航空，也吸引了众多新进入者入市。这也迫使在位企业做出回应。1994 年春天，各大航空公司开始发动价格战，大陆航空和联合航空甚至推出廉价航空品牌大陆易飞航空和联航快线。彼时几维航空已经不再坚持最初的战略，众多的竞争对手更让其意识到无法再藏身于暗处。

几维航空的规模和航线都有所增长，但仍不足以与大型航空公司匹敌，客户忠诚度更是相去甚远。大型航空公司的航班密度和累计里程奖励本就更具吸引力，1996 年春天瓦卢杰航空的坠机事件又凸显了大型航司更高的安全性。与此同时，几维航空日趋复杂的航线结构推高了成本，但没有明显地提升对乘客的吸引力。

扩张也降低了几维航空的经营效率。首席执行官艾弗森在 1994 年回顾企业创业史的时候曾激情发问"几维航空的奇迹是如何发生的"，他自己的答案是"员工以无私的使命感来解决在糟糕的传统企业氛围中无法解决的问题"，每个员工都是企业的主人之一，因而"总是思考如何能帮助企业发展得更好"。但伴随扩张而招揽的新员工没有创始团体身上的责任感，几维航空成了一个规模更大但人情味更淡的组织，已无法单靠热情和意愿运转。

1995 年 2 月，艾弗森任期结束，此时他对几维航空及其精神的看法已大不相同，指挥员工做事已经越来越困难：飞行员认为几维航空只是支线航空公司，因此拒绝驾驶包机；空乘拒绝做推广宣传，认为那有失身份；一些员工未经批准便擅自赠送机票给慈善组织。由于人人都不得不发表观点，会议开起来没完没了。员工的行为变得粗鲁无礼，以至于有高管认为公司就像一座小学。原本与最初战略相匹配的经营结构在此时的扩张模式下已无法延续。

1995 年底，几维航空累计亏损已超 3500 万美元。艾弗森之后，几维航空换了 3 任领导，最后交到了首席执行官拉塞尔·萨尔手上。拉塞尔·萨尔在航空业的经验丰富，曾在 1982 年布兰尼夫航空破产和 1992 年泛美航空停业时临危受命，但最终没能拯救几维航空。1996 年 10 月，几维航空申请破产，很快便终止运营。彼时破产的航空公司一抓一大把。在管制解除后入市的新航空公司中，只有西南航空凭借发达的达拉斯枢纽和众所周知的高效运营站稳了脚跟且蒸蒸日上，捷蓝航空等还需要进一步观察。航空业的竞争环境很糟糕且最初就处于竞争劣势，几维航空本就没什么胜算，但没能坚持最初效果不错的战略仍然是个败笔。战略本该是行动指南，而不是用来合理化那些不切实际的商业目标。

无速成之功

柯达挑战宝丽来

门前巨象

乔治·伊士曼是美国工业史上的著名人物，由他创立的柯达历史悠久，几乎是无可争议的商业典范。柯达创立于 19 世纪 80 年代，业务范围由最初的干胶片拓展至胶卷，并逐步统治了美国乃至全球的业余摄影领域。自创立后的近 1 个世纪中，柯达的发展都异常顺利。随着家庭摄影市场开始稳定高速增长，靠着柯达一刻广告的巨大影响力，企业的龙头地位已无法撼动。1958～1967 年，柯达经通胀调整后的核心美国市场需求年增长率为 13%。

然而到了 20 世纪 70 年代，柯达所处的市场开始饱和，企业一直坚持的创新文化也没能继续促进其销售增长。1967～1972 年，企业经通胀调整后的核心美国市场年增长率降至 5.6%，1972～1977 年更是降到了 3.5%。企业管理层的应对办法是向相邻领域扩张，备选的领域包括复印机和一次成像，但这两个领域中都已经存在着根基稳固的龙头：复印机领域中有施乐，一次成像领域中有宝丽来。柯达在进入这两个领域时都没有制定清晰的战略以对抗竞争对手享有的竞争优势，导致两项投资都以失败告终，挑战宝丽来的损失尤为惨重，可以作为进入新市场的反面案例。

兰德之梦：宝丽来的使命

与同行一样，宝丽来也有自己的使命。宝丽来由埃德温·兰德于 20 世纪 30 年代创立，最初生产偏振滤光镜，但兰德感受到了一次成像技术的市场需要，正如他在 1981 年接受采访时所说："工业的使命就是感受人类的深层需求，并用科技实现它，这也是我们的核心理念。"兰德希望用一次成像技术来实现"联结"彼此这一人类需求，这个目标从一开始就非常坚定：自 1947 年涉足一次成像领域起，宝丽来始终专注于这一细分市场，将所有的鸡蛋都放在了一次成像这个篮子里。

宝丽来兰德相机是其首款一次成像产品，重 5 磅，售价 90 美元，可以在 60 秒内印出解析度尚可的深褐色相片。这款相机使得宝丽来成功地在业余摄影领域立足，并成为一次成像相机和胶卷的垄断者。最初人们购买该产品是出于新鲜，但宝丽来知道若想要进一步发展，就不能只满足于粗糙的深褐色相片，于是开始投资于研发并获得了一系列创新成果。1948 年起，宝丽来相机和胶卷陆续得到改进：相机组装和操作方式更加便捷；相机更加自动化且简单易用，甚至使用了声呐对焦；褐色相片改进为黑白甚至彩色相片；成像速度提高，黑白相片成像速度由 1 分钟缩短为 10 秒；图像解析度提高；原来处理不便的负片废料得以消除；原先烦琐的手工上膜步骤得以省去。1975 年，宝丽来的一次成像技术已是业界翘楚。

兰德对一次成像的专注收获了丰厚的回报（见图 13-1）。宝丽来的销售收入从 1950 年的 600 万美元增至 1960 年的 9800 万美元，再到 1970 年的 4.2 亿美元，并于 1975 年超过 8 亿美元。宝丽来 20 世纪 60 年代末期的营业利润增长得更快，后由于研发费用攀升，营业利润持续下降，直到 1975 年止跌回升。

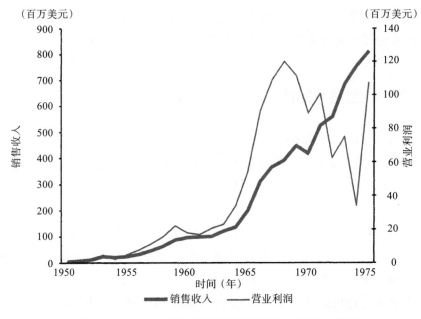

图 13-1　1950～1975 年宝丽来的销售收入与营业利润

　　稳定的高增长与持续的高利润使宝丽来成为华尔街的宠儿。彼时，宝丽来的市值是账面净值和销售收入的数倍，成为 20 世纪 60 年代末最受欢迎的"漂亮 50"组合的核心成员，人们都坚信其价值不会被经济波动与市场竞争影响。然而就像"漂亮 50"的其他成员一样，宝丽来的股价在 1973～1974 年的熊市中暴跌，好在此前数次的高位增发（如 1969 年增发 1亿美元）已经稳住了其财务状况。截至 1975 年底，宝丽来账上有 1.8 亿美元的现金和仅仅 1200 万美元的债务。

　　彼时宝丽来的经济地位源自兰德的天才想法、大量的研发投入及垄断一次成像领域共同造就的技术优势。1962～1971 年，宝丽来的研发费用占收入比例平均超过 7% 且持续增长；1962～1975 年，企业研发投入总计达6 亿美元，积累了大量的相机与胶片专利。如兰德所说："生存的唯一保障是卓越表现，而卓越表现的唯一保障是专利。"大量的专利使宝丽来得以维持其在一次成像领域的独有地位，更不必说还有专利体现不出来的经验和技术积累。

宝丽来最初曾将相机制造业务外包，且从柯达购买负片材料。随着产品性能不断改进，生产技术日趋复杂，基于保质和保密的动机，1969 年宝丽来已基本叫停外包模式，哪怕不太敏感的生产程序也都由企业自行完成。

宝丽来的营销手段是值得商榷的，其新产品始终沿用早期的销售模式：初代产品又贵又笨，因此销量寥寥，直到提质降价才销量大增，但每每此时企业便推出新品。新旧相机的底片又不兼容，结果销量遇到瓶颈，又得等再一轮提质降价，如此循环往复。纵观其史，宝丽来从来没采用过"低价相机获客＋复购胶片获利"的策略。

20 世纪 60 年代末，宝丽来的初代相机终于获得市场认同，其即刻开始研制全新的相机与胶片。1963 年，宝丽来新推出的彩色相片扭转了销量的下滑势头，但仅 6 个月后新一代的彩色与黑白双模式相机便问世了：新的盒装胶片比原来的胶卷更方便，但要求配合新型相机使用；新型 Colorpack 相机售价 100 美元，最初一如既往地销售低迷，直到 1 年内低价版本问世才开始回暖，到 1969 年被市场广泛接受时已降价至 29.95 美元。

此时宝丽来又在策划下一代产品 SX-70，一款被兰德视为大步迈向一次成像终极形态的产品：SX-70 的胶片盒中装有电池，自动对焦和内置闪光灯大大提升了相片解析度和色彩。只要按下快门，相机即可完成拍摄并开始处理相片，接着胶片盒中的电池便能驱动马达将显影后的相片印出。

SX-70 在 1972 年问世时照例销售不佳：首款机型售价高达 180 美元，是当时主打产品 Colorpack 的 6 倍；相机及胶片盒质量很不稳定，电池问题很大。直到 3～4 年后，大幅降价的新型 SX-70 才使销量止跌回升。1976 年，SX-70 相机的全球拥有量仅 200 万部，而结构更简单的 Colorpack 则达到了 2500 万部。

宝丽来与经销商的关系也不利于其销售，企业很少顾及批发和零售等环节的利益。宝丽来自创立便建立了覆盖专卖、百货、超市甚至药店的广泛渠道，但从不控制产品的零售价，在推出新机型时将消化旧机库存的压力全推给经销商，以至于两者关系紧张，冲突频频。在兰德看来，客户才是上帝，而在成功的广告宣传下，宝丽来已是一次成像的代名词。

宝丽来的优势

在 1975 年的时点上，宝丽来在一次成像领域的竞争优势非常大：宝丽来在 1976 年之前完全垄断着一次成像领域，所有的相机和胶片均由其生产，客户别无选择，其市场份额 1947～1975 年稳定在 100%；同时其回报率也异常高，1969～1975 年税前投入资本回报率平均为 42%，无疑远高于资本成本，不过自 1966 年触及高峰 75% 后开始下降，1970～1975 年的平均值只有 20%（见图 13-2）。

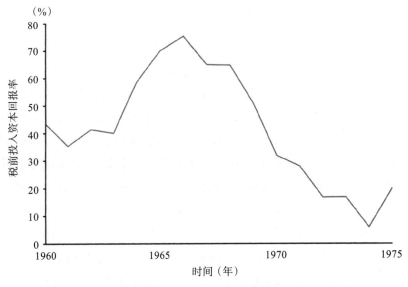

图 13-2　宝丽来的税前投入资本回报率（1960～1975 年）

税前投入资本回报率的下降显然不是因为竞争，毕竟那会儿还没有竞争对手出现，真正的原因在于兰德的偏好和 SX-70 机型的研发：不断增加的研发费用和 SX-70 开发过程中的固定资产投资降低了当期税前投入资本回报率，且直到 1975 年新产品还没能卖出预期的业绩。20 世纪 70 年代，宝丽来的税前投入资本回报率不及从前，这鲜明地反映出兰德对于财务表现实在没什么兴趣。这在当时对宝丽来的竞争优势还没有什么影响。

客户锁定、专有技术和规模经济效益是宝丽来的三大竞争优势。第一种竞争优势，企业拥有忠实的客户，毕竟只要买了宝丽来相机，客户就不得不购买其胶片。但这种客户锁定程度并不强大也不持久：对于彼时宝丽来的客户而言，只要新机型和胶片性能足够好就值得花钱换新，宝丽来在1963 年推出 Colorpack 和 1972 年推出 SX-70 的时候就都盼着已有客户升级换代；新机型总是更简单易用。这一点当然吸引着客户换新，却也降低了老客户的转换成本。

相较而言，宝丽来更依赖第二种竞争优势，即产品和工序层面的专有技术。当原有的相机专利在 1966 年到期后，企业又另外申请了专利以继续保持自己的优势。同时，宝丽来也在相机和胶片的设计与制造工序中积累了丰富的经验。每款新机型都需要几年的时间来改进和解决产品问题，而SX-70 等新机型必然要比老机型更为复杂。这意味着新进入者不得不投入大量的资金、人力和时间才能与宝丽来匹敌，又不侵犯其专利权。

第三种优势是规模经济效益：一次成像的相机和胶片生产需要投资大量的厂房与设备，同时还要保持巨大的研发规模。宝丽来 1962～1975 年的研发支出高达 6 亿美元，其中 SX-70 机型 2 年的研发开支就达到了两亿美元。此外，广告也是一笔不小的费用，仅 1975 年宝丽来的广告投入就达到了 5200 万美元，占收入比例超 6%。对于新进入者而言，如果希望 1～2 年就达到宝丽来的销售规模，那么广告费用占收入比例将超 12%，这意味着基本没什么盈利的可能。规模经济效益与或多或少的客户锁定相结合，为宝丽来构筑了强大的进入壁垒，再加上对一次成像技术的专注投入，对于任何潜在新进入者都是难以逾越的壁垒，新手最好还是待在场外。

越过山丘：柯达高调入场

尽管宝丽来垄断着一次成像领域，但是在更广泛的业余摄影领域仍然面临竞争，毕竟客户可以随时换到传统的摄影方式，这里面的选择可谓五花八门。柯达是胶卷领域无可争议的老大，在低端相机领域也是龙头之一。自从乔治·伊士曼于 19 世纪 80 年代首次推出胶卷和相机，柯达已经成了易用摄影的代名词，其黄色的包装盒尤其醒目。除了业余摄影外，柯达的产品也在职业摄影者、科技与医学从业者中得到广泛采用。在 1954 年美国司法部强制其剥离胶卷销售与冲洗业务之前，柯达几乎控制了整个摄影产业链。即便如此，此后出现的大量的独立冲印店依然要向柯达购买相纸、药剂和设备。到差不多20多年之后的1976年，如果算上材料供应的价值，柯达仍然占据相片冲印市场的半壁江山。

柯达是个可怕的对手，它和宝丽来一样热衷创新。由于占据最大份额，柯达有实力斥巨资研发以改进产品质量，且它从未松懈。与宝丽来类似，柯达也因致力于使摄影简单化而受益：1963年推出第一款傻瓜相机，两年多便售出超过1000万台；10年之后推出体积更小的口袋相机。两款相机的胶卷安装都极为简单，口袋相机由于胶卷和胶卷盒的缩小确实可被放入口袋。柯达使相机的曝光调节自动化，且改进了闪光灯：先是采用可用4次的灯泡，后换成内置的永久闪光灯。柯达让摄影变得史无前例地简单，销量甚佳，想必已故的伊士曼也颇为欣慰。小体积的胶卷帮助柯达进一步扩张了份额，冲印商为了跟上步伐不得不购买新的设备。

同宝丽来一样，柯达也获利颇丰：1950～1975年，柯达税前营业利润率达25%，超过了宝丽来的19%；1975年，税前投入资本回报率达33%，同样超过宝丽来的20%，且高于合理的资本成本。此外，柯达的销售收入和营业利润都保持着高增速（见图13-3）：1950～1975年，销售收入由约5亿美元增至近50亿美元，年复合增速达10%；⊖ 1975年的营业利润近11亿美元，为宝丽来的10倍。同样，柯达也是"漂亮50"的核心成员，账上资金非常充足：截至1975年底，现金及现金等价物达7.47亿美元，债务仅1.26亿美元。

到了20世纪70年代中期，柯达的管理层有了压力：在通胀率仅为1%～2%时，10%的年收入增速很不错；但当通胀率超过6%之后，年收入增速还是10%就有些棘手了。柯达原本具有统治性地位的彩色相片等细分市场的份额开始减少。此时，增长与其核心业务一样迅速的一次成像领域变得很有吸引力了。

⊖ 该数字包含了柯达的化学药剂部门，不过其胶卷和相机销售收入在1975年至少为20亿美元，仍然超过宝丽来1.5倍以上。

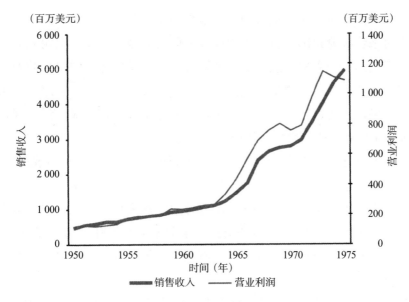

图 13-3　1950～1975 年柯达的销售收入与营业利润

　　柯达试图进入宝丽来的地盘在业内也是人尽皆知，1969 年时曾一度传言宝丽来会授权柯达生产与其相机兼容的彩色胶片，但最终并未成真。柯达决定单干，开发全新的一次成像相机与宝丽来竞争：该相机的胶片在显影时不会产生废料，还有多种价位可供选择。柯达没有秘密执行这个计划，而是在 1973 和 1974 年的财报中公开披露出来，并将其命名为速拍摄影，毕竟即刻这个寓意已经被傻瓜系列占用了。

虎象之争

　　柯达对进入一次成像领域有何战略规划？毕竟无论是做出决策的首席执行官沃尔特·法隆还是其继任者，都不能忽视宝丽来明显的竞争优势：宝丽来已经是一次成像的代名词，享有规模经济效益和大批追随客户，有着几十年的相机和胶卷开发经验，更不用说新的 SX-70 还有一系列的专利保护。当然，宝丽来也有弱点：跟经销商关系不太好；且到 1975 年底时还没全部解决 SX-70 相机的已有问题。但总的来说，沃尔特·法隆面对的无疑是一个强大的对手。

如果宝丽来决定正面抵抗柯达，显然力量更强；如果柯达试图打价格战，宝丽来势必要跟随，但基于规模经济效益和技术优势，宝丽来的成本将远低于柯达；如果柯达想要提升产品性能，怕是要触及宝丽来的相关专利；如果柯达追求产品质量，就需要设法超越宝丽来在生产工序中积累的经验；如果柯达要打广告战，宝丽来也必然跟随，但基于更广泛的客户基础，宝丽来的单位成本增幅必将低于柯达。

理论上还有种可能性，就是兰德意识到激烈厮杀对宝丽来的潜在损害，毕竟更高的销量意味着宝丽来打价格战的损失也会高于柯达。但是更大的客户群使得广告和研发等固定开支的分摊对宝丽来更为有利，加上两家企业都不太可能在短期内耗尽财务资源，宝丽来似乎没什么理由保持克制。可见，宝丽来的竞争优势使其处于更有利的位置，双方能否避免两败俱伤要看兰德的态度。

然而，无论是宝丽来还是兰德本人过往的经历，都表明合作不太可能。兰德是一个如此专注于一次成像的人，绝不会允许任何人对其完成使命制造障碍，哪怕是柯达这样的巨头。可以说，宝丽来也别无选择：柯达除了摄影外还有别的投资，如化学领域；宝丽来则全部押注一次成像，鸡蛋都在一个篮子里。兰德是不可能将篮子或哪怕一个鸡蛋拱手相让的。最后，兰德对财务业绩向来不感冒，在柯达还没说要入场的时候，宝丽来就已经把钱大把地花在 SX-70 相机上了，这足以显示其兑现满足人们彼此"联结"需求这一使命的决心。在这种情形下，相信任何人都能意识到宝丽来势必会对新进入者采取抵抗的手段。

另外，柯达也没有像福克斯或几维航空那样克制，它非但没有避免触怒在位的宝丽来，反而大张旗鼓地高调入场：柯达在 1973 年的财报中便暗示了自己的入场计划；在 1974 和 1975 年的财报中更是做了更多补充描述。像沃尔特·法隆这样的高管拍了板，意味着柯达绝不只是看上了一次成像领域中的某一块小蛋糕。在兰德看来，柯达就是"故意侵入我们的领地，还目中无人地当作我们不存在"。对于柯达来说，在进入在位企业已十分强大的市场时，上述行为实在不值得提倡。

无速成之功

尽管有上述不利因素，柯达还是在 1976 年 2 月宣布将于 5 月 1 日在加拿大发布一次成像相机和胶片，并于两个月后推向美国市场。该计划按期实现，同时柯达还开展了声势浩大的广告宣传活动，并对零售人员进行了技术培训。此次柯达推出了不同价位的 EK4 和 EK6 两种型号的相机，图像解析度、稳定性乃至价格都与宝丽来类似。

如果沃尔特·法隆认为宝丽来不会抵抗，那么他一定错了；如果他认为柯达能提供优于宝丽来的产品，那么他怕是也错了。兰德在拿到柯达的相机之后，表示自己感觉"颇为轻松"，毕竟宝丽来的相机可折叠且便携，而 EK4 和 EK6 笨拙许多。虽说宝丽来的低价产品也不能折叠，但柯达作为要抢客户的攻方，产品性能必须优于对手，而宝丽来只需要守住原有客户，产品不弱于竞争对手即可。这与独立测评人的评价一致，柯达的相机和胶片并不比宝丽来的强。

柯达还遇到了始料未及的生产方面的问题：胶片生产进度不及预期，造成相机延迟发货；相机生产也出现了问题，影响了部分机型的推出。柯达的生产进度耽搁造福了宝丽来：据零售商反映，被柯达的广告吸引到店的消费者发现产品还未上架，失望之余便直接改买宝丽来了，毕竟对一次成像感兴趣的消费者是不大能耐住性子等的。

宝丽来也没有按兵不动。1975 年 8 月，企业推出了两款新型 SX-70 相机，分别针对高端和中端消费者，同时还将 1975 年圣诞期间本已不低的广告预算增加了 1600 万美元。此外，宝丽来开始着手改善与经销商的关系：在柯达入场前，宝丽来的销售人员很不主动，只等消费者上门订货；在柯达入场后，销售人员的工作风格开始转变，开始主动拜访各家店铺，交货速度和服务水平都得以提高，还进行了更多配套的广告宣传。

同时，宝丽来还尝试用法律手段瓦解柯达的攻势：它在美国、加拿大和英国提起诉讼，指控柯达侵犯其多项专利。宝丽来还尝试申请禁令将柯达彻底赶出市场，英国法庭曾一度颁发了禁令，不过在柯达上诉后又撤销了。诉讼一直持续着，尽管宝丽来不大可能通过这一手段将柯达逐出场外，但是也能让柯达疲于应诉，且时刻面临着被高额罚款乃至退场的可能性。

尽管管理层宣布经销商订货量超预期，但是柯达的首份成绩单却令人失望：截至 1976 年底，柯达宣布交付了 110 万台相机，但绝大多数都屯在经销商的货架上；在 1976 年的财报里，柯达表示"其中大部分将于明年底送达消费者手中"，结果柯达无奈地将声势浩大的圣诞宣传延长到次年头两月，要知道这段时间通常是销售淡季。入场的第一年，柯达向消费者卖出了约 60 万～70 万台相机，而同期宝丽来的销量是 400 万台。即便如此，沃尔特·法隆依然觉得自己已经解决了生产方面的问题，开始大步前进以满足市场调研所估计的巨大需求。

在接下来的几年中，柯达确实追上了宝丽来：1978 年销量达 550 万台，远超 1976 年的 110 万台；市场份额也从 15% 提升至 35%。但这项新业务并未给柯达带来高利润：每当其推出新型号时，宝丽来都会跟进，在低端市场中尤其如此；当柯达打折或降价时，宝丽来迟疑片刻也会跟进。不过，柯达的一系列操作确实改变了宝丽来原有的销售模式：两家都开始采用类似吉列剃须刀一样的"低价相机获客 + 复购胶片获利"的策略；同时展开的降价、提质和大范围宣传也扩大了一次成像领域的总体市场规模。1975 年，一次成像机占到业余照相机总市场份额的 25%，1978 年则提高到45%。这种增长对柯达而言喜忧参半，毕竟它本身也是传统相机和胶片的龙头，产品结构内部存在此消彼长的关系。

不幸的是，1978 年对一次成像领域和柯达都是一道分水岭。来自日本的低价、高质且简单易用的 35 毫米相机开始进入市场，就算加上冲印费用，其成本也比一次成像更便宜。在冲印店开始推出 1 小时冲印服务后，一次成像需求被进一步压缩。到了 1980 年，一次成像的高潮显然已褪去：柯达在 1978 年售出超 500 万台一次成像相机，市场份额增至近 40%；到了1980 年，其市场份额跌至 1/3，销量跌至 300 万台，且情况再未好转。尽管柯达从未单独披露过一次成像业务的利润水平，但是业内人士认为即使在企业业绩高峰的年份，该业务至多也只实现了收支平衡。据估计，1976～1983年柯达的税后营业损失超过 3 亿美元，还不包括其研发费用。

对柯达的最后一击来自法庭。多年纷争后，宝丽来的诉讼于 1981 年10 月提交至美国联邦法院。4 年之后的 1985 年 9 月，联邦法官里亚·佐贝尔判定柯达侵犯了宝丽来的 7 项专利，其中大部分与 SX-70 相关。尽管柯达上诉至最高法院，但是仍未能推翻判决。1986 年 1 月，柯达宣布放弃该业务并裁掉了 800 名全职员工和大量兼职员工。柯达在法庭上声称退出一次成像领域将会带来重大损失，但这不太令人信服：一次成像业务从未给柯达创造过任何利润，反倒是个麻烦的拖油瓶。

最终判决于 1990 年到来，柯达需要赔偿宝丽来 9 亿美元，尽管低于宝丽来提出的 57 亿美元，也低于分析人士估计的 25 亿美元，但仍是截至当时最大的一笔专利诉讼赔偿，且给宝丽来带来了一笔不菲的收入，使其 1991 年的税后利润增加了 6.75 亿美元。好在对柯达来说，这也是这个严重错误导致的最后一笔损失。

专利最终成为宝丽来将柯达逐出场外的一项竞争优势，尽管在柯达入场 9 年后才发挥作用，但这只是因为柯达拥有雄厚的资金、技术和决心，并不能证明其战略规划得当。不可否认的是，柯达在一次成像业务上损失惨重，它从未取代宝丽来的领先地位，且在市场萎缩之际也没能守住自己的市场份额。回到 1985 年 10 月，当佐贝尔下令柯达退出之时，大错已经铸成。

其实在 1972 年时，柯达难以在一次成像业务中获利的前景已然清晰：宝丽来拥有客户、技术和规模经济效益等几乎所有的竞争优势，也必然会在竞争中与柯达血战到底。柯达实力雄厚，因而能够以自己和竞争对手都损失为代价高调入场；但不难发现，柯达采取的广告战、价格战、新产品乃至技术改进都难不倒宝丽来，后者甚至做得更好。柯达入场的最终结果只是让原本一家吃饱的市场变成一家挨饿、一家吃少的局面。

尾声

一次成像业务并非柯达在 20 世纪 70 年代唯一失败的尝试。在与宝丽来厮杀之际，柯达还进入了施乐占据的复印机市场。当时柯达的管理层认为，企业有足够的技术和销售实力杀入这个市场。柯达当时的微缩胶片设备业务已显颓势，于是认为恰好有现成的基础设施来销售复印机并提供技术支持。首先问世的是高端型号，最便宜的 Ektaprint 也要 45 000 美元。柯达的计划是只要站稳脚跟就推出低价的"便捷"款。由于高端机型需要技术支持，最初的销售范围限制在 50 个大城市，据柯达市场部负责人描述，"每次出货都会配备两名技术服务人员"。

除了法院下达了禁令及赔偿金额达 8.73 亿美元之外，柯达的复印机征程与一次成像业务基本类似：在其决定入场时，在位企业早已站稳根基。柯达投入了大量的时间、资金和技术人力以生产达标的产品：1975 年推出的 Ektaprint 优于同类型的施乐复印机，但柯达用了 9 年时间设计加 7 年时间改进，而施乐很快就跟了上来并实现反超。与一次成像业务一样，柯达最初小有成就甚至斩获不小的市场份额，但面临在位企业的反击便节节败退。柯达在复印机领域挣扎了更久，它还曾与佳能联合生产小型复印机，并尝试通过软件实现复印机与桌面编辑排版系统一体化，但仍旧无法改变自己追赶者的地位。施乐在 1990 年推出了大型数字复印机，柯达直到 1994 年才开始研制，并于 1996 年将复印机销售与服务业务卖给了丹卡，3 年后又将制造业务卖给了德国印刷设备龙头海德堡印刷机械公司。

彼时管理层的精力都耗在了这些没意义的项目上，柯达的核心业务反倒被富士及其余新进入者侵蚀。20 世纪 70 年代，富士通过低价战略进入相纸市场，柯达却未降价回应。同时，富士还向柯达的胶卷业务发起了进攻。柯达的税前投入资本回报率由 20 世纪 70 年代的 40% 跌至 20 世纪 90 年代初的不足 10%（见图 13-4），随后 10 年有所恢复但仍低于 20%。在进军一次成像和复印机领域失败后，柯达已不再是美国企业中的佼佼者了。

宝丽来的下场甚至更惨：在柯达入场后，其利润水平大幅下降；在柯达离场后，其利润水平虽有所回升，但随后便因数码摄像技术的兴起而崩溃，并以破产告终。

这个案例还有两个问题值得进一步讨论。

第一，宝丽来能否设法阻止柯达入场？答案几乎是否定的。已有足够多的线索可以推测宝丽来对柯达入场的回应，也有足够多的证据显示两家企业的竞争会给柯达造成的损失，任何理性的判断都会让柯达待在场外，此时很难想象宝丽来还有什么办法能阻止柯达。

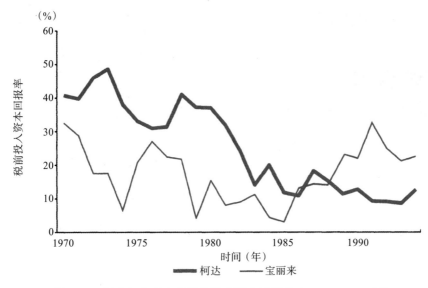

图 13-4　柯达与宝丽来的税前投入资本回报率（1970～1994 年）

第二，柯达能否采用类似福克斯或几维航空那样的进入策略，从而哪怕只是在小范围内成功进入一次成像市场？答案似乎依然是否定的。与航空业或电视网不同，一次成像领域难以细分，柯达巨大的研发投入意味着进军整个市场是唯一可行的策略。宝丽来则坚守使命，无论柯达怎样低调入市，都强硬回击。大象哪怕放轻脚步走，也还是大象，不可能毫无惊扰，于柯达而言，最优选择仍是待在场外。

柯达在自己与竞争对手的竞争优势判断上连续犯错：它认为一次成像和复印机是与其原有业务相关联的领域，可以很容易地实现经验、客户关系及品牌价值的溢出，但事实上这两个领域都与其核心领域存在巨大的技术差异，因而在位企业能够从容应对并击败它。柯达已有的市场部门在复印机销售方面没起到什么作用，技术服务部门更被证明就是个"坑"。更重要的是，两个领域都已经存在不会轻易低头的在位企业。总之，进入两个领域中的任何一个都不是自然而然和轻而易举能做到的。

在此期间，柯达甚至没有积极捍卫自己相纸与胶卷业务的地盘，没能及时有效地阻止富士攻入美国市场，等反应过来为时已晚。柯达无疑是一家国际巨头，但却没能认识到其竞争优势在产品维度是局部的。

精诚合作

把饼做大，公平分食

合作的视角

在进行战略规划时，一种比较自然的视角转换过程是从"无约束的竞争"到"竞争与合作混合"，再到"较纯粹的合作"。本书的结构也基于这一过程：首先对竞争性战略进行分析，之后考虑那些只关注自身能力的企业，其目标就是尽量做好自己而不去顾及他人。这类竞争包含两种情形。

第一种情形下市场中企业众多，以至于处理企业之间的相互作用既不可能也不必要，即没有进入壁垒的情形。第二种情形则是鹤立鸡群，就像沃尔玛在其核心市场及英特尔和微软在个人计算机市场的地位一样，此时进入壁垒存在，且享有竞争优势的企业经营效率更高，尤其当其明白应如何发掘该优势时，但巨头的成功并不需要与渺小的竞争对手合作。以上两种情形的共同之处在于，竞争不会因为企业意识到相互之间的共同利益而得以缓和。

如果在有进入壁垒保护的市场中存在多个企业，且每个企业都有一定的竞争优势，则发掘共同利益就成了战略的一个重要部分。此时竞争依然存在，但是考虑竞争对手的行动与回应可以获得更多好处。我们已经基于传统博弈论分析过以上情形，即在囚徒困境博弈与进入 / 先占博弈这两种最常出现的情形下探寻合作与竞争的平衡。现在我们换个视角，把上述复杂情形视为单纯的合作机会。

从合作的视角分析互动有助于更清楚地看到之前被忽略的地方。

首先，在有些情形下本就是合作机遇占主导的：在数据处理行业中，软件开发商与硬件厂商的最优选择就是合作生产最优质的数据系统，分配收益的小争端虽不可避免但却是次要的；实体产品与媒体资源的供应商及零售商之间的情形也类似；哪怕是常被视为对立的生产者与终端消费者，也有着合作的共同利益，毕竟后者能从产品中获得效用。在上述所有例子中，合作的视角都是有效战略规划的关键。

其次，面对面谈判是其他竞争情形中的常见互动形式。当然，这要在不触犯反垄断法的前提之下，最常见的是工会与企业之间的互动。从原材料到终端产品这条产业链上所有的大型企业的互动都涉及一定程度的面对面谈判。通过合作的方式完成上述利益互换，要比正面对抗好得多。

最后，即使在竞争性战略占主导的情形之下，合作的视角也能提供有效的战略洞见。理论上可以新建一个行业模型，探寻企业以合作效率最大化为目标时可获得的回报：此时所有主体都理性行动，并带来最优的行业总产出。按照这个思路，部分高成本企业会被排除在合作之外，此时它们只能期盼竞争对手出现非理性行为，以获得一线生机。而合作范围内的企业可以在业务层面互通有无，以最大化彼此优势且降低竞争风险。诚然，该视角很理想化，毕竟要是人人都如此理智天下早已太平，但它仍有用处。基于上述原因，合作的视角显然应该是战略规划的一部分。

在本书的结构中，合作的视角位于竞争优势存在且为多企业共享的情形下（见图 14-1 ③），该视角是第 8 章的囚徒困境及第 11 章的进入 / 先占博弈等经典博弈论分析的重要补充。

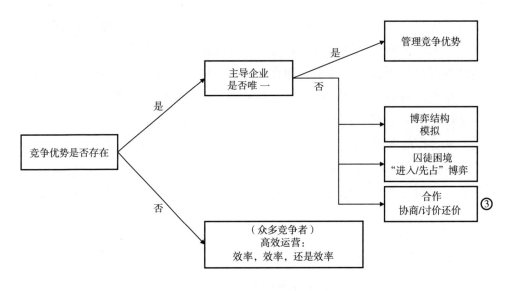

图 14-1　合作与协商在本书中的位置

结果优先

在合作的视角下，之前的分析重点会有较大变动。此前，我们的分析重点在于企业自身能力（竞争优势）及其行动（竞争战略），而结果（收益分配）仅仅是前述因素的附带产物。在合作的视角下，优先顺序有所变动，首先将关注结果：经过行业优化，什么样的总体收益水平是可行的，各参与的企业之间如何公平地分配收益。战略与战术考虑及根本实力则是次要的。

改变分析顺序的原因在于，但凡各方在合作之下决定好要实现的目标，目标达成的机制（即各自应采取的行动）就相对简单明了，各方都会自然地"做正确的事"以实现共同目标。在原来的冲突中，各方的能力差异会影响最终结果，而合作本质上消除了这种无谓的冲突。在合作之中，个体的能力主要影响的是最终的联合收益及各方的收益分配。

可实现的联合收益有两个重要的约束条件。第一，给定现实的经济与技术情况，部分结果无法实现，仅有现实可行的结果能够兑现其联合收益。

例如，如果没有加氢站，无论汽车厂、政府部门和燃料电池厂商再怎样合作，燃料电池都无法成为主要动力源。第二，各方在合作破裂情景下的可实现收益同样约束可实现的联合收益：如果某一方单干能得到更高的收益，它显然不会有合作的意愿。

本章后面的内容将讨论合作战略的两个重要方面——最大化可实现的联合收益和公平分配收益。

- 最大化可实现的联合收益：这个方面涉及的是如何做大蛋糕（充分发掘联合收益）而非如何分蛋糕或得到尽可能大的那一块。从谈判的角度讲即寻求双赢，这是各方开始讨价还价的前提。可实现的联合收益存在上限，即在现实情况下能够得到的最好结果。该上限可以理解为这样一种状态：除非损害某一方的利益，否则各方的联合收益将无法得到任何改善提升。⊖由于发掘联合收益是合作分析的核心，我们将给出其中的关键步骤，企业通过该步骤可以最大化可实现的联合收益。

- 公平分配收益：结果的稳定性取决于其公平程度，各方能够长期维持合作的前提必然是被公平对待，否则任何一方不满都将导致合作崩溃。如果某一方感觉其贡献没有得到应有的补偿，最初就会拒绝合作。我们将会详细地讨论不同合作情形下公平分配的问题。秉持合理公平理念的企业在选择合作时会保有实际的预期：不能让自己吃亏，但也要掂量清楚自己的能力。

优化行业以最大化联合收益

既然第一步要最大化可实现的联合收益，即让行业尽可能赚钱，那应从何处着手呢？答案是想办法实现本行业产品与服务范围的扩张，至少要防止其他的行业蚕食本行业的地盘；降低来自上游的行业成本，同时防止下游客户合谋以压低报价。这都是单个企业在经营时会考虑的问题，只是

⊖ 类似微观经济学中帕累托最优的含义。——译者注

现在出发点换成了更大规模的全行业。

此时必备的条件是：全行业必须被有效地组织起来，避免重复工作等造成的浪费。当然，各方都要最大化个体生产效率，这一点因为不涉及多方协调变得简单许多。为了实现群体高效率，不妨假想存在一个能够指挥各方的领导权威，这种想法有助于理解经协调形成垄断的行业如何运转。

在传统印象中，垄断者的作用就是制定能最大化行业利润的统一价格，但这种理解过于狭隘：许多层面的合作对全行业的影响都同定价一样重要，定价本身也是多因素综合的结果，而非简单地定一个数字。有效的合作涉及以下内容：

- 行业内各细分市场的价格水平。
- 行业总产能及其水平。
- 按效率分配生产任务。
- 控制资源购置成本。
- 协调分销渠道与服务资源以减少重复工作，降低成本。
- 协调研发以防止重叠，成果在行业内共享，实施激励以持续改善经营效率。
- 管理产品品类，消除冗余产品并完整覆盖所有细分市场。
- 协调广告与宣传，促进行业整体推广，避免产品之间的宣传竞争与此消彼长。
- 整合信息系统，减少流动资金需求并确保信息的可靠传递。
- 控制管理开支，防止无效的重复开支并尽可能地利用规模效益。
- 共同管理风险以降低财务相关成本，并解决在个体层面困扰各方的问题。

需要协调的地方不少，但基本不触犯反垄断法。不过，这种理想化的高水平合作很难在竞争环境中完全实现，但仍有一部分可以实施，且事实上被实现过。

对于不触犯反垄断法的那些方面，各方只要约束自己的竞争行为就能取得很好的效果。例如，企业在直接竞争对手较少的市场中经营就可以大幅提升利润率，此时各方都可以专注专属的细分市场，避免正面竞争。细分的依据包括地理维度、产品维度、服务分工及客户特征，只要各细分市场不是紧密相连的，就不会发生价格战。⊖如果各方都坚守自己的细分市场，全行业的有效高效益就可以实现。此时有意愿购买高价产品的客户会待在高端细分市场，不会转移到低端细分市场，纵使产品本身大同小异。⊜在合作的视角下，价格协调主要解决的是各方在行业中的定位问题。

行业产能管理不只是在产能过剩时关闭厂房设施，还要确保在用设施实现最高效的运转：在行业扩张时，提高效率和位置最优的企业的产能；在行业收缩时，减少高成本和位置不佳的企业的产能。以上选择看起来很自然，市场竞争本身也会逐渐淘汰亏损企业，但在合作的情景下一切会更迅速且成本更低：如果制造与销售可分离，那么高制造成本的企业可以转去做销售，而从低制造成本的企业那里购买产品。当然，这一切需要各方更加专业化且效率更高，但在合作的情景中总可以找到一片栖息之地。

外包是业务划分的一种方式，有效外包可以将生产任务转给低成本企业从而大幅降低全行业成本。如果外包可以顺利实现且没有额外开销，就不再需要其他措施降低行业成本。如果因为种种原因外包代价过高，高效率的企业就可以在一定条件下将技术许可给低效率的同行。总之无论哪种情况，全行业的成本都会降低。

如果生产集中在少数高效企业中，资源竞争就会有一定限制：对于通用型资源，如非专业的技术工人、能源等广泛应用的原材料及融资等金融服务，单个行业对其价格不会有太大影响；但对有特殊技能的专业化工人等，行业内部竞争会抬升其价格。好在理论上来说，如果业内竞争企业较少且都有合作意识规避囚徒困境中的类似行为，管理并减少资源方面的竞争就不会太难。

在协调分销渠道与服务资源以提高效率之时，市场细分依然是最关键

⊖　如果市场中的交叉需求弹性较大，即购买一个细分市场的产品会提高另一个细分市场的需求，那么各方可以联合定价以规避自相残杀，类似囚徒困境中的做法。

⊜　典型的例子是航空业：航空公司根据乘客的订票时间和退换票条件的差异给同一座位制定不同价格。虽然座位本身并无差异，但是航空公司有效利用了客户需求的不同。

的要素。集中特定地理或产品维度的企业，要比广泛布局的企业效率更高：分销渠道和服务资源都涉及大量的固定成本，其水平高低与特定市场的地理范围有关；该项成本有着自然垄断的特征，即初始成本高而边际成本低，规模经济效益很强，因而小规模的企业必然会处于不利地位。

地理或产品维度的自然垄断不是无限的，其限度取决于规模经济效益的有效范围：一旦达到企业基础设施所能覆盖的最大范围，再扩张时它便与其他企业处于同等地位。该规律同样适用于信息技术维护服务的供应方，一旦需要配备全新人员来满足客户的新需求或维护新设备，就说明其规模经济效益已达极限。只要在限度以内，不同细分市场的主宰者之间的合作就可以实现稳定的高效率，毕竟它们具备的客户忠诚度足以构成对潜在新进入者的竞争优势。

研发方面的协调可谓知易行难。理论上，提高研发效率很简单：避免重复研发，即防止企业间研究项目的重叠；共享研发信息，提高研发效率；不限制技术许可，使研究成果更广泛地被应用于互不重叠的各个细分市场；研发预算的分配不只考虑主体企业的回报高低，还要能使业内同行雨露均沾，即考虑研发成果的外部性。不过与完全竞争的情景相比，合作情景下的研发投入更高还是更低是不确定的：消除重叠会减少投资规模，但研发成果的共享和广泛应用会增加投资。

与单个企业的行为一样，在合作时要对产品品类和广告宣传进行协调与权衡：更多的产品品类及广告宣传会增加收入，但不同的产品品类之间不可避免地会出现内部竞争，且加大某一产品品类的宣传必然会减弱其他产品品类的推广力度。业内各方都集中不同的细分市场有利于减少内耗，尤其是相关联的产品或地域都为同一企业控制时。在人员部署方面，要尽量规避"我们的产品胜于他们"这一类的竞争性宣传，以及针对同行的客户进行的营销活动。

整合信息系统已经越来越普遍，尤其是对同一供应链上的企业来说，且不再是反垄断法的打击对象。类似地，同行之间统一信息格式或标准也很普遍，且迄今为止未引起反垄断争端。数字音乐的 MP3 格式和无线通信的 IEEE 802.11x (WiFi) 标准就是正面例子。Betamax 和 VHS 的录像格式之

争则应予以规避，它造成的损失仍令企业与客户记忆犹新。[⊖]

将管理工作外包给专业机构可以降本增效。例如，自动数据处理（ADP）已经广泛应用在工资管理及投资机构后台业务等多种业务中，集中处理多家企业的专项业务可以形成规模经济效益，成本要远低于企业自主开展该业务。很多时候此类服务并非由第三方提供，而是由业内的主导企业提供，如大银行代小银行处理信用卡和其他业务。这种层面的规模经济效益不难实现，甚至不需要特意进行协调。

最后是风险分散的问题，它难以把控却非常重要。保险业的出现是为了将个人及企业层面的风险转移给那些愿意以特定价格水平承担风险的机构，但企业面对的诸多风险并不能靠传统的保险手段解决。各行各业都存在需求波动，在需求下跌时常引发价格战，这是企业从个体利益角度出发的必然选择，但价格战的结果无一例外地是让各方均受损。而在需求增加时，盲目的扩产也会导致供需失衡与各方俱损。两种情形都需要对竞争予以约束，通过协调价格与产量的方式减少损失与控制风险。

为了平滑区域或全球范围内的原料价格波动，供应商和客户等业内各方常选择合约的形式分担成本的波动风险。近年来，对冲手段开始为人们采用，即使用衍生金融产品合约实现风险转移。上述两种方式在协同性行业中都有着广泛应用。

在战略层面，全面分析得出的行业最高效情景可以作为合作的指南，此后各方可通过协商等方式予以实现，同时也给企业的管理者提供了努力的目标。我们在后面一章中将使用案例分析全面合作为行业带来的收益。退一步讲，就算大规模合作不可行，从合作的视角进行分析也有助于确定某家企业在行业中的定位。企业在合作的情景中可承担的职能及其市场定位凸显了该企业的专长，自然也是其应该专注的方向。只有一步步考虑过这些决策后，才是时候算清楚专注能给自己带来多少收益。

⊖　格式与标准的竞争并未绝迹：新一代 DVD 播放器的标准不一，数字录音带之所以没能广泛应用就与制式未统一有关。不过在大部分情况下，企业在产品面市之前都会解决这一争端。

公平分配以维持合作

数学家约翰·纳什获得诺贝尔经济学奖的原因之一，即开创了对公平分配原则的研究，以解决在达成稳定合作关系的行业（合作均衡）中如何分配收益的问题。经济学家在纳什的基础上进一步探究了该问题，如今原则已较为完善，我们将集中讨论其中的三个原则：个体理性、对等和线性不变。

在分析上述原则的实践应用之前，我们要先明晰公平在当前情景中的含义：它不仅是一个道义问题，各方必须对合作获取的收益满意，方能将合作维持下去；任何一方因不满而退出合作都会引发其他各方的类似行为，并最终导致合作崩溃。

因一方不满而导致合作崩溃的典型例子即价格竞争：在合作维持高价的过程中，如果某一方对自己的市场份额不满，就会降价以争取更多的市场份额；其他企业不会坐视客户资源流失，因而也降价自保；很快降价行为将遍及全行业。为了防止第一例背叛行为出现，各方都得相信自己在当下的安排中得到了公平对待，这种公平感对合作的稳定性至关重要。

个体理性

公平的首个条件，即各方在合作中所得收益不低于不参与合作所得收益。显然，如果不参与合作的收益更高，任何企业都不会继续合作。用博弈论的术语描述，该条件被称为个体理性原则，即合作的选择于任何个体而言都是理性选择，合作所得回报至少不低于拒绝合作，否则合作不可持续。从这个角度来讲，合作的初始收益分配一定是不均等的。

基于这一原则，企业在不合作时所能取得的收益就很重要。用纳什的术语来讲，各方的这种收益被称为威胁点，其中威胁指的就是各方拒绝合作而追求个体的短期收益。按照谈判理论的术语，又被称为谈判协议的最佳替代方案（BATNA）。无论名称如何，它都是度量各方合作收益的基础。在公平分配合作收益时，必须把各方的非合作收益纳入考虑范围之内。

个体理性原则的要求有决定性的意义，很多时候仅这一个原则就决定了合作收益的分配方案。例如，某种信息技术产品的生产过程集结了多方企业：有的负责生产组件，有的负责将组件装配为设备，还有的将设备、软件和服务支持集成起来面向终端客户。产业链上的所有企业都愿意让终端产品价格最大化，让成本最小化，此时合作对大家都有好处且不触犯反垄断法。但除了使总收益最大化之外，收益如何在组件、设备、系统和支持等环节进行分配也亟待解决。

从个体理性原则的角度出发，我们能找到一个解决方案。假设组件制造和设备装配环节都不存在进入壁垒，在位企业也没有什么竞争优势，系统集成商则在软件开发和服务支持方面有一定的规模经济效益和客户锁定带来的优势。此时，如果组件制造商和设备装配商不选择合作，新进入者和内部竞争就将使其经济利润归零，即投入资本所得回报等于资本成本。显然，这些企业谈判协议的最佳替代方案，或者说不合作时的最高收益，即资本成本。

系统集成商则不同，它们享有竞争优势，在非合作体系下收益也高于资本成本。但凡哪个组件制造商或设备装配商不愿意合作，系统集成商都可以轻易将其替换为愿意以资本成本合作的潜在新进入者。此时，系统集成商谈判协议的最佳替代方案就等于合作时的收益，或者说它们能够获得合作的全部超额收益，无须与没得选的组件制造商和设备装配商分配。可以说，组件制造和设备装配环节的竞争态势迫使从业者在没有超额收益的情况下进行合作。

个体理性原则是广泛适用的。没有竞争优势的企业即使参与合作，也没法指望能获得超过资本成本的回报：那些指望通过与沃尔玛、史泰博、微软和英特尔等巨头合作而长盛不衰的企业不过是痴人说梦，它们只可能获得相当资本成本的收益。同时，沃尔玛、史泰博、微软和英特尔等巨头也不会要求其供应商、经销商和其他合作方的收益低于资本成本，毕竟这将使后者离场且没人愿意接替。个体理性原则对双方都有用，正如乡村音乐中所唱的：不带点什么去参加舞会，就什么也带不回去；但若什么都不带去，无非也就是空手回家。

个体理性原则意味着只有超出非合作收益的部分才是可分配的合作收

益，或者说这部分才是合作本身带来的收益。如果各方之中仅有一家相较于其他各方享有竞争优势，它将获得所有的合作收益。但很多时候多家企业都享有竞争优势，因而都有资格参与合作收益的分配，如个人计算机产业链中的微软和英特尔。那么此时如何分配才是公平的？好在我们还有另一个原则用以指导这种情形下的收益分配。

对等

纳什用对等这一术语来描述第二个原则：对于有资格参与合作收益分配的各方，也就是享有竞争优势而非迫于竞争压力参与合作的企业，如果它们条件相同，就应该平分合作收益。与个体理性原则一样，对等原则也是合作得以长期维持的条件：如果条件相同的合作各方之中有几家企业长期获得高于平均水平的收益，那么收益低于平均水平的其他企业必然会不满，从而放弃合作。收益高于平均水平的企业短期看日子过得不错，但时间拉长来看，它们的一时贪心会破坏合作，使所有人利益受损。各方均认可对等从而维持合作，有助于防止争夺合作收益给大家造成损失。

如果业内有两家企业享有竞争优势，合作就要求两者共同参与。此时若任何一方放弃的收益都会流入另一方，收益就应当平分：无论两家企业在规模、能力或其他方面差别多大，如果合作所得收益超出非合作状态下两家收益之和的部分（即合作收益）平等地依赖于两家企业，它们就都有同样的资格获得该收益。任何一方对于合作都不可或缺，若其中一方非要攫取高于平均的收益，合作将被破坏并且最终使双方利益都受损。与商业战略中的其他内容一样，主动约束过激行为对长期成功非常重要。

对等原则在现实中的典型例子出现在某些环节享有竞争优势的产业链中：在所属市场中没有竞争优势的企业的所得收益只能等于长期资本成本；在所属市场中享有竞争优势的企业需要相互合作以使利润最大化。他们可以通过改变对下游企业的定价而无缝分配利润，假设此时通过合作确定的最优的终端产品价格与销量保持不变，上游企业若因降价而使自己的月收入和利润减少 10 万美元，这部分收益将会被下游企业获取。

假设每月终端产品销售所得总经济利润最大值为 1000 万美元，上述交易机制可以实现上下游之间各方的收益转移，即通过改变彼此之间的交易价格来实现；而在实践当中，个体理性会对收益转移施加限制。假设在合作破裂的情况下，上游企业能获得 200 万美元的经济利润，下游企业为 400 万美元，剩下的 400 万美元（1000 − 200 − 400）依赖两家企业的合作。此时在威胁点之上，双方对合作收益有同样的贡献和索取权，根据对等原则，双方平分这 400 万美元，于是上游企业的总经济利润为 400 万美元（200 + 200），下游企业为 600 万美元（400 + 200）。只要两家企业都愿意合作互利，那么彼此都应该遵循这种公平的分配方案，否则任意一方感到不公正而采取破坏行为，都会导致合作破裂且双方受损。

对等原则同样适用于产业链上存在两个及以上的互补性企业的情形：如果各方希望持续合作，收益分配方案就必须让各方都满意。微软和英特尔避免了在个人计算机行业作为合作受益方直接相互竞争，其收益分配基于以威胁点为基础的对等原则：迄今为止微软的利润分配比例仍高于英特尔，因为它几乎没有竞争对手，而英特尔面临着 AMD 和其他潜在 CPU 制造商紧随其后的竞争。如果微软有一天也面临着来自 Linux 等的竞争，收益分配方案也将改变。相反地，下一章中我们将会介绍一个失败的案例：任天堂试图攫取超过应得比例的电子游戏行业收益，结果招致其他合作者的不满，这为任天堂的竞争对手创造了机会，后者趁机削弱了任天堂的市场地位。

线性不变

当多家享有竞争优势的企业都处于产业链的同一环节，且成比例地划分市场时，第三个原则就派上用场了。比如，有两家企业，一家规模和实力是另一家的两倍，则其所得收益也应该是另一家的两倍。纳什将其命名为线性不变原则，它要求合作收益按照企业的相对经济地位成比例地进行分配。在下一章当中，我们将讨论一个常年产能过剩的衰退行业中的合作案例，参与各方通过遵循线性不变原则维持了长期的互利合作。该案例可

以说明，通过对合作收益进行公平分配，合作能取得什么样的收益（以行业盈利能力衡量）。⊖

纯属假设吗

即使某个行业中的企业无法消除敌意达成合作，合作的视角也依然具有启发性：它有助于判断潜在的合作领域，即便只有我们前面列出的一两项，如各方将研发定位于不同方向以避免重叠；通过明确企业在合作情景中的定位，也有助于发掘自身专长。就这点而言，合作的视角可以为供应商与采购者确立实际的目标与条件，以探寻可能的合作关系。

最后，如果某家企业在合作情景中的地位不容乐观，极端情况下甚至没有合作资格，如生产成本过高，那么这个信息也能为企业发展提供重要的战略指引：当下企业自身的生存取决于其他企业合作的破裂，如果希望求得一线生机，就必须在更强大的竞争对手达成合作之前改变自身的不利地位；通过分析别人合作对自己的影响，管理层可以推断出企业今后的发展前景及当下应该朝哪个方向努力，对于市场地位不佳的该类企业，这种信息对其战略规划也是非常重要的。合作的视角是标准形式竞争分析必不可少的补充，虽然我们要时刻明确现实情形比这种简化的视角更复杂，但是纯粹的合作视角依然是有用的。⊖

⊖ 纳什还探究了合作各方相对地位非线性时的原则，他将其命名为无关选择独立性。该原则与个体理性、对等和线性不变原则完整地定义了一般情况下合作收益分配的公平方法集。该原则下的均衡状态需要以下条件：任何变动若让收益从一方转移到另一方，则前者的损失占自身总收益的比重等于后者的收益占自身总收益的比重。例如，若 B 公司放弃自己总收益的 25%，A 公司将得到自身总收益的 25%。不过，这一严谨细致的理论情形在现实当中很少出现。

⊖ 此处对合作视角战略分析的作用的评价与经济学的基本逻辑一致：先给定假设以得出结论，再放宽假设以逼近现实。第一步得到的"过于理性"的结论会勾勒出现实结论的"边界"，第二步根据实际情形对假设进行放宽便能得到贴合实际的结论。——译者注

合作
规范与禁忌

成功的合作罕见且不易。竞争中的各方需要找到和谐的方式来提高共同收益，同时还要避免触犯反垄断法。本章中的案例给出了合作的三种潜在结果。

在第一个案例中，任天堂过于自信，追求主宰市场，忽视了与上下游之间的互利关系，于是上下游坐视任天堂的地盘被竞争对手一步步蚕食。在第二个案例中，铅基汽油添加剂制造商之间的合作成功地延缓了这一高污染夕阳产业的消亡。在第三个案例中，苏富比和佳士得两大拍卖行寻求合作以终结价格战，然而却走向了一条公然合谋的非法路径，最终导致一位负责人入狱，其余人员提前退休。在我们看来，这一悲剧本可避免，毕竟还有多种合作办法可以达到预期目的。

良性循环的终结：任天堂的游戏

当任天堂在 20 世纪 80 年代进入家庭电子游戏行业时，这一新兴行业已经历了潮起潮落。1982 年美国电子游戏销售额为 30 亿美元，1985 年跌至 1 亿美元。日本的情况与美国类似，直到任天堂携"超级马里奥"王者归来，重拾人气和吸金能力。任天堂于 1983 年在日本发布 8 位红白机，1986 年将其推向美国市场，令数以百万计的家庭为之心动。任天堂对游戏机的定位类似吉列的剃须刀，主要是为了吸引玩家购买游戏卡带，以实现盈利。在日本，每位游戏机玩家平均会购买 12 盒游戏卡带；在美国则是 8 盒。截至 1989 年，北美市场游戏销售额已回升至 30 亿美元，其中任天堂占有绝大部分市场份额：在日本是 95%，在美国是 90%。1992 年，任天堂的游戏机、游戏卡带及授权等业务全球销售额已超过 40 亿美元。

任天堂的成功主要源自对游戏质量的改进。20 世纪 70 年代末，任天堂携首款街机游戏"大金刚"进军街机市场。与家庭游戏机相比，街机功能更强大且造价更高，同时街机的拥有者还能够对游戏内容进行控制。这不难解释为何街机在之后 10 年依然繁荣，直到 20 世纪 80 年代中期销售额仍达 50 亿美元，与家庭游戏市场形成鲜明反差。彼时劣质游戏的涌入正困扰着雅达利等第一代家庭游戏机制造商，其中大多数是未经授权甚至盗版的游戏，有时甚至无法在游戏机上运行。这一方面使得游戏机制造商无法从中获利，另一方面糟糕的用户体验也影响了行业的整体需求。

任天堂完美地解决了上述问题：首个爆款"超级马里奥"为自主研制，在未增加成本的前提下，游戏机的功能变得更强大，游戏体验甚至与街机类似。它还改进了游戏机技术，使其可以抵制未经授权的劣质游戏，每张游戏卡带都有两个微芯片，一个用于游戏运行，另一个则是密码芯片，没有该芯片游戏就无法在任天堂游戏机上运行。与此同时，通过将某些游戏机功能转移至游戏卡带，任天堂还降低了游戏机的成本。尽管游戏卡带的价格也相应上涨，但是依然令人感到硬件设备不再昂贵。1983 年，任天堂游戏机售价 100 美元，游戏卡带售价 40 美元左右。

任天堂首战告捷：1983 年在日本的游戏机销量达 100 万台，1984 年达 200 万台，1985 年接近 400 万台。在进入美国市场时，任天堂被迫让游戏机的外形更加接近计算机而非玩具。零售商最初持观望态度，但很快市场便被打开，销量增速更甚于日本。1989 年美国的购机人数超 900 万，游戏卡带销量达 5000 万盒。1990 年，8～14 岁男孩所在家庭有 70% 都购买了游戏机，其中超过 90% 选择的是任天堂。

任天堂体系

任天堂的管理层明白多样化且高质量的游戏是所在行业的驱动力，同时也知道自己并无能力创造出满足所有需求的游戏。单个游戏的制作成本约 50 万美元，自己制造全部游戏不仅昂贵且风险巨大，毕竟游戏是有可能和电影一样不叫座的。于是，任天堂转而采用特许经营的方式，允许其他企业编写任天堂游戏机可运行的游戏：在日本首批授权了 6 家企业，它们都有游戏制作的相关经验。根据特许经营的条件，任天堂将收取游戏卡带批发价格的 20% 作为授权费，游戏卡带的批发价格为 30 美元，每卖出 1 盒任天堂都能获得 6 美元收入。

尽管要投入大量研发资金并支付 20% 的授权费，但是和此后与任天堂签约的特许经营方相比，这 6 家企业的待遇已经相当优厚了。后来不晚于 1988 年签约的 40 余家特许经营方也要交纳 20% 的授权费，此外所有的游戏卡带必须由任天堂制造，每盒再收 14 美元，首批订货 1 万盒起，而且要预先付款。当该方案推向美国市场时，首批订货提高至 3 万盒起；产品要在日本神户以离岸价格（FOB）交货（货物离港前交由买方，运费由买方承担）；游戏开发商自行负责产品进口和在美国市场的销售。⊖任天堂把游戏卡带的生产按每盒 4 美元的水平外包给了理光，对外收取的 14 美元和付给理光的 4 美元间的 10 美元差价便全部收入自己囊中。当最初 6 家特许经营方的合同于 1989 年到期时，其续签的合同中也被加入了上述条款。有几家企业有所埋怨，但最终还是别无选择地签约了。

任天堂还从其他方面控制游戏开发商，如每年生产的游戏卡带不得超过 5 种；审查游戏质量与内容，过于暴力或者涉及性内容的游戏将无法获得许可；作为特许经营条件的一部分，这些游戏开发商两年之内不得为其他游戏机提供游戏。由于任天堂占有 90% 的市场份额，游戏开发商别无选择：要么给任天堂干活挣微薄之利，要么在剩下 10% 的市场中挣扎求生。

⊖　这些细节源于哈佛商学院案例，其中每盒收费 14 美元仅针对美国游戏开发商，在日本的收费可能较低。

　　任天堂在与零售商的关系中也处于支配地位。在 1985 年任天堂初入美国市场时，零售商对此前游戏机市场的崩溃仍心有余悸，彼时仓库里或许还堆着没卖出去的雅达利 VCS。于是，任天堂决定改变游戏机的外形设计并通过电子渠道销售，且在与实体店铺签订的委托销售协议中只按照实际卖出去的游戏机数量收费。不过随着其旗下的游戏机变得畅销，任天堂的模样也从可怜巴巴变得盛气凌人。

　　即使是沃尔玛、凯马特和玩具反斗城等零售巨头也必须在到货时立即付款，而不能采用行业常见的延期付款。沃尔玛专营任天堂游戏，其他零售商也必须遵守任天堂的游戏机和游戏卡带建议零售价。任天堂坚持要求其零售商在店铺内设立醒目的任天堂游戏中心，后者也都欣然同意。由于任天堂游戏卡带的实际发货量低于零售商订货量，更低于客户的需求，它可以减少那些不守规矩的零售商的配额。

　　任天堂的成功及对待零售商和游戏开发商的态度招致大量批评，连美国众议院反垄断、管制放松与私有化委员会的主席也表达了不满。1989 年，他要求美国司法部对任天堂的某些行为进行调查。两年之后，任天堂与联邦贸易委员会和几个州的首席检察官签署了同意判决书，同意不再指定零售价，但其相对于零售商和游戏开发商的支配地位并没受太大影响，这背后存在着结构性的原因。

　　20 世纪 80 年代末，电子游戏行业已经形成了如图 15-1 所示的稳定结构。游戏机制造商处于行业的中心位置，设计、销售并推广游戏机。它们有时外购芯片等部件自行装配游戏机，但也有很多企业像任天堂一样把制造业务外包。也有企业自行生产部分游戏卡带，但在市场中占比不大。

　　在取得统治地位的过程中，任天堂面对着来自雅达利、动视和世嘉的挑战。彼时 Coleco、美泰和 Magnavox 等早期游戏机制造商已经销声匿迹，但又出现了索尼和微软这样的新进入者。20 世纪 90 年代初，市场已经被任天堂统治。组件和芯片制造商也常为游戏机制造商装配机器，其中既有著名的电子和芯片企业，也有不知名的电子制造商。这一领域存在着高度竞争，游戏机制造商只是诸多客户中的一类且需求相对较少。游戏卡带由大量创造性企业设计和生产，其中也包括游戏机制造商自己。著名厂商包括哈德逊、艺电、泰诺、科乐美、万代和南梦宫等。最后，游戏机和游戏卡带都通过以玩具反斗城、沃尔玛和电路城为代表的玩具店、超市和电子商店及其他专业零售商销售。

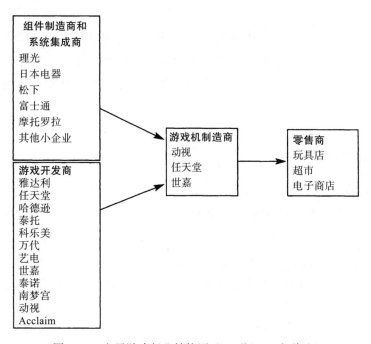

图 15-1　电子游戏行业结构图（20 世纪 80 年代末）

因为组件制造竞争激烈，且对家庭游戏机的依赖程度并不大，所以真正的关键是游戏开发、游戏机制造和零售三大方面。从 20 世纪 80 年代末到 90 年代初及中期，任天堂一直居于统治地位。从合作的视角来看，最有效的产业结构应该是只有一种游戏机系统：游戏开发商只需要为每个游戏制作一种版本，就能够满足所有潜在客户的需求；零售商只需要在货架摆上一种游戏机版本的游戏，就可以更低的库存成本提供更多种类的游戏；游戏玩家也只需要学习一种游戏机的操作就能玩市面上所有的游戏。

或许有人认为，处于垄断地位的游戏机制造商没有动力创新和应用新技术，但并非如此。与多种游戏机系统相比，当只有一种游戏机系统时，开发新一代技术的固定研发成本会更低，因为可以避免重复建设。各代游戏机的性能升级也会更加有序，不会在时机尚未成熟时就匆忙推新，把上一代产品挤出市场，正面例子如个人计算机行业中 Windows-Intel 操作平台的创新。最后，游戏机仅需要不亏，通过游戏卡带赚钱的模式也能使整个行业的利润最大化。

如果任天堂愿意在上述格局中与游戏开发商和零售商分享收益，那么这种战略在几代技术周期中持续下来根本没有问题。不过，如果任天堂非要在行业总利润中攫取超出自己应得比例的部分，那么其地位能够维持多久就完全依赖其竞争优势了。

竞争优势如何

靠游戏机进军电子游戏行业后，任天堂取得的成就充分证明它享有一定的竞争优势：市场份额极高，在日本达 95%，在美国达 90%；利润水平极高，1984～1992 年净资产收益率平均达 23%。从这两方面来看，任天堂至少在 1992 年之前肯定享有在位企业竞争优势。这一点也被股票市场印证：1991 年其市值为 2.4 万亿日元（按当时汇率算超过 160 亿美元），市净率高达 10 倍；市值已超过了索尼和尼桑等巨头。但要是有人在 1991 年时对这些竞争优势的来源进行研究，应该也不能肯定它们可以持续下去。

客户被锁定了吗

任天堂极受欢迎的 8 位红白机为它积累了一定的客户忠诚度，玩家购买了该游戏机后会面临一定的转换成本。任天堂游戏机的持有者不会去购买与之不兼容的游戏卡带（以及后来逐渐替代卡带的光盘），但是这种优势由于游戏行业的某些特征而被弱化了。

电子游戏行业玩家群体变得很快：男孩 14 岁之后对游戏的兴趣就会下降，从而把市场交给了刚刚八九岁的小玩家；后者又因为以前没有游戏机，因此对任天堂的黏性并不强。

与游戏卡带相比，游戏机的价格相对较低：一盒游戏卡带要卖到 40 美元以上，相比之下更换一部 100～150 美元的游戏机也就相当于两三盒游戏卡带的钱。

新技术带来了功能更强的芯片（16 位、32 位、64 位甚至 128 位），且价格并不比任天堂的 8 位游戏机贵多少。更大更快的芯片意味着更为逼真的游戏体验，到某个节点时，新型游戏机和老任天堂游戏机的性能差距会非常大，不仅新玩家会选择前者，老玩家甚至也会转投新型游戏机。此时任天堂游戏机丰富的配套软件也无法再产生多大的吸引力。再者，游戏很容易玩腻，对新游戏的需求就像吃豆子的"派克人"一样会吃掉现有游戏的市场空间。

技术更优吗

任天堂在游戏卡带中内置防盗版芯片的行动非常明智，但是这种芯片本身是标准化产品：不存在什么专有技术，任天堂也没有什么真正意义上的专利。在降低游戏机成本的过程中，任天堂从理光等制造商那里购买"大路货"组件。有家企业找到了绕过其防盗版芯片销售无授权软件的方法，为了加以阻止任天堂向各游戏杂志施压不准它们刊登该公司的广告。任天堂在很大程度上只是一个标准组件的装配者，还将大量的装配业务外包了出去，其高额利润并不源自先进的技术。

存在规模经济效益吗

对于潜在的特许经营方来说，制作一个新游戏要花费约 50 万美元。不过就算游戏卡带的利润已被任天堂压到了每盒 10 美元，首批售出的 5 万盒也足以收回固定成本，且这个销量还只是游戏卡带年销量的很小一部分。

市场每年游戏卡带的销量在 5000 万盒左右，每个游戏只要能够获得市场千分之一的份额就足以盈利。

游戏机的设计与制造不存在什么规模经济效益：研发成本相对较低，制造只是简单的组装。1987～1992 年，任天堂每 100 日元的销售收入中固定成本平均只占 14 日元，且该比例并未随着企业的增长发生明显的变化。

良性循环

任天堂真正的竞争优势源于网络外部性产生的良性循环。一旦任天堂游戏机占领市场，就有更多的外部游戏开发商愿意为其编写游戏，这又使得任天堂游戏机更受欢迎，带来更多的游戏，如此循环往复。这种良性循环也体现在零售方面：由于零售商不愿同时销售相互竞争的游戏机和游戏卡带，客户会发现任天堂游戏机比其他品牌的更容易买到。与此同时，作为声势浩大的营销策略的一部分，任天堂在1万个销售网点建立了展示中心，客户可以在其中试玩游戏。另外，零售商通常不愿意交出销售场地的控制权，专属销售空间只有居于统治地位的制造商才可能获得，对这些销售空间的控制又进一步加强了任天堂的市场统治地位。

任天堂产品在市场中的高渗透率甚至使它能专门出一本面向任天堂游戏玩家的杂志来促进销售。这本杂志不刊登广告，它对游戏进行排名，对新推出的游戏进行预览，还提供各种游戏的通关秘籍。它的定价很低，刚过成本线。该杂志到1990年时已经发行量巨大，每月可卖出600万份，超过美国市场上的任何一本儿童杂志。

良性循环的终结

尽管有如此之多的优势支撑，包括一家独大的产业结构，但是任天堂仍然非常脆弱。它的良性循环基于两个优势，且并不像其想象的那么稳固：一个是任天堂游戏机广泛的客户群，另一个是任天堂与游戏开发商和零售商之间的合作关系。

第一个优势很容易被技术的更新换代摧毁。随着芯片处理器从8位进化到16位、32位、64位、128位甚至256位，新型游戏机的画面质量和强大性能使老机型变得过时：任天堂的8位游戏机对于游戏开发商和零售商不再有吸引力，后者开始追捧新一代的游戏机。

第二个与上下游关系的优势本来可以支持任天堂渡过难关，助其在新一代游戏机系统上建立统治地位，但这只在游戏开发商和零售商感觉与任天堂之间互利的情况下才有可能。游戏开发商可以把下一代游戏保留到任天堂的新型游戏机推出时再发布，零售商也可以继续将更多的店面用于销售任天堂产品，但如果任天堂一直压榨其合作方，攫取超出应得比例的行业利润，那么游戏开发商和零售商只会盼着尽早脱离任天堂的控制。此时与上述情形相反的一幕便会发生：新一代游戏留给了任天堂的竞争对手，

零售商也上架其他企业的产品同任天堂竞争。[⊖]

任天堂与合作伙伴的关系并不融洽：它没有公平地分配行业利润，强加给游戏开发商和零售商的合同条款损人利己，恶化了与上下游的关系。任天堂给游戏开发商的待遇非常苛刻。对于一盒普通的游戏卡带，在 30 美元的批发价格与 4 美元的制造成本之间有大约 26 美元的利润空间，任天堂自己从中拿走 16 美元即 60% 的利润，而承担所有研发成本和风险的游戏开发商只得到 10 美元，即不足 40% 的利润。

任天堂还在其他方面激怒了游戏开发商，将其每年推出的新游戏品种限制在 5 个以内。这使得任天堂不会过分依赖某个游戏开发商，也确保游戏开发商不会迅速壮大到能推出自己的游戏机系统，但这限制了后者的潜在收益，也彻底惹恼了游戏开发商。任天堂还审查游戏内容以限制性与暴力。在最重要的圣诞销售旺季，其游戏机和游戏卡带发货量总是低于零售商的订货需求。这种故意制造的饥饿营销或许让任天堂的产品更为抢手，但减少了游戏开发商和零售商的收入与利润。同时，任天堂苛刻的付款时间规定和对店内产品展示的要求也激起了零售商的不满。

1988 年，世嘉在日本推出了一款 16 位游戏机，其画面和音效都强于任天堂的 8 位游戏机。尽管如此，世嘉还是很难找到外部游戏开发商为自己的机型编写游戏。它改写了自己的一些街机游戏以适用这种机型，但销量依旧很低。不过世嘉并没有退缩，它于 1989 年在美国推出了该机型：售价 190 美元，游戏卡带售价 40～70 美元。这些游戏瞄准的是不符合任天堂内容审查要求的那部分市场空间。不过同早期的任天堂一样，世嘉的销量不佳。在任天堂将沃尔玛和玩具反斗城作为主要渠道时，世嘉只能依靠巴贝奇等软件商店。

世嘉的命运在 1991 年发生转变，彼时其一位新主管决定将游戏机和最受欢迎的"刺猬索尼克"游戏以 150 美元打包出售，并大获成功。世嘉游戏机的销量直线上升，游戏开发商蜂拥而至，为其提供产品。任天堂由于担心影响自己 8 位游戏机的销量，推迟了 16 位游戏机的发布，等到它跟随

⊖ 尽管任天堂的特许经营方在签约的两年之内不得为其他品牌游戏机开发游戏，但是它们有方法绕过该限制，如将相关业务部门剥离出去或从事早期设计工作等。

世嘉进入 16 位游戏机市场时，一切都太迟了。世嘉已经长大，再没有游戏开发与销售渠道的烦恼。

1992～1994 年，世嘉和任天堂为了争夺市场主导地位正面开战，用尽了包括价格战以及广告战等所有手段。一家报纸曾戏言，如果这也是一个电子游戏，那应该命名为"市场快打"，灵感源自著名游戏"真人快打"。两家都宣称自己是市场领导者，但并不在意谁赢得了更大的市场份额。任天堂显然是输家，电子游戏行业内部的激烈竞争削减了它在良性循环高峰期享有的高利润水平。1995 年，索尼推出 32 位游戏机使得竞争更趋白热化，当年就有 8～9 家企业推出了 32 位甚至更高的游戏机参与竞争。

任天堂的统治地位可以说是被它自己的决策削弱的。它选择了继续发掘 8 位游戏机带来的特许经营收入，而没有立即对世嘉的 16 位机做出反应。与此同时，它总是低于市场需求的发货量也在帮助世嘉抢夺客户。不过在世嘉推出其游戏套装之前，任天堂就已经为前者和其他竞争对手打开了大门。一旦世嘉建立信誉，零售商尤其是游戏开发商便会立刻投怀送抱，正是游戏开发商的叛离对任天堂造成重创。产品特色蕴于软件之中，这是电子游戏行业的共识。用一句著名广告语说就是"一切尽在游戏中"$^{\ominus}$（It's in the game）。由于疏离了游戏开发商，任天堂输给了世嘉和索尼。

我们无法确定如果任天堂采取更为友好的合作战略，是否能够阻止游戏开发商为世嘉和索尼开发游戏。我们只知道世嘉的 16 位游戏机刚刚开始获得玩家青睐，游戏开发商就纷纷为其供货。游戏开发商很愿意看到多种游戏机系统存在，尽管它们因此需要承担为不同操作平台提供游戏的成本，但与此同时也在与游戏机制造商的谈判中有了更多筹码。事实上，优势已经从任天堂转到了游戏开发商这边。用《商业周刊》的话来说："游戏行业内容为王，若技术先进但内容乏味，终将走向末路。"如今，世嘉、索尼、任天堂乃至后来的微软都成了弱势一方：在光盘（PlayStation 游戏机采用的是光盘而不是游戏卡带）的制造成本和授权费方面开出更好的条件，请游戏开发商来为自己工作；自己也开始承担一部分开发费用。由于图形界面的要求更加复杂，单个游戏的开发成本已达 1000 万美元，是任天堂 8 位

$\ominus$ 游戏开发商艺电的著名广告语。——译者注

游戏机时代的 20 倍。

任天堂由市场统治者变成了众多在位企业之一, 原来的高额回报率也不再享有, 其中很大部分原因要归结于未能与合作伙伴保持良好的关系。任天堂攫取了太多的行业利润, 以至于游戏开发商和零售商宁愿去支持新的游戏机制造商。为了说明理性合作能够取得怎样的成效, 下面我们将考察一个远没有电子游戏行业那样光鲜的铅基汽油添加剂行业。

"点铅成金": 铅基汽油添加剂行业的合作

现在考虑这样一个行业:

- 产品为大宗商品。
- 产能严重过剩。
- 需求势必快速下滑。
- 在政府和公众眼中形象不佳。

基于以上描述, 很难令人相信这个行业还能赚钱, 更别说获得超额收益了。

然而, 生产用于提高汽油辛烷值 (以减少爆震性) 的铅基添加剂的诸多企业战胜了注定黯淡的命运, 成功的关键就在于懂得如何合作。在联邦贸易委员会对其某些行为表示不满后, 它们仍然找到了合作并分享收益的方法: 通过减产来应对需求下跌; 陆续退出行业, 将资产卖给尚存的企业或干脆关门大吉。到 20 世纪 90 年代末最后一家企业退场时, 这个看似不景气的行业已经盈利了 20 年。

1974 年, 美国的铅基汽油添加剂行业共有 4 家企业: 乙基、杜邦、庞贝捷和纳尔科, 产能总计约 10 亿磅。乙基是 1924 年进入这一行业的, 最初是通用汽车和新泽西标准石油公司的合资企业, 它持有若干专利得以免受竞争对手的威胁, 直至 1948 年专利到期杜邦进入并夺走了部分市场份额与利润。事实上, 杜邦曾为其制造添加剂, 直至专利到期它自己能够出售添加剂为止。庞贝捷在并购了休斯敦化学公司之后入场, 而纳尔科在美孚和阿莫科的支持与协助之下入行。这些大炼油厂是铅基汽油添加剂的大客户，它们希望通过促进铅基汽油添加剂行业的竞争来降低自己的采购成本，但却并未奏效。乙基成功地协调了与后续新进入者的关系，限制竞争并维持了行业的高利润。

该行业的前景在 1973 年发生突变，当时美国环保总署签署实施了 1970 年的《清洁空气法案》，要求逐渐停止铅基汽油添加剂的使用，并采取了两个手段：第一，从 1975 年开始，所有在美国销售的新汽车都必须装有尾气催化净化装置以减少有毒气体的排放，这种净化装置使得含铅的汽油无法正常工作，因此石油企业必须为新车供应不含铅的汽油；第二，环保总署对石油企业加入汽油的铅化合物数量做了限定。乙基将这一法规的实施推迟到了 1976 年，但在此之后每加仑⊖汽油含铅量和铅基汽油添加剂行业市场规模开始持续下降：销量从 20 世纪 70 年代中期的 10 亿磅下跌到 10 年后的 2 亿磅，到 1996 年则几乎清零。销量下降既有 1975 年以前生产的汽车逐渐报废的原因，也受到了每加仑汽油含铅量规定的影响。

尽管关于空气中含铅对于人体的危害性曾经有过一些争论，但是这种铅基汽油添加剂本身的危险程度一目了然。它可燃易爆，人们用身体接触它或吸入其挥发物都会中毒。石油企业通常只存有不超过 10 天的供应量以减少危险。铅基汽油添加剂的运输和储存都需要专用设备，不过石油企业仍然能够使用普通运输车辆装运这种液体：能够使用普通运输车辆而不是专用车来装运这一点倒也符合其大宗商品的特点。

铅基汽油添加剂行业

生产和购置铅基汽油添加剂相关行业的结构并不复杂。少数化工企业购入原材料（尤其是铅），将其加工成四乙基铅和四甲基铅两种添加剂，然后卖给石油企业。纳尔科使用一种与众不同的工序生产四甲基铅，但实际上其产品可以和其他添加剂相互替代。所有添加剂制造商的业务都是多样化的，尤其是杜邦和庞贝捷。即使是龙头乙基，添加剂业务也仅占其总收入的 17%。它们的客户主要是国内外的炼油厂，并且大都由一体化的大型

⊖　1 加仑 ≈ 3785.41 立方厘米，约 3.79 升。——译者注

石油企业经营。在环保总署对美国境内的添加剂使用进行限制之后，添加剂制造商曾经试图发掘国外客户以维持销量：它们的确向国外出售了一些添加剂，但是由于这种化合物运输成本太高且危险性大，海外销售通常由海外工厂进行。同时，行业内也有非美国企业。

原材料占了生产成本的绝大部分，所有的添加剂制造商都需要购买铅。乙基和杜邦自行生产所需的其他原料，而庞贝捷和纳尔科更依赖外部供应商。这 4 家企业之间无疑存在成本差异，但并没有达到能成为某家企业竞争优势的程度。

很难看出这 4 家企业中谁享有明显的竞争优势：自从乙基的专利在 20 世纪 40 年代到期，没有哪家企业掌握专有的技术，下游大石油企业等客户都向多个厂家购买添加剂。合同期通常为 1 年，到合同续签时，大石油企业都希望它们能够比价，毕竟价格是业内各方唯一的差异了。

没有哪家炼油厂会通过宣称自己的添加剂来自乙基或杜邦以来区分自己的产品，因此尽管添加剂制造商和客户之间存在长期的交易关系，添加剂配方不同甚至还可能存在一定的转换成本，但是添加剂制造商无法锁定炼油厂客户。任何一家脱离合作的添加剂生产商都随时可以通过降价来实现市场份额的增加。

添加剂生产集中在不超过 7 家的少量工厂中，这意味着行业很可能存在一定的规模经济效益；但大工厂并没有把小厂挤出市场，这又说明规模经济效益非常有限。同时，在缺乏客户锁定的前提下，规模经济效益本身并不足以产生可持续的竞争优势。

不过进入壁垒方面的情况完全不同，行业内的 4 家企业被一个无法逾越的进入壁垒保护：美国环保总署 1973 年的法案也阻止了外人进入铅基汽油添加剂行业。即便某些企业从地方政府获得了必要的许可，又有谁愿意投资生产一种即将禁用的产品呢？更何况由于人们对于空气污染的关注，这种可能性小之又小。在将该行业推向死路的同时，环保总署也帮助在位企业规避了新进入者的威胁，从而使其能够在行业消亡之前的漫长时间里依旧最大化利润。

友情合作

尽管大的石油企业希望添加剂制造商之间能够进行价格竞争，但它们注定要失望：新进入者很快就领悟了业内精髓，并与在位企业通力合作，挫败了原先支持者的企图。或许该行业的集中分布也有助于新进入者融入行业环境。除了杜邦位于新泽西州和加利福尼亚州的两家工厂外，其余工厂都在得克萨斯州和路易斯安那州的墨西哥湾地区，相互间半径不超过300英里，且靠近它们供应的炼油厂。管理工厂的工程师也都有着相似的背景。无论是在宣判行业"死刑"的法案颁布之前或之后，业内企业都通力合作，避免了可能爆发的激烈竞争。

它们采用的方法主要是约束自身，使得给客户获得折扣或离谱的低价更为困难。

- **统一定价方式**：报价同时包括添加剂成本和交货成本。通过将交货成本包含在报价当中，防止添加剂制造商通过更低的交货成本给予客户价格折扣。
- **价格变动提前通知**：如果某家添加剂制造商希望调整（提高）添加剂报价，合同要求提前30天通知客户，在此期间客户可以按照当前价格购买更多产品。1977年之前，添加剂制造商一直都通过媒体公布价格调整，不过后来顾及法律因素终止了这种行为。炼油厂试图诱使其他添加剂制造商不要跟随行业领导者提价，但未能如愿。在1974年以后的5年时间里就曾有30次提价行动，但全都被维持住了：乙基和杜邦往往是价格调整的发起者，庞贝捷和纳尔科则跟随行动。即使在媒体公布价格调整的行为停止之后，这种协调一致的行动仍然得以保留。提前30天通知价格调整意味着任何希望保持低价的添加剂制造商必须在其他企业提价行为生效的30天前就表明自己（不跟随）的意图。如果得到这样的信号，那么主导企业就会撤回自己宣布的提价计划，不参与集体行动的企业将得不到任何好处，虽然客户会因此受益。
- **最惠国条款**：此处最惠国指的不是进口关税，而是添加剂的价格。

这一条款确保每位客户都能得到可行的最低价格。它实质上限制了添加剂制造商给予特定客户折扣的行为，因为那样的话它必须为所有客户提供相同的价格。乙基和杜邦在合同中都包含了这一条款，庞贝捷和纳尔科在多数情况下也采用这种做法。

除了上述方法外，4 家添加剂制造商还采取了一项重要的措施：联合采购与生产。简单来说，根据工厂位置、原料供应和产能等情况的不同，一家添加剂制造商得到的订单可能会在另一家添加剂制造商的工厂内生产。4 家添加剂制造商间有一个结算系统，用于支付扣除运费之后的利润余额。1977 年各方的产能、产量和销量数字揭示了这一联合生产体系的运作情况（见表 15-1）。

表 15-1　铅基汽油添加剂行业的产能、产量与销量（1977 年）

	产能（百万磅）	占比	产量（百万磅）	占比	销量（百万磅）	占比
乙基	475	37%	432	48%	312	35%
杜邦	544	43%	250	28%	317	35%
庞贝捷	113	9%	97	11%	150	17%
纳尔科	137	11%	122	14%	121	13%
总计	1 269	100%	901	100%	900	100%

杜邦的产能最大，但产量低于乙基，两家的销量大体相当。显然乙基的产量超过了销量，其中有部分供应给了杜邦和庞贝捷的客户。联合生产消除了供应商之间大部分的成本差异，它们都可以从乙基的效率优势中获益。消除成本差异也防止了低成本添加剂制造商抢占市场份额，否则会导致同行利益受损和整个行业的成本上升。销量市场份额的年度变化很小：1974 年乙基的市场份额是 33.5%，1977 年只升至 35%。事实上，市场份额的变化始终遵循着一个规律：大企业的市场份额低于 35% 时趋于上升，超过 35% 时则趋于下降。对于庞贝捷和纳尔科这两家规模较小的企业而言，中值是 15%，没有哪家企业愿意费工夫以提升长期的市场份额。

市场份额的稳定性加上联合生产模式带来了行业产能管理上惊人的高

效率。高成本工厂在联合生产中的开工率较低，在需求下跌时也会最先被关闭。1980 年，乙基关闭了在休斯敦的老工厂。1 年之后，杜邦也关闭了在加利福尼亚州安提克市的工厂。联合生产为降低过剩产能和关闭低效率工厂提供了有效激励，因此行业成本最小化成为相应的指导战略。

联邦贸易委员会介入

后来这 4 家企业似乎做错了点什么，被联邦贸易委员会认定存在反竞争行为。1979 年，4 家企业的下列行为被指控触犯了《联邦贸易委员会法案》第 5 款：

- 提前 30 天通知价格调整。
- 通过媒体发布调价信息。
- 以统一的价格销售产品。
- 在合同中使用最惠国价格条款。

联邦贸易委员会认为，上述行为使 4 家企业"降低了竞争者价格的不确定性"，因此减少甚至消除了铅基汽油添加剂市场的价格竞争。尽管这些行为本身并不违法，但是因被用来保持价格的一致与稳定而受到了指控。不过控方没有对联合生产政策提出什么异议。

两年后，一位行政法官支持了上述指控的大部分内容。添加剂制造商不得事先向行业宣布价格调整，并在实施价格调整的 30 天之后向公众宣布，最惠国条款也因为"阻挠折价销售行为并促进了价格的一致性"而被禁止了，但法官忽视了禁止对客户价格歧视的《罗宾森 – 帕特曼法案》。法官认为 4 家企业构成了"寡头垄断"，因而这些本身并不违法的行为被禁止采用。

又过了两年，联邦贸易委员会在 1983 年重申了这位法官的大部分裁决：尽管这些企业没有合谋制定价格，但是它们限制了竞争。乙基和杜邦被命令终止下列行为：

- 在企业与客户协定的某段时间之前宣布价格调整。

- 无论运距长短，给出包含运费的统一价格。
- 向客户保证其能够获得与他人一样的最低价格。

联邦贸易委员会没有禁止 4 家企业通过媒体宣布价格调整，也没有对纳尔科这个公认的价格跟随者采取任何制裁措施。1983 年，庞贝捷已经退出该行业。

在裁决宣布时，添加剂制造商已经停止了事先宣布价格调整的做法。它们还将一口价（包含运费）改成了离岸价格模式（港口交货，买方承担运费）。不过无论是哪种定价方式，添加剂制造商都无法通过补贴运费提供折扣。最惠国条款虽然从合同中删掉了，但实际上依然得以继续，毕竟没有哪个客户不愿意得到最低价。

虽然被禁止使用某些限制竞争的特殊策略，但是添加剂制造商仍然驾驭着囚徒困境。在联邦贸易委员会宣布裁决时，它们已经有多年的有效合作经验，因此联邦贸易委员会的决定并没造成什么显著影响。行业不可避免地走向衰亡，但添加剂制造商却能够持续获利，只是销量不断下降。1981 年，乙基的添加剂业务收入占总收入的 17% 和利润的 33%。由于该业务占用的资产很少，回报率显得格外的高。

添加剂制造商退场

联邦贸易委员会的裁决对铅基汽油添加剂行业的合作并没有产生什么影响，但国内外的环保法规却在持续降低行业需求。添加剂制造商的对策是关闭工厂，将添加剂业务的利润投入其他领域，同时保持互利合作。纳尔科放弃了这一业务，乙基和杜邦仍在继续经营。乙基仅存的制造工厂位于加拿大安大略省，杜邦的工厂则在新泽西州。另一家国际添加剂制造商是英国的联合奥泰，其大股东是总部位于印第安纳州的大湖化工。1994 年 7 月之前，乙基的大部分产品都由杜邦供应，之后杜邦停止了这项业务。乙基转向联合奥泰，两家企业在 1996 年签订了一份协议，保证乙基能够从联合奥泰的产品中获得固定份额来在自己的渠道销售。再之后，乙基位于安大略省的工厂停工，但两家企业仍声称将继续在铅基抗爆剂的销售与推广方面"竞争"。

联合奥泰留在行业中的原因只有一个：利润极其丰厚。1994年，联合奥泰获得 5.2 亿美元收入和 2.4 亿美元营业利润，营业利润率近 47%。相较之下，大湖化工只有 14.8 亿美元收入和 1.62 亿美元营业利润，营业利润率仅 11%。联合奥泰将该业务产生的利润用于并购，为行业彻底消失的那天做好准备。

乙基在铅基汽油添加剂和其他业务上的利润结构与此类似，尽管彼时其仅仅是个化学产品经销商。1994～1996 年，添加剂业务收入占乙基总收入的 23%，利润占 63%；1998 年，添加剂业务收入降至 1.17 亿美元，仍获得 5100 万美元的营业利润，营业利润率高达 44%，彼时企业其他业务的营业利润率只有 11%。

1998 年，联邦贸易委员会再次介入这个不断萎缩的行业，揭开了乙基与联合奥泰之间"积极"竞争的内幕。两家企业被指控它们之间的协议触犯了反垄断法，并在最终达成和解后对协议进行了修改。根据新协议，乙基可以购买联合奥泰产出之中超过固定份额的部分，而联合奥泰必须满足乙基为供应美国客户所需的产品数量。表面看来，上述调整将会促进两家企业之间的竞争。乙基向联合奥泰支付的费用将不再与联合奥泰的零售价挂钩，两家企业也不再互相透露各自的价格。同时，在并购任何用于在美国经销添加剂或在世界任何地方生产添加剂的资产之前，两家企业都需要向联邦贸易委员会报告。最后，两家企业做出任何有关铅基汽油添加剂的协议前也须报备给委员会。

如果联邦贸易委员会的目的是保护消费者，那么应该将目光转向别处。铅基汽油添加剂实际上已经从美国市场中消失了，世界其他地方的铅基产品也在消亡的过程中。上述裁决并不会对两家企业之间的竞争有什么实质性的促进，乙基或联合奥泰都不会通过降价来争抢这块正在萎缩但利润丰厚的地盘。面向全球市场的联合奥泰继续享有高额的营业利润率（见表 15-2），在不景气的 2000 年之后，营业利润在销售收入下降的情况下反而上升了。同乙基与纳尔科一样，联合奥泰将四乙基铅带来的资金用于扩张其特殊化学品业务，其特殊化学品业务的回报率也远远比不上铅基汽油添加剂业务。

表 15-2　联合奥泰分业务收入与营业利润（2000~2002 年）

	2000 年	2001 年	2002 年
四乙基铅			
销售收入（百万美元）	300	265	257
营业利润（百万美元）	59	69	118
营业利润率	20%	26%	46%
特殊化学品			
销售收入（百万美元）	122	156	181
营业利润（百万美元）	11	13	10
营业利润率	9%	8%	6%

联合奥泰将是最后一个离场的企业，但和此前的几家一样，它可以体面地离开，至少看营业利润率的话是这样的。通过互利合作，即便受到反垄断法约束，铅基汽油添加剂行业内企业仍然在相当长的时间内做到了"点铅成金"。

保持距离：苏富比与佳士得真被困为囚徒

相较其历史、声望与地位，苏富比和佳士得这两家拍卖市场领军者的业绩只能说平平无奇。1990 年时，两家拍卖行已经统治了英国和美国的艺术品及其他奢侈品拍卖市场。它们将艺术品直接卖给收藏家，不断蚕食着艺术品中介的市场。但艺术品市场的大幅波动让两家拍卖行极为苦恼，由于行业的固定成本极大，从业者对收入的下降更为敏感。1974 年，由于石油禁运导致了经济危机，两家拍卖行都开始对买家收取酬金，此前都是完全由卖家付费的。两家拍卖行或许是想用这种方法从活跃在艺术品市场的阿拉伯石油大亨手里讨回一点不义之财。

买家酬金使苏富比和佳士得获得了新的收入，同时也有助于其通过降低对卖家的收费来与对方竞争，事实上它们也确实在降低对卖家的收费。艺术品市场经历过 20 世纪 80 年代末的狂热后，进入 20 世纪 90 年代渐渐冷却。日本的买家停止了对名画的追逐，甚至都不为已拍下的艺术品付款。美国的经济也在降速，海湾战争使得客户更为谨慎。两家拍卖行眼看着业务量不断下降，于是搬出了降价这个最古老的促销武器。

　　为了吸引卖家将艺术品送到拍卖行，同时为了抢对方的生意，苏富比和佳士得都降低了卖家佣金，有时甚至分文不取，同时还向即将拍卖的艺术品提供条件优厚的预先贷款。它们开始印刷精美的拍卖品目录，这经常被视为吸引卖家的虚荣象征。它们还举办豪华聚会，甚至向卖家热衷的慈善事业捐款。但是这些措施没能使光景回到1989年的盛况，对于提高拍卖行的利润更无帮助（见图15-2）。

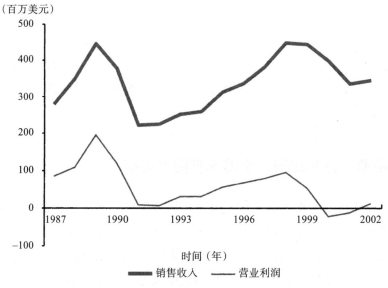

图 15-2　1987～2002 年苏富比的销售收入与营业利润

　　当整体形势日益艰难时，两家拍卖行携手合作。1992年，苏富比将买家酬金从原来占拍卖收入10%的固定比例改为浮动比例，这样可以为企业带来更多的收入。7周后，佳士得也采取了同样的举措。两家拍卖行的行动时机非常耐人寻味。根据对法庭做出的陈述，苏富比的阿尔弗雷德·陶布曼和佳士得的安东尼·坦南特在1993年才首次真正会晤。陶布曼这个购物中心大亨在1983年是苏富比的救命恩人，他买入了后者的大部分股权，使之幸免于马歇尔·科根和史蒂文·斯维德的敌意收购。陶布曼飞往伦敦会晤了坦南特。据两家的首席执行官：苏富比的黛安娜·布鲁克斯和佳士得的克里斯多夫·戴维奇证实，陶布曼和坦南特指示他们做出详细合作的协议：两家拍卖行同意不再通过削减卖家佣金来相互争夺客户。

1995 年，佳士得宣布把卖家佣金从固定的 10% 改为浮动比例，根据拍卖收入的不同，比例将在 2%～20% 变动。随着时间的推移，两家拍卖行之间的合作还包括：相互不对关键岗位人员"挖墙脚"；不通过低于市场利率预先贷款的方式向卖家提供补贴；共享大客户名单，也就是那些它们降低收费甚至分文不取的客户名单，任何一方不得追求对方名单上的客户，也不得向不在名单上的客户提供同样的优惠条件。根据布鲁克斯的证词，陶布曼曾希望双方在拍卖艺术品的价格预估上实行合谋。但是她认为这些决策是由两家拍卖行各自的专业人员做出的，很难对其加以控制。

关于两家拍卖行正在实行合谋的流言同样很难加以控制。1997 年，大家都知道美国司法部正在对两家拍卖行触犯反垄断法的行为进行调查，起源是客户举报。客户发现两家拍卖行自 20 世纪 90 年代中期的某个时间点开始不再提供更低费率，在没有合谋的情况下要保持如此高度一致的行动似乎不大可能。1999 年底，克里斯多夫·戴维奇与政府达成交易：作为换取自己和佳士得其他成员免除牢狱之灾的条件，他提供了能够证明陶布曼和坦南特等人非法行为的文件。

2000 年，司法部说服了黛安娜·布鲁克斯指证她的老板阿尔弗雷德·陶布曼，以换取其自身的自由，结果最后陶布曼成了唯一被送进监狱的人：他在 2001 年被判 1 年徒刑，服刑 9 个月后被释放。两家拍卖行分别缴纳了 2.56 亿美元的罚款，相当于苏富比 1995～1998 年税前利润的 4 倍。安东尼·坦南特声称自己是无辜的，但一直躲在伦敦，毕竟在那儿他不会因为触犯反垄断法被引渡回美国。

这个案例中最令人吃惊的不是佳士得与苏富比之间的非法协议，而是其合作的低效。随着艺术品市场从 20 世纪 90 年代初的萧条中恢复过来，苏富比的利润率在 1992～1996 年确实有所增长。但在 1996 年后，尽管艺术品市场的情况已经好转，苏富比的利润率却再没什么起色。1998 年，虽然两家拍卖行的收入已经达到或接近 1989 年的最高点，但是苏富比的营业利润却只有 1989 年的一半，1999 年的销售收入只是略有下降，但营业利润却下跌了近 50%。

戴维奇、他在佳士得的同事及黛安娜·布鲁克斯可能不知道应该如何在不触犯反垄断法的情况下进行合作，但是知道应该如何应对囚徒困境，至少知道第一轮该怎样做。《纽约观察家》就该指控发表评论："他们需要戴维奇的笔记和证词，以获得政府有条件的特赦，而在这个颇具争议的计划下，第一个认罪揭发的骗子反倒可以平安脱身。"纵使不是次次都能平安脱身，但是第一个认罪揭发的骗子肯定会得到更多好处，否则谁还会认罪呢？而更有趣的问题是，除了这种非法合谋之外，两家拍卖行是否有别的办法脱离价格战的泥潭？

苏富比和佳士得合计占有高端拍卖市场 90%～95% 的份额，按理说应当能受益于规模经济效益和明确的客户锁定。一直以来，新的小拍卖行都无法打入其地盘，且双方在价格战之前都有丰厚的利润。可持续的成功关键在于限制竞争，这要求两家拍卖行划分各自的业务范围，但在地理上做这样的市场划分不大可能。由于两家拍卖行的历史渊源和美国市场的吸引力，它们在伦敦和纽约都设有重要的分支机构。此外，它们在全球主要城市都设有办公室及销售处，这些据点更多是用于收购而不是拍卖。对于昂贵的艺术品，买家会跑到大城市拍卖，因此苏富比和佳士得都需要在纽约和伦敦经营，因为更多的买家会被吸引到那儿。

既然从地理上划分业务不大可能，那么划分经营范围也就是产品市场就是必然的选择了。两家拍卖行必须改变从基克拉迪雕塑到苏美尔陶器，再到罗伊·利希滕斯坦和基思·哈林的画作无所不包的状况，需要专注于特定的时期和艺术品类型。它们也可以从古波斯地毯、珠宝首饰和路易十四时代的钟表与气压计等范围更广的其他拍卖物品中选取特定品类。

在拥有如此多种类产品的情况下，两家拍卖行各自选取互不重叠的经营领域至少在理论上应该很简单。每个领域的业务都需要大量的管理费用来支持，尤其是鉴别拍卖品真伪、来历和雇佣专家估算价值。如果苏富比专注于 18 世纪法国绘画与装饰品的拍卖，佳士得专攻色彩抽象派作品，那么卖家就可以根据自己持有物品的类型前往相应的拍卖行。这种分工的另一个好处是可以减低总体的管理费用，因为它避免了大量的重复花费。

不过这种分工在实践中存在两个问题。第一，遗产拍卖中可能涉及大量的物品，它们无法明确地归属于任何一家企业的专业领域。第二，虽然17 世纪荷兰绘画大师的作品带来的收益远超后期印象派作品所带来的收益，但是这些作品在博物馆之外的存量很少。可见，在公平划分业务范围时要着重考虑它给拍卖行带来的收益，而不是其他方面的因素。尽管存在一定困难，但是两家拍卖行达成一个非正式的默契分工，又不构成合谋还是有可能的。

在陶布曼和坦南特首次会晤之前，1992 年苏富比宣布提高向买家收取的酬金，佳士得在合时宜地等待了 7 周之后也采取了同样的行动。那么苏富比是否能够宣布计划削减埃及和古中东部门的资源，将业务重点转向希腊、罗马和公元 1200 年之前的欧洲艺术品呢？佳士得也许会在一段时间之后宣布加强埃及部门和早期文艺复兴领域的专家力量。随着时间的推移，通过比这一过程还微妙的过程，两家拍卖行或许可以在艺术品和其他市场中划分出各自的势力范围，甚至效果更好。遗产拍卖的问题也可以自然解决，遗嘱执行人可以根据两家拍卖行的专业力量来决定去向，而且也没有规定遗产不能通过一系列的拍卖出售。

***

任天堂、铅基汽油添加剂行业及两大拍卖行的案例分别从正反两面证明了有效合作带来的收益，同样说明了跨越合法界限的笨拙合作可能导致的风险。规划得当的合作战略不会立即救企业于水火之中，但铅基汽油添加剂行业的案例证明了合作在适当的条件下能够发挥多大的作用。业内各方在强大进入壁垒的保护下共存是最理想的状态。

战略视角下的价值评估
改进投资决策

战略与价值

尽管投资决策在任何意义上都是战略性的，但是相关的财务分析常常会忽略战略性因素。此类分析几乎总以现金流为中心，包括投资时期的负现金流和项目完成后产生的正现金流，然后将现金流以适当的资本成本折现，并将所有现金流的现值相加，得到投资的净现值。

对现金流的估计基于未来销售收入、利润率、税率、资本投入要求和资本成本。这些因素的背后是对市场规模与增长率、可获得的市场份额、毛利率、管理费用率、流动与固定资本需求、负债率（债务与权益之比）及各类资本成本（债务成本与股权成本）等的估计，其中市场份额、利润率、管理费用和资本需求等因素取决于未来竞争的激烈程度，但竞争对各个变量的影响都很难精确预测。此外，竞争条件对这些变量的影响并不是各自独立的，常常同时产生。

由于上述困难的存在，可以理解为什么战略因素很少被有效地纳入投资决策的考量之中。但由于竞争环境难以纳入财务模型就忽视它，会导致重要信息的遗漏和分析质量的下降。本书讨论的战略视角，尤其是对竞争优势与进入壁垒的强调，为投资决策提供了一个优于净现值法的全新框架。

净现值法的价值

投资决策的核心就是通过比较各项目价值来确定资本的投向，其中包括对整个企业进行价值评估，因为并购也是常见的方式。理论上，合理的项目价值等于未来的收益按照适当资本成本折现的值，再减去未来的成本根据相同资本成本折现的值，最后的结果在数学上就是当前与未来的现金流合理折现后的价值，即净现值。该方法理论上正确，但在实际应用时存在严重缺陷。

净现值法存在三个基本缺陷。第一，它在项目估值时没有将可靠信息与不可靠信息区分开来。典型的净现值模型从项目开始之日起对数年的净现金流进行估计，包括把初始投资费用计算为负现金流；5～10 年的现金流估计通常比较精确，但超出该时间范围的现金流则被笼统归入终值当中；终值常以精确估计的最后一年的会计盈余为基础，乘以价值对年度盈余的倍数（即市盈率）。例如，若会计盈余的估计为 1200 万美元，合理的市盈率是 15 倍，则终值为 1.8 亿美元。

那么合理的市盈率应如何得到呢？这取决于项目或整个企业业务在精确估计结束时（"终点"）的特征。通常分析师会寻找经营状况与被预测标的企业特征类似的上市企业，然后参考它们的市盈率。选择可比公司的重点指标为增长率、盈利能力、资本密集度和风险状况等。

尽管看起来非常精确，但是这种方法在很大程度上是带有推测性的：标的企业在 7 年甚至更久之后相关指标的计算必然是不精确的。同时，不同企业的情况极少相同，因而可比公司的选取也有很大的主观性。这么做的精确程度实际上和掷骰子差不多。

除使用市盈率外的另一种计算方法，是假设项目在精确估计结束的时点（"终点"）之后保持稳定：利润率、资本密集度、风险及相关资本成本、年收入增长率、利润和投资额都保持不变。此时便可计算出"终点"后第一年的现金流（假设精确预测的"终点"是第七年，这里指的就是第八年的现金流），于是所有"终点"之后现金流的现值就可以通过下面这个令人熟悉的公式算出：

$$终值 = CF_{t+1} \div (R - G)$$

在公式中，CF_{t+1} 是"终点"后第一年的净现金流，R 是"终点"后的资本成本，G 是同时期的年均增长率（见表 16-1）。

表 16-1   现金流与终值

年份	第一年	第二年	第三年	第四年	第五年	第六年	第七年（"终点"）	第八年及以后
现金流	精确	精确	精确	精确	精确	精确	精确	第七年加增长
价值	净现值	净现值	净现值	净现值	净现值	净现值	净现值	$CF_{t+1} \div (R - G)$（这一现金流的净现值）

此时，终值等于现金流 CF_{t+1} 乘价值因子 $1/(R - G)$。因此这种算法实际上是前述方法（市盈率法）的另一种形式。尽管这种方法胜在使价值因子背后的假设更为明确，但是进一步考察就会发现它的粗糙之处。

假设第八年，就是做出最后精确现金流估计后的第一年，净现金流估计为 1.2 亿美元。资本成本估计为 10%，同时第七年之后的年均增长率估计 6%。因此由第八年及之后所有现金流算出的终值是 30 亿美元，即 1.2 ÷ (0.10−0.06)。[⊖]这个计算非常简单，但若上述资本成本和年均增长率的估计有不算太大的 1% 的变化，终值将增至 60 亿美元，即 1.2 ÷ (0.09 − 0.07) 或者降至 20 亿美元，即 1.2 ÷ (0.11 − 0.05)。终值相差高达 3 倍，足见该方法的确定性之低。

潜在的估值范围如此宽泛，也是以净现值法为基础的投资决策的缺陷。经验表明，除非是以降低成本为目标的最简单的项目，否则终值通常占项目净现值的绝大部分。如果终值如此不精确，那么净现值计算的可靠性也要大打折扣，据此做出的投资决策令人担心。

问题并不出在终值的算法本身，毕竟也没有更好的方法，问题出在净

⊖   该终值还需要再次贴现，方能得到终值对应的现值。

现值法的本质。净现值法将可靠的信息（近期现金流估计）和不可靠的信息（用以计算终值的遥远未来的现金流估计）结合在一起，然后通过折现简单相加。工程学中的一条公理是：将高质量信息与低质量信息相结合并不会得到平均质量的信息，最终所得仍是低质量信息，因为低质量信息中的误差主导了整个计算过程。净现值法的根本问题就在于未能将估值时的高质量信息与低质量信息区分开来。

净现值法的第二个缺陷是我们已经间接提到过的。估值的本质是基于对未来的假设，计算项目随时间推移不断实现的价值。在理想情况下，它应该基于当前对未来状况的合理与可靠的假设，否则计算出的价值将没有任何用处。

例如，关于从今天起的 20 年后汽车行业是否仍然具有经济价值，我们可以做出合理推断。我们还可以合理推断福特或其他企业在 20 年后能否享有相对同行的竞争优势。我们也可以对微软这样当前享有巨大竞争优势的企业进行推断，分析其优势能否持续及是否会增减。

但是，我们很难精确地预测福特在接下来 20 年里的收入增速、利润及单位收入对应的投资额。同样，对于微软这样的企业，我们也很难预测其当前产品未来的销量增长和利润率，更不用说它将来推出的新产品。但这些却都是净现值法必需的基础假设。

我们可以更有把握地对企业的竞争优势状况做出战略性假设，但不容易将其运用到净现值计算之中。总之，过于依赖确定性低的假设却忽略了确定性更高的假设，是净现值法的第二个主要缺陷。

净现值法的第三个缺陷，是舍弃了许多与企业价值计算相关的信息。价值创造有两个部分：第一个部分是价值创造的基础资源，即企业的资产；第二个部分是上述资源产生的可分配的现金流。净现值法完全聚焦现金流，但在竞争性的环境中两者其实是紧密相连的。资产能获得相等于资本成本的正常回报，了解资产水平就能知道未来现金流的大致情况。

但是如果资源未得到有效运用，那么其产生的现金流的价值就会低于投入的资产。总有企业能够运用相同的资源获得更好的业绩，更低效率的企业跟它们竞争注定要亏本。即使企业可以高效运用资源，也未必能够创造出超额的现金流价值，因为来自同样有效率企业的竞争将会消除超额回报。最重要的是，在竞争性的环境中，资源对于未来现金流有着重要的影响，但净现值法没有利用这一信息。

假如没有实现相同目标的更好方法，那么对净现值法的上述批评就没有什么意义。但好在真的有更好的方法：它将可靠与不可靠的信息区分开；它考虑对行业当前与未来竞争状况的战略判断；它关注企业的资源情况。该方法由本杰明·格雷厄姆首创，又经沃伦·巴菲特等人发扬光大，目前已经在证券市场中得到广泛的运用，因而我们也将在企业整体估值的情景下介绍该方法，随后再展示其在其他类型投资项目中的运用。

价值评估的战略性方法

第一部分：资产价值

企业估值最为可靠的信息是来自其资产负债表的信息。当刻的资产与负债原则上可以在任何时候检验，即便是无形的；分析其价值并不需要对未来的发展状况做出预测；部分科目（如现金与可交易证券等资产及短期债务等）的价值不存在任何不确定性；另一些项目可能需要多进行一些分析。尽管如此，即使资产和负债的价值评估中也包含了一些主观判断，仍然具有信息含量。

第一个重要的判断是，企业所处市场能否保持繁荣。在福特的例子当中，即全球汽车行业在可预见的未来是否会继续存在下去。如果答案是否定的，那么福特的资产价值就应是其清算价值，资产负债表中应收账款和存货的价值也需要打个折扣。应收账款的折扣可以小一些，因为它们在清算时大部分可以收回；存货的折扣就要大一些，因为其中某些产品将会因过时而失去价值。对于不再持续经营的行业，厂房、不动产和设备的价值取决于其是本行业专用还是通用性的，本行业专用的厂房、不动产和设备只有报废价值，而通用性的厂房、不动产和设备（如办公楼）还可以在活跃的二手市场交易，其价值将会在清算时实现。品牌、客户关系和产品种类组合等无形资产在清算时的价值非常有限。负债通常应从资产价值中全部扣除，因为在破产清算时必须被偿还。

另外，如果行业发展良好，企业的资产就会在未来的某时增值，其价值应该根据重置成本计算。资产的重置成本指的是以尽可能有效的方式复制资产经济功能所需的成本。现金和可交易证券的账面价值与重置成本之间并无差异。应收账款的重置成本稍高于账面成本，因为其本质上是正常业务过程中因销售产生的给客户的借款，并且其中的一部分是无法收回的。

存货的重置成本是生产同样数量的可售存货需要的成本。根据制造成本的变化趋势和计算方法的不同（先进先出法或后进先出法），存货的重置成本可能高于或低于账面价值。对于厂房、不动产和设备而言，重置成本是新建或外购相应设施最便宜的方法。这种计算需要了解行业情况，但并不依赖对未来现金流的预测。

最后，对于发展势头良好的行业，客户关系、组织发展、人员聘任与培训还有产品种类组合等无形资产也具有重置成本。[⊖]这些价值可以通过分析其有效产生的情景来计算。例如，产品种类组合的重置成本就是重新设计完成全套产品的研发费用。同时，这方面一般也存在非公开的市场交易，经验丰富的买方购买无形资产支付的价格也有助于分析确定其重置价值。例如，当唱片企业购买某个独立音乐工作室及其歌手，大制药企业收购产品很有前途的创业企业，抑或是有线电视网买入地区有线电视网及其客户合同时，上述无形资产的重置成本便可确认。

与估计清算价值一样，计算持续经营的企业资产的重置成本并不需要对未来做出预测，所需信息都是当前可得的。与此同时，在考察资产负债表时，价值估计同样分为最为确定的（现金与可交易证券）和不那么确定的（无形资产），两者有重要的区别。如果某家企业的资产主要由品牌权益这样的无形资产构成，其价值就不如主要由现金、应收账款和通用性厂房、不动产与设备构成的企业可靠。某些没有在资产负债表上得到清晰反映的资产，需要更为丰富的行业经验来计算其重置价值，但对这种经验的要求

⊖　这些都是企业竞争需要的资源，即使某些项目没有出现在资产负债表上。且根据会计惯例，这些项目在报表上被记为营业费用而非投资。

并不比在该行业中基于可靠信息做出投资决策的要求更高。

如果是一家企业处于不存在竞争优势的行业里，将战略性分析纳入其价值评估过程的重要性就立刻显现出来了。假设福特的重置成本是400亿美元，该资产每年产生80亿美元的现金流。如果资本成本为通常较为合理的10%，那么未来现金流的现值就是800亿美元，这是重置成本的两倍。如此之高的超额回报率对其他企业是极大的诱惑，新进入者或者其他在位企业也能够以400亿美元的投资创造800亿美元的价值。如果市场没有进入壁垒，新进入者就会纷至沓来。但由于竞争变得更为激烈了，福特和新进入者的收益都会下降。如果福特的现金流跌至60亿美元，投资的价值就只有600亿美元，但这个数字依旧吸引新进入者。只有当未来利润的现值下跌至重置成本时，新进入者加入的进程才会停止，行业的利润率才会稳定。在没有进入壁垒的行业，竞争最终会使资产重置成本等于未来利润的现值。

第二部分：盈利能力价值

除资产与负债外，决定企业价值的另一项可靠信息是企业近期产生的可支配现金流（可以从最新披露的利润表与现金流量表中得出）。这只是企业价值很小的一部分，但可被用于回答一个重要问题：如果这种净现金流水平一直不增也不减地持续下去，那么企业的价值应该是多少？这一数字是基于会计信息得出的，因此相对严谨。当然，该分析需要对未来做出某种推断，所以不像资产负债评估那么可靠。不过由于它假设不存在增长，不确定性要小于标准的净现值计算。我们将采用上述的第二种方法来评估盈利能力价值，将其与重置成本相比较有助于帮助理解企业在市场中的竞争地位。

确定企业盈利能力价值的出发点是当前净现金流。在理想情况下，该数字应等于账面利润，但由于权责发生制的会计原则，两者之间几乎总是会存在差异。同时，由于某些短期因素，即使是当前现金流也可能不同于根据企业经营状况得出的平均可持续现金流。因此，为了从账面利润得到可持续的可支配利润（我们称之为盈利能力），我们需要做一系列的调整。

这些调整并不难，但对于不熟悉财务报表的人来说可能会有些晦涩。

第一，为了消除财务杠杆（企业的负债占资产的百分比）效应，我们需要从营业利润（息税前利润）而不是净利润开始分析，以便于剔除利息支付和由于债务融资获得的税务上的税盾效应。

第二，所谓的非经常项目必须纳入计算当中。在理想情况下，这些收支出现的频率很低且正负各半，并不会影响长期的可持续利润。但在实际中，某些企业的此类收支频繁出现且总体上都是负值，当中某一年的科目夹杂着多年累积下来且未来仍会发生的损失。它们并不是真正的一次性非经常事件，而是企业管理层将某些错误决策归拢起来，放到不为人注意的角落以突出"正常"利润的手法。如果这些项目频繁出现，那么合理的处理方法是计算它们过去几年（相对或绝对）的平均水平，然后将相应的数值从营业利润中扣除。

第三，在剔除了上述这些会计操纵手法的影响之后，当前利润必须针对某些导致它过高或过低的周期性因素进行调整。这方面有多种调整方法，最简单的是计算多年的平均营业利润率（息税前利润除以销售收入），然后根据这一平均营业利润率获得当前的营业利润水平。营业利润率在经济周期中的波动通常要比收入更大，收入若对经济周期敏感的话也可调整到平均水平。

第四，财务报表中的会计折旧可能与真实的经济折旧相差甚远。经济折旧应该等于年底使资本存量达到当年年初水平所需的投入。该数字是维护性资本支出，不包含成长性资本支出，且取决于当前的厂房与设备价格。会计折旧基于历史成本和以往设施更换的成本计算，在设备价格近年持续下降的趋势下，往往高估资产的损耗率，一般也都高于维持资本存量所需的实际开支（维护性资本支出）。这里需要做的调整是调高账面利润。相反地，在 20 世纪 70 年代末和 80 年代初，历史成本低于重置成本，彼时需要做的是调低账面利润。

第五，部分特殊情形也需要进行调整。例如，本应该并表的子企业用权益法处理，没有被包含在企业的现金流里；对提价不敏感的管理层可能会使企业的定价权被低估；本应被关闭的亏损业务会拉低企业可持续的盈利水平。

最后，税务开支可能因会计处理的原因在各年之间大幅变动。据上述调整算出的税前营业利润应根据可持续的平均税率计算税后营业利润。该税后营业利润将是零债务情况下企业可持续获得的利润水平。这便是企业的盈利能力，也即在生产性资产稳定情况下，企业能支配和持续分配给股东的现金流水平。

盈利能力是年度的现金流水平，为了将其转换为盈利能力价值，也就是所有这些未来现金流的现值，首先要用盈利能力除以资本成本。这里的资本成本应该是税后债务资本成本和股权资本成本的加权平均值，它体现了企业为了吸引必需的投资每年必须支付给投资者的回报。这一加权平均值等于税后债务资本成本乘以负债占资本比重，加上税后股权资本成本乘以股权占资本比重。可持续的负债率应该是下面两者当中较低的那一个：平均能够承担且不会严重损害经营业绩的债务水平，以及企业平均的历史债务水平。因为债务融资能够享有税务上的收益，所以前者更为可取，但如果管理层并不愿意在当前或可预见的未来利用这一优势，则平均债务成本就应根据管理层的实际行为来计算。⊖

为了阐述这一过程，考虑这样一家企业：当期税前利润为 1 亿美元，经调整后得到每年 1.35 亿美元的税后盈利能力；资本 1/3 依靠债务融资，2/3 依靠股权融资，债务利息率为 9%，股权成本为 10.8%（类似风险条件下的一般股权投资回报率），税率为 40%。此时，加权平均资本成本（R）是 9%：

$$R = \frac{1}{3} \times 9\% \times (1 - 40\%) + \frac{2}{3} \times 10.8\% = 9\%$$

基于 9% 的资本成本，企业的盈利能力价值为 15 亿美元：

$$EPV = 1.35 \div 0.09 = 15$$

上述计算给出了在业务规模保持不变，持续经营情形下的企业总

⊖   如果某个平均债务水平超出了企业能够合理承受且不影响业绩的债务水平，那么这个平均债务水平就是不可持续的。

价值⊖。

这里算出的是企业整体的盈利能力价值，股权价值等于这一总价值减去债务余额的价值。在第一部分的资产视角下，企业整体价值相当于资产价值（无论是清算价值还是重置成本）减去无息负债（如应付账款和应计费用等），股权价值等于该数字减去付息负债。更关注企业总价值而非股权价值会让估计更可靠，尤其是在企业资产负债率较高的时候。

由于在假设中剔除了增长，只采用当前而非未来5～10年的现金流，估计的盈利能力价值要比依赖8～10年之后终值的评估方法更准确。企业资本成本低估1%会导致盈利能力价值增至17亿美元，高估1%则会使盈利能力价值降至13.5亿美元，比起包含增长假设的终值估计方法的误差小得多。

不过如果仅仅关注股权价值，误差就会大大增加。假设企业整体的盈利能力价值范围为15亿美元加减1.5亿美元，则正负10%的误差并不算太大。但是如果企业的债务为12亿美元，那么1.5亿美元的误差相比于3亿美元的股权价值（15亿美元减去12亿美元），误差比例就达到了50%，这会使计算结果变得极不确定。

为了充分了解债务风险的影响，最好还是从企业总价值算起，在此基础上调整以观察债务对股权价值的影响。在本章后面的内容当中，资产价值和盈利能力价值都是就企业整体而言的。

资产与盈利相结合：经济特许权价值

抛开增长问题不谈，资产价值和盈利能力价值是两种不同的企业价值估计方法。两者之间的比较可能出现三种结果：盈利能力价值大于资产价值；两者基本相等；资产价值大于盈利能力价值。每一种结果都具有战略含义。

如果盈利能力价值大于资产价值，意味着企业的盈利能力正创造着超

⊖　如果企业拥有不是基本业务运营必需的有价值资产，且这些资产的收益也没有包含在营业利润之中，如富余现金或房地产，那么这些资产的价值应该被加入到盈利能力价值之中，以反映企业总价值。

过资产重置价值的价值。如果不存在进入壁垒，被高额回报吸引的新进入者将会不断进入行业，直到创造价值的机会被竞争消除。除非存在进入壁垒，否则盈利能力价值超过资产重置价值的状况是不可持续的。因此，正确计算出的盈利能力价值超出资产价值的唯一情形就是行业存在进入壁垒，在位企业享有明显的可持续竞争优势。

资产价值与盈利能力价值之间的差异即当前竞争优势的价值，我们称其为经济特许权价值，也是具有竞争优势的企业获得的超额回报。经济特许权价值是否可持续，或盈利能力价值是否可以合理量度企业总价值，可以通过经济特许权价值相对于销售收入、资产和竞争优势的比重来加以判断。显然，经济特许权价值越高，其背后的竞争优势也就越强大。

请看下面的例子。一家企业的资产价值为 12 亿美元，税后的盈利能力为 2.4 亿美元，销售收入为 10 亿美元，资本成本为 10%（见表 16-2）。企业的盈利能力价值是 24 亿美元，新进入者需要获取 1.2 亿美元的税后利润来弥补资本成本（12 × 10%）。超额回报必定有竞争优势为后盾，也就是经济特许权价值，税后经济特许权利润为 1.2 亿美元（2.4 亿美元的盈利能力减去 1.2 亿美元的竞争性利润）。若税率为 40%，经济特许权利润的税前值就是 2 亿美元，即 1.2 ÷ (1–40%)。经济特许权销售利润率（2 ÷ 10 = 20%）是超越了竞争性利润率的部分。

表 16-2　经济特许权利润

资产价值（百万美元）	1 200
销售收入（百万美元）	1 000
盈利能力（百万美元）	240
资本成本	10%
盈利能力价值（百万美元）	2 400
税率	40%
竞争性利润（百万美元）	120
经济特许权利润（盈利能力减去竞争性利润）(百万美元)	120
税前经济特许权利润（百万美元）	200
经济特许权销售利润率	20%

由于获得了 24 亿美元的盈利能力价值，这家企业必定拥有基于客户锁

定的高价格及基于专有技术或规模经济效益的低成本带来的竞争优势，从而享有了超过竞争性利润率之上的 20 个百分点的经济特许权销售利润率。此时，是采用资产价值还是盈利能力价值进行决策，涉及对企业是否享有竞争优势的战略性判断。对资产价值和盈利能力价值的比较，使我们能够简单直接地将价值评估决策置于战略性领域，这也正是它本来该被用到的地方。

资产价值和盈利能力价值比较的第二种可能性是两者大致相等，这也是大多数企业并不享有竞争优势的行业的状况。若分析证实市场份额并不稳定，没有企业获得超额回报率，同时也没有明显的竞争优势来源，那么我们基于企业拥有的资源与企业产生的收入这两种方法获得的企业价值就得到了战略性的证实。这个数字要比净现值法更为可靠地反映企业价值。

最后一种可能性是资产价值大于盈利能力价值。假如我们的计算步骤都正确，如没有在应该使用清算价值的地方错误地使用重置成本，则该差异唯一的原因就是低效的管理，即管理层运营企业创造的回报与投入的资产价值不成比例。在这种情况下，战略性方法指向企业评估的关键问题就是如何改善管理水平或者更换管理层。净现值法不大可能会指出这一问题，这显示出了标准价值评估方法的另一个缺陷。

第三部分：成长价值

现在重新将成长纳入战略性评估框架当中，并区分不同的成长对应的情形。

有害的成长

在前述资产价值超过企业盈利能力价值的情形中，增长会使得情况更加恶化。增长是将资源投入使用的一种方式，而管理层当下利用资源的效率很糟。假设管理层将 1 亿美元用于新建或扩张当前企业，资本成本为类似风险条件下的平均回报率 10%。如果历史业绩已经揭示了管理层的能力，那么他们在这笔投资上获得的回报仍将低于 10%，没有竞争优势就不可能赚得更多。假设管理层在这 1 亿美元上获得 8% 的利润即每年 800 万美元，而资本成本是每年 1000 万美元，当付给新投资者这 1000 万美元之后，原有投资者因业务增长所得的净收益就是 –200 万美元。因此关于增长的第一个重要事实是：在糟糕的管理层手里，或者在竞争劣势之中，业务成长将毁灭价值。此时管理层越积极追求成长，毁掉的价值就越多。

中性的成长

在第二种情形中，资产价值等于盈利能力价值，这说明行业中不存在竞争优势，增长既不创造价值也不毁灭价值。企业能获得相当于资本成本的平均回报率，成长的回报率也一样。在 1 亿美元的新投资上，企业将获得 1000 万美元的回报，所有这些数目都将进入提供这些资本的新投资者的腰包，原来的企业所有者不会从中获得任何好处。企业的营业利润会增加 1000 万美元，但所有这些钱都被用于支付新增资本的成本。在平等竞技场内成长，就像进入没有竞争优势的市场一样，既不会创造价值也不会毁灭价值。在这种情况下，价值评估不考虑增长因素是非常合理的。

有益的成长

只有在存在竞争优势时，成长才会创造价值。这就是我们前面描述的第一种情形，其中盈利能力价值大于资产价值，并且存在明显可持续的竞争优势。在这种情形下，1 亿美元投资的回报将超过 1000 万美元的资本成本，从而使老股东也能够有所收获。如果重置成本是价值的第一部分，经济特许权价值是第二部分，那么成长价值就是第三部分（见图 16-1）。尽管在有益的成长这一情形中，纯粹的净现值法在估计企业包含成长的价值方面非常有用，但是战略性方法更为本质。它强调了赋予成长价值的因素是在市场成长之下仍然保有可持续的竞争优势，并且还将总价值的最后一个部分与成长的不确定性有机结合在了一起。

在有益的成长情形下，资产价值与包含成长价值在内的总价值相比可能只占很小一部分，但代表当竞争优势消失，进入壁垒崩塌时，可以持续下去的价值。第二部分，也就是盈利能力价值超过资产价值的部分，代表维持当前竞争优势，没有成长的价值，是仅次于资产价值之后较为可靠的部分。成长价值是最不确定的，不仅因为它要求对未来做出预测，而且因为它取决于企业在竞争优势范围内成长的能力，所以很难准确估计。

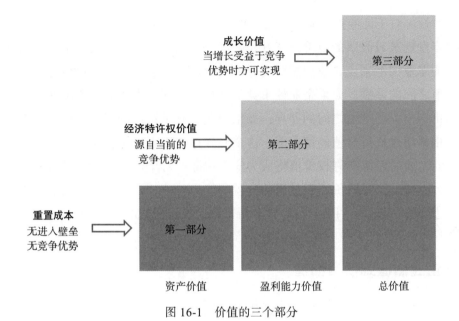

图 16-1　价值的三个部分

战略性方法也对可能的成长规模提供了指引。由于存在进入壁垒的市场的一个重要特征便是在位企业市场份额的稳定性，单个企业的成长最终将会被整个行业的成长限制。在多数情况下，评估行业的成长要比评估单个企业的成长更容易。不过有些时候，行业的成长也可能极难预测，如个人计算机行业，要给英特尔或者微软这样的在位企业一个可靠的估值是很难的。

价值评估的总结

我们在本章运用战略性价值评估方法（资产价值、盈利能力价值、经济特许权价值和成长价值）分析了关于企业的投资决策。这种方法主要为金融市场中的个人或机构投资者所用，是由本杰明·格雷厄姆、大卫·多德、沃尔特·施洛斯、沃伦·巴菲特、马里奥·加贝利和塞思·卡拉曼等几代投资者逐渐发展起来的。⊖他们长期以来的成功业绩证明了这一方法的

⊖　沃伦·巴菲特在其著名演讲《格雷厄姆–多德式的超级投资者》（*The Superinvestors of Graham-and-Doddsville*）之中叙述了这一非正式群体的成员截至 20 世纪 80 年代初获得的成功。

有效性。对于证券投资而言，这些投资者为价值分析带来了一个新的维度，即当发现某只股票的股价低于其实际经济价值时，用本杰明·格雷厄姆著名的专业词汇来说，他们需要充分的安全边际，也就是市场价格与基本面价值之间的差额。如果企业处于竞争性行业，那么上述安全边际就来自市场价格与资产价值之间的差异；如果企业享有可持续的竞争优势，在市场价格不超过资产价值的情况下，这个差异存在于市场价格与盈利能力价值之间，此时经济特许权价值将成为安全边际；对于那些能够盈利着成长的少数企业，只要股价不超过当前的盈利能力价值，成长价值也可能成为安全边际的一部分。可见，战略性分析是他们投资框架的核心。

从企业估值到项目估值

上文中的价值评估方法也适用于规模小于整个企业的投资项目，战略性因素仍是其核心。第一步是将用以购置资产的早期投资和后面的每期收入区分开，前者构成项目的资产价值，后者则包括成长的盈利能力价值。任何超出资产价值的盈利能力价值都必须通过判别可持续的竞争优势加以确认，过分乐观的成长和利润率假设及高度不确定的终值都是不可靠的。如果无法找到清晰的竞争优势，那么无论预测的成长速度有多么迅速，都不会影响项目的价值。此时简单地假设项目到期之后不会再有任何成长，其投资决策的评估效果要比虽然完整但是易出错的净现值法好得多。

在没有竞争优势的情况下，投资回报通常只会等于资本成本。这意味着它不会为当前的资产拥有者增加任何价值，这一点无论对新领域扩张、新产品开发还是企业整体发展来说都成立。唯一的例外来自超水平的管理，它可以使资源的运用更有效率，从而获得更高的回报率。我们将在最后一章讨论高效管理的潜在优势。另外，在稳固竞争优势这一保护伞方面的投资几乎总是值得的，无论对于发掘机会或保护现有经济特许权价值来说都是如此。我们将在后面关于企业发展的章节中更完整地讨论这个问题。

企业发展与战略
并购、风险投资与品牌拓展

　　并购、风险投资与品牌拓展这些企业发展方式无疑都是战略性的业务职能。从任何划分战略与战术的传统标准来看，企业发展都是战略：资源投入巨大，事关企业的总体发展方向，且具有长期性的结果。

　　评估上述这些企业发展方式最常见的方法是进行案例分析，包括详细预测未来可支配或可分配现金流，并将其折现到当前时点。不过正如第16章所述，现金流折现法存在严重的缺陷，最后得到的项目价值取决于遥远未来的增长率、盈利能力、资本成本及其他极不确定的关键假设。与此同时，一般的现金流折现分析还依赖对未来竞争性质与激烈程度的重要假设，但这些假设少有一目了然且经过验证的。

　　我们在本书中建立起来的战略分析框架，尤其是战略的第一要素是在位企业的竞争优势这一观点，可以直接应用于企业发展的相关问题。事实上，将这一方法应用在决策中，是一个关乎价值的考验。至少厘清新项目所在的竞争环境可以对现金流折现法的结论是否合理做一个基本检验。

并购

并购本质上是大型投资决策，具有两个重要特征。第一，并购一般是对于单个企业的集中投资，而当一个集团被并购时，是针对数量有限的几个企业进行投资。发起并购的企业可以采用不同方式进行投资：既可以自己直接投资，也可以将资金重新分配给股东，这样企业或其股东可以购买全国甚至全球范围内各种企业的股票。并购另一家企业也许能够帮助业务高度集中的企业实现多样化，但实现多样化的程度远不及购买多家企业股票的方式。从这个角度来看，与所有集中投资策略一样，并购比购买股票组合风险更大。当然，业务更加集中也许能够带来一些益处，抵消这种额外的风险。但是，除非能够明确地分辨这些益处，否则对于一家要选择是进行并购还是将资金返还给股东的企业来说，并购是一个先天不足的选择。

并购的第二个特征使得这种投资决策更令人难以理解。对于以上市企业为标的的并购，为股票支付的价格肯定会高于在并购公告前的市场价格。这种股票溢价通常为平常市场价格的30%左右，有时甚至会达到70%～100%。历史上，并购非上市企业所支付的溢价要低一些。但在并购市场火爆的情况下，投资银行可以对非上市企业的各潜在买家进行比较以待价而沽，或者让买家相互竞价。此时，并购方很难在价格上占到什么便宜。

总体而言，上述特征使得并购成为一种高风险的集中投资方式，且要付出高于市场价格的溢价。此外，付给具体承销和提供顾问服务的投资银行的佣金也增加了投资者的成本。不妨想象一下，某位共同基金的销售经理向你推荐某只基金，但是这只基金包含的股票种类很少，销售价格超出了其股票资产净值，且收取的管理费特别高，此时你还会买它吗？

企业不得不承受沉重的财务负担才能完成并购的原因是并购活动的周期性。当股价很低时，并购市场一般也没什么动静；当股价上涨时，并购市场也会跟着热闹起来。可见，并购方通常不是在估值水平最便宜的时候收购企业，而是在标的变得昂贵之后才动手，就好像前面所说的那家共同基金在募资说明书里提到"他们只有在股价上涨之后才会买入"一样。很显然，对于并购这项战略投资行为，企业必须要有其他的理由才能解释其合理性。

财务型并购与战略型并购

并购常被分为两类：完全基于财务投资决策的财务型并购，以及具有一定战略意图的战略型并购（见图 17-1）。尽管这种划分并不是那么界限分明，但是依然可以看出战略型并购通常为并购交易带来一些资源，旨在改善和提升并购方或被并购方的商业运营水平。与此相反，财务型并购仅仅把被收购的企业纳入企业的业务组合，不会改变并购双方的基本经营能力与绩效。但如果并购不涉及企业经营能力的提高，那么它只不过是以超过市场价格的成本实施的集中投资，且交易费用非常高，这显然是不合理的。

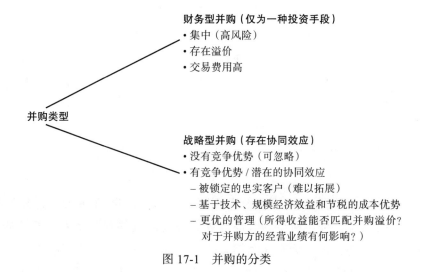

财务型并购（仅为一种投资手段）
- 集中（高风险）
- 存在溢价
- 交易费用高

并购类型

战略型并购（存在协同效应）
- 没有竞争优势（可忽略）
- 有竞争优势 / 潜在的协同效应
  - 被锁定的忠实客户（难以拓展）
  - 基于技术、规模经济效益和节税的成本优势
  - 更优的管理（所得收益能否匹配并购溢价？对于并购方的经营业绩有何影响？）

图 17-1　并购的分类

因此唯一值得考虑的是战略型并购。要使并购具有合理性，并购方就必须能够为合并之后的企业提供某些资源：既可以是一般性的，如管理水平的提升或税务筹划方面的优势，也可以是高度专业性的，如行业相关的特殊技术、合并之后的规模经济效益或者业内营销方面的优势。这种类型的并购能够产生协同效应，也就是整体大于部分之和的有利局面。

尽管可能产生上述乐观的效果，但是历史上并购的终局对于并购方的股东而言并不乐观。在并购当时（交易宣布之前的 20 天起直至并购完成），并购方的股价一般会下跌约 4%，但是并购标的的股价却会上涨 20% 以上。并购方股东的回报率也令人沮丧：在并购完成后的 5 年时间里，企业平均失去了约 20% 的市值。此外，上述数字可能还低估了并购的负面影响，因为许多并购交易都由连续实施并购的并购方完成，所以并购方的股价已经由于投资者预见到了之后更多的并购而走向低迷。

寻找协同效应

并购双方业务相关度低或者相距甚远的交易往往都以失败告终，因为此时即使存在协同效应也是微不足道的，大部分此类并购最后都以种种方式解体了。此类并购的发起方股价往往跌至比同行更便宜，以至于自己最终成了并购标的，在被其他并购方买下之后分解出售。

整体而言，从财务业绩上看，合并后企业的业绩鲜有提高。此前对并购标的的一项研究表明，其平均业绩在并购之后下降了。之后的研究发现了某些营业利润率改善的迹象，但都在 0.2%～0.4%，远不及此前支付的溢价。⊖ 在生产方面，并购标的的运营成本会有所下降，但会被并购方自己经营业绩变差抵消。有这些前车之鉴，并购之后最好的结果也是前景未卜，所以评估潜在的并购交易以识别那些有利于成功的特定战略因素是很重要的。

迈克尔·波特在对 1950～1986 年间 33 家美国大型企业的多样化战略进行评估时发现，并购所得的大部分业务最终都被并购方剥离出去。对于那些成功的并购，他认为有 3 个因素非常重要。第一，并购标的必须处于具有吸引力（利润丰厚、增长迅速等）的行业之中；第二，并购双方在经营方面必须存在协同效应；第三，并购溢价不能超过协同效应带来的价值。

事实上，成功并购的要求其实比上述因素还要明确，终极标准就是一道简单的算术题。显然，如果并购方支付了太高的溢价，那么它就是在破

⊖　Andrade、Mitchell 和 Stafford 的论文对相关研究成果进行了综述，参见 2001 年发表在美国《经济展望杂志》（*Journal of Economic Perspectives*）上的论文《关于并购的新证据与新视角》（*New Evidence and Perspectives on Mergers*）。

坏而不是创造股东价值。问题在于如何计算协同效应可能带来的收益以判断支付的溢价是否过高。进一步考察可以发现，波特提出的前两个标准联系非常紧密，实际上就是一回事。

本书的主张就是具有吸引力行业的定义只取决于一个因素：在位竞争优势，或者换一个说法就是进入壁垒。如果没有进入壁垒，那么新进入者的进入和在位企业的扩张就会消除任何超出行业资本成本的回报。如果企业管理者能够保持注意力高度集中，那些具有非凡经营效率的企业也许能够在特定时间内产生超额回报率。但是要使整个行业具有吸引力，也就是说良好而不必达到优秀水平的管理水平就能够获得具有吸引力的回报率，就必须要有进入壁垒的保护，从而使在位企业享有竞争优势。

竞争优势与协同效应

能否获得协同效应还取决于并购标的是否拥有竞争优势，两者之间的联系非常清楚。如果并购标的没有竞争优势，那么并购方能够独自完成合并之后企业所有的经营活动。即使并购方缺乏完成这些经营活动的相应技术，它也能够找到一家愿意为它完成并购标的所有职能的企业。如果市场较为活跃，那么会有很多此类企业为获得上述业务竞争，可见并购标的企业不能为合并后的企业带来什么额外的价值，毕竟没什么是并购方无法做到或无法雇别人做到的。如果并购方在不发起并购的情况下也能够获得同样的经营效果，那么实际上并不存在协同效应。

另一种协同效应，即并购方为并购标的带来额外价值同样也不太可能。由于并购标的的市场没有竞争优势，合并后的企业也不会有竞争优势。即使并购方能够将自己的部分竞争优势带入新的市场，但它将这些优势卖给任何一家别的企业也不比给上述并购标的差。

举例来说，如果某家销售企业在某一区域里建立了深耕且高效的渠道，从而享有一定的客户锁定和规模经济效益，那么下列两种做法哪一种更好呢？它既可以并购自己的一家客户以锁定其经销业务，也可以将自己的服务出售给那些能够利用它获得最大利润的企业。并购标的所在的市场不存在竞争优势，意味着市场中的所有企业在利用并购发起方提供的优势时具有同等的能力。因此，如果标的企业没有竞争优势，那么并购就不会产生协同效应。由此可以得出一个直接的结论，具有吸引力的市场，即存在竞争优势的市场，是唯一能够产生协同效应的市场。

很多之前预期的协同效应甚至某些看似显而易见的协同效应，根本就从未实现。如果并购标的具有很好的品牌形象，但没有被锁定的忠实客户，那么看起来并购方应该能够利用并购标的的品牌有所获益。根据这一逻辑，克莱斯勒在与奔驰合并之后应该能从后者的品牌上获益，但强大的品牌本身并非竞争优势。奔驰在豪华轿车市场中有诸多竞争者：宝马、捷豹、讴歌、雷克萨斯和英菲尼迪等高端品牌。如果这些品牌形象的收益能够在不损害品牌所有者的前提下加以转移，那么克莱斯勒会愿意通过授权、租赁等方式直接出钱购买这种收益，那些拥有高端品牌的企业也会迫切地想进行这种交易。因此，如果由品牌带来的收益能够转移（在大多数情况下不现实），就无须通过昂贵的并购来获得这种协同效应，因为通过租赁等方式在经济上更为划算。

客户锁定

从本书的战略思考框架出发，第一个适用并购决策的标准是并购标的是否享有任何竞争优势。竞争劣势是不值得被并购的，然而并非所有的竞争优势都能够产生协同效应。客户锁定也不太容易扩展到其他产品上。可乐消费者应该是最为忠诚的客户群体，但是这种消费习惯并没有使得他们更愿意购买特定品牌的人寿保险、零食或快餐。如果可口可乐并购了某家薄脆饼干企业，这样的联系并不会使可口可乐的忠实消费者改变自己对饼干口味的喜好，转而购买被可口可乐并购的企业生产的饼干。百事可乐消费者对于菲多利的零食也并不比可口可乐消费者更感兴趣。

在金融服务行业，保险企业被银行并购之后，并不会降低其保险客户在银行间的转换成本。一个家庭对于选择保险与银行服务的决策涉及的因素相距甚远，由于本质差异，不可能由于银行与保险企业的合并而改变。在一般情况下，那些希望通过并购扩展业务范围并成为"金融超市"的特定金融服务企业（如证券公司）几乎都失败了。

当 AT&T 发起对特宝泰的并购时，后者是一家在许多美国城市拥有光纤网络的地区性电话服务商，AT&T 作为并购方希望能把客户吸引到同时提供本地与长途电话业务的一体化电信业务里。但实际情况却并非如此：并购方没能获得那些长途电话客户的本地电话业务，他们依然使用原来的本地电话企业提供的服务。尽管并购方的首席执行官迈克尔·阿姆斯特朗宣称并购使两家企业获得了"强大的财务与战略的协同效应"，然而选择本地与长途一体化业务的客户数量少得出奇。因此无论从逻辑推导还是实际商业案例中看，被锁定的忠实客户都不大可能随着企业并购、业务拓展为其提供更多的收入。虽然管理层信誓旦旦，但是总体上看这一竞争优势实际产生的协同效应并不显著。[⊖]

成本节约

在排除了大多被广泛宣扬的并购协同效应的潜在来源后，只剩下最后一种竞争优势，也是仅剩的并购协同效应来源——成本优势。成本优势通常是专有技术和规模经济效益的产物，且得到了客户锁定与忠诚度的巩固。如果仅考虑成本优势，那么对潜在协同效应的评估会简单得多。如果并购方或被并购方拥有专有的生产技术，假使并购完成后该技术得以成功应用，就可节约成本，并购之后新成立的企业也能通过降低分销、市场、研发和管理等方面的固定成本实现规模经济效益。此时，衡量并购收益的恰当标准就是预期的成本节约水平，关键在于它是否能够弥补并购过程中支付的溢价，从而创造额外价值。

如果企业高管和银行家都以上述标准来衡量并购的价值，那么许多并购可能根本就不会发生（必须承认那些凭空产生的美好愿望、看起来极为专业的财务模型和精美的 PPT 演示对并购决策的影响不可低估）。

AOL 对时代华纳的并购就是一个典型例子，前者为这一并购支付了约500 亿美元的溢价，而预期每年收益只是 6 亿美元的成本节约水平。采用适当的折现率计算，这一收益的现值显然低于 100 亿美元。AT&T 在没成

⊖　与客户锁定一样，基于政府许可、管制或其他政府干预形成的竞争优势不会通过并购扩展到原有范围之外的领域里。

本节约预期几乎不存在的情况下收购了有线电视业务，最终半价将其售出。1997年底，希悦尔以30亿～40亿美元的溢价并购了格雷斯的快尔卫包装业务，而确定能实现的每年成本节约水平是1亿美元，按10%折现率计算的现值只有10亿美元，结果希悦尔的股价大幅下跌。作为一条通用准则，并购中支付的溢价应该能够被并购后实现的成本节约弥补，其他被大肆吹嘘的协同效应都不大可能成为现实。

对非上市企业的并购同样应该满足上市企业并购中的成本节约准则，许多此类并购实际上是"自建或外购"决策。例如，大型制药企业对新药开发企业的并购及大型唱片企业对独立音乐工作室的并购皆如此。问题的关键在于通过内部研发、特许经营或其他非买断手段获得这些产品是否会更为合算，毕竟并购通常代价高昂。

在某些情况下，想要获得目标产品除了并购之外别无他法。但即便如此，在这种情形中也不应该抛弃成本节约准则。此时，并购标的显然享有竞争优势：无论是并购方还是其他竞争对手都无法生产出目标产品。这时并购标的的价值由两部分组成：第一部分是这家企业本身的价值，可以通过传统方法计算得出（我们在第16章已经讨论过）；第二部分是协同效应的价值，主要体现在通过专有技术和规模经济效益实现的成本节约水平上。举例来说，如果并购方拥有一个大范围的分销渠道可以用来经销被并购方的独特产品，那么由这种规模经济效益实现的成本节约水平就是并购标的的通过自有渠道或花费成本使用其他渠道无法获得的。⊖

许多并购发起的理由是并购方具有较高的管理水平，因而能够改善标的的业绩。这种理由依赖两种假设且都与成本有关。

⊖ 并购的多元化论据也考虑成本节约，通过节省税务成本的方式实现。多元化企业的收入波动性较小，因此可以在资本结构中承担更大比例的债务。因为利息支付具有税盾效应，所以债务要比股权资本更为便宜。与此同时，由于这种资本在企业内部运用而不是分给股东再由他们各自进行投资，也避免了分红和资本利得方面的税负。例如，伯克希尔-哈撒韦以自己的股票为对价收购某家非上市企业时，业务多元化带来了成本节约。若是现金作为对价交易，并购标的的所有者须先缴纳资本利得税，然后再将收益投向别处。而以伯克希尔-哈撒韦的股票作为交易对价的情况下，并购标的的所有者通过直接持有伯克希尔-哈撒韦的股票就实现了投资于数家企业。能够节省税务成本是合理化这笔并购交易的重要因素，但这种情形并不多见。

第一个假设是解雇并购标的原有的低效管理者可以降低薪酬成本，他们的工作可以由并购方的管理者承担，或者雇佣数量较少但较有能力的人以降低薪酬成本。

第二个假设是并购标的运营水平的改善可以带来额外的成本节约，其他方面的业绩改进则不大可能。营销能力通常具有行业异质性，如果并购方能够提高并购标的的营销能力，那么两家企业的业务范围很可能重叠或非常接近。不过在这种情况下，没有什么理由进行并购，并购标的可以再造自己的营销队伍以实现营销能力的提升，无须费事并购和重组。来自更高管理水平的收益基本局限在改善并购标的某些业务的业绩或者完全砍掉某些业务带来的收益水平。由于与并购标的员工没有个人关系，并购方在进行裁员时受到的阻力较小，相应的收益属于可以度量的成本节约水平。

必须指出的一点是，简单地将良好的管理水平扩展到并购标的未必能够实现并购的价值。有时候并购标的的生产力的提高虽然是实实在在的，但是以并购方的业绩恶化为代价，结果并没有产生任何总体上的净收益。优秀管理者的精力或专注度是一种稀缺资源，不可能扩展到所有需要它的业务上，将这种稀缺资源投向并购标的就意味着从并购方的经营中抽出。在判断并购的合理性时，必须以总体业绩的提高作为衡量指标。与此同时，烦琐的并购过程本身不会为合并后企业的经营增加任何价值，却可能会分散管理者的专注度。

明智的并购或许能带来收入规模的提升。首先，并购带来的收入规模或效率提升可能使原来不够经济的营销活动变得划算，但这些新的营销活动不会有太大价值。如果它们的收益很高，不需要新的规模经济效益或效率提升就能够带来利润，那么在并购前就应该被实施了，因而并购在这方面带来的利润注定会很小，尽管收入增长的可能不小。其次，如果并购能消除竞争对手，尤其是那种不愿合作的难缠角色，行业就有提价的机会，然而这种类型的并购极有可能受到监管部门追责。同时，于其他同行而言，让别人来负担并购成本要比自己出头划算得多，因此业内各方默默"搭便车"的动机会很强。

并购的底线

并购的战略底线有两点。第一，必须存在竞争优势以确保获得产生可持续收益的协同效应；第二，这些协同效应主要应是成本节约，并购若想产生额外价值，支付的溢价必须低于能确定且可实现的成本节约水平。当然也有一些特例，其中较高的管理水平能够在没有竞争优势的前提下提升合并后企业的经营业绩。但上文已讨论过，在管理者专注度有限的情形下，这种例子并不常见。最后，如果要严格地对企业并购成本的合理性进行判断，就必须将其收益与不并购的独立企业间的合作进行比较。如果企业间的谈判能够实现并购的大部分预期收益，那么合理的并购溢价就会很低。

当并购以股票而不是现金作为对价时，相应的计算也需要进行调整。在前面提及的 AOL 与时代华纳的并购案例当中，根据对潜在成本节约水平与股票溢价的比较，AOL 显然钱花多了。但 AOL 是用自己的股票进行支付的，后者无论以何种标准衡量都被高估了，用这种"贬值"的货币对时代华纳进行并购使得这一交易对于 AOL 的股东而言有利可图，尽管这一点需要一段时间才能看清楚。虽然在并购中卖方通常要比买方更占便宜，但是如果并购方以自己的股票作为对价，那么并购标的也要多加小心，因为并购方比其他人都清楚自己股票的未来价值。

如果分析某个并购交易发现并购方采用现金支付便无任何商业价值而言，那么最终能够以股票作为对价完成交易的唯一理由就是并购方的股票被市场高估了。采用股票或现金进行支付不会对并购背后的企业基本面因素产生任何影响。如果并购方认为自己的股价低于真实价值，那么它绝不会采用股票作为对价。从历史上看，股票市场对于那些以股票作为对价的并购交易要比现金并购的反应更为强烈，并购方的股价在交易宣布时跌得更狠。

风险投资

战略性思考扮演重要角色的第二个企业发展方式是风险投资。与并购一样，风险投资也是战略性的：资源投入巨大，具有长期性的结果，且决定企业经营的总体方向。根据本书提出的战略视角，风险投资的结果高度依赖投资领域其他潜在新进入者的行动。就算新兴行业有巨大的发展前景，若没有进入壁垒，它仍会变成一个投资黑洞。光盘数据存储业的发展史就是一个典型的例子，不断涌入的狂热投资者使得极具潜力的市场趋于饱和，最终几乎所有人都以亏损告终。

根据传统观点，风险投资的成功取决于两个因素：商业计划的质量，以及投资团队自身的能力。⊖实际上，第二个因素更值得被重视。就其本质而言，风险投资发生在新兴或尚未充分发展的市场中，此时并不存在根基稳固的具有统治力的在位企业。风险投资希望被投企业在商业计划的执行过程中，能够开发出专有技术，但在投资开始时不可能有任何企业掌握这种技术。被投企业获得被锁定的客户也可能是风险投资的目标之一，不过在最初的新兴市场中，客户尚无任何倾向。最后是"迅速做大"魔咒，虽然新企业有希望迅速增长并获得规模经济效益，但是在开始时没有任何一方能相对竞争对手拥有该种优势。因此，尽管某份完善的商业计划会着眼于最终创造竞争优势，但是这种前景本身并不是竞争优势：真正利润优厚的机会将吸引其他拥有类似目标与计划的风险投资者；换句话说，潜在收益越丰厚，获得这一收益的概率也就越低。毕竟聪明的风险投资团队比比皆是，而且在商业计划这个层面也不存在进入壁垒。

商业计划的质量也不是完全无所谓的：糟糕的商业计划常会导致糟糕的结果，但那些着眼于巨大市场空间或潜在竞争优势等的一般性商业计划也不大可能提供真正有吸引力的机会。

成功的商业计划涉及最终回报与获得回报的概率之间的精准权衡，达到这个要求不仅需要对行业有透彻的理解，还得拥有丰富的行业人脉网。这些都是风险投资人必备的特质。事实上，无论是独立的风险投资机构还是企业的业务发展部门，风险投资给一个投资项目带来的主要资源就是前述这两点。虽然好的商业计划没有普遍适用的特征，⊖但是所有好的商业计

⊖　风险投资的成功还取决于投资人与企业家之间的利益分配条款，此处忽略这一因素，因为我们的注意力集中在获得资助的商业计划的成功上，而不是投资收益的分配及其对于管理者的激励效应，后者更像是战术（而非战略）。

⊖　eBay 的商业计划似乎是个例外，它清楚地预见到了强大的规模经济效益及其为企业创造的价值，但这种规模经济效益的取得是由于该领域缺乏竞争者。这与 eBay 开创性的理念有关，这种独特的洞察力极为罕见，因而不能作为风险投资参照的正常基本情况。

划都是局部性的。

经验丰富的风险投资人要能够对被投企业管理层的质量做出评估，同时还应该有广泛的人际关系：拥有经验丰富专业人士的人脉，能够用来招募人才以填补初始创业团队的空缺；能够触达被投企业的潜在客户，以帮助被投企业完善推出的产品；能够对接为被投企业的产品经销提供特定渠道或其他要素的企业。此外，风险投资人还要有修改和完善商业计划的能力，帮助被投企业把资源集中在成功概率最高的细分领域。康柏的创立者在最初与本·罗森接洽时提出的计划是开发与销售磁盘存储设备，罗森喜欢其团队但并不看好其计划，因此指引他们转向了新兴的个人计算机行业，最终助其成了 IBM 在高端市场的有力竞争对手。

风险投资人最终靠自己的认知赚钱，创造与维持良好的信息收集网络，将技术、市场、人才和其他必不可少的资源融合到一起，建立一个运作顺畅的创业型组织。与其他不存在进入壁垒的行业一样，风险投资的成功最终取决于经营效率，即其在多大程度上专注于精通的能力圈之内。总之在这个领域里，人比商业计划重要得多。

范围经济与拓展当前业务

与独立项目相比，从当前业务延伸出的风险投资项目在两个方面有所不同。第一，与独立项目相比，当前业务的拓展业务更可能拥有一个成熟的市场：进入成熟的市场要比进入新兴市场更为困难，在已经开始运作的市场当中存在进入壁垒的可能性更大。如果市场中有在位企业拥有竞争优势，那么对于新进入者显然是不利的，后者能够期望的最好结果也就是平等竞争的机会。因此，尽管拓展当前业务看起来比白手起家更容易且更具确定性，但市场的情况恰恰相反。

拓展当前业务与独立项目之间的第二个差别在于品牌形象、分销体系、研发计划、管理支持体系等诸多当前业务要素是可以被用于协助新业务拓展的，也就是所谓的范围经济。它使新的拓展项目具有仅在目标市场中经营的竞争者不具备的优势，⊖此时显然新的拓展项目更有利可图。不过如果

⊖　范围经济指的是将现有营销和分销体系拓展到新产品后带来的潜在效率提升。

进一步考察，我们就会发现可持续的获利能力取决于企业在原来的市场上是否具有竞争优势。

如果不存在进入壁垒，那么企业通过业务扩张获得的利润就会引来效仿的竞争对手。也就是说，大家都可以同时在原有市场和相邻市场中经营，也都享有与第一个吃螃蟹的人一样的成本优势。此时扩张战略完全成了经营效率的问题，与其他没有进入壁垒的情形一样，最初那家企业由于进入新市场获得的超额利润将完全消失。因此，风险投资的成功是取决于竞争优势的：如果拥有竞争优势，那么进入相关市场就是个好主意；如果没有竞争优势，那么风险投资的成功依赖于经营效率和相关人员的业务能力。只有在原来市场拥有可持续竞争优势的条件下，范围经济才能够为新的拓展项目增色，否则就是拼经营效率。

品牌拓展

想要拓展当前业务，较为明显的投资机会之一，是利用已确立的品牌将产品推向新市场。这种战略的基本原则与大部分风险投资类似，收益很可能取决于经营效率。

这里最重要的是理解品牌的价值来源：品牌本身并非竞争优势，虽然与品牌相关的一些消费者行为会形成竞争优势。如前所述，奔驰没能从它的一流品牌形象中获得超额利润，而超额利润才是竞争优势的重要标志。品牌是一种资产，与其他资产一样会产生相应的收益，但最初创立品牌及后续维持品牌形象需要持续的支出。从这个角度看，品牌与不动产、厂房和设备等固定资产一样，最初需要投资自建或外购，之后每年都需要折旧。与此同时，就像专用设备一样，品牌最好与它为之创立的产品相匹配：品牌创造的价值等于其收益和创立与维护成本之间的差额，收益通常来自相应产品更高的利润空间。在没有竞争优势的市场中，品牌之间的竞争将会消除任何超出品牌创立与维护成本的收益。可见，品牌投资与竞争性市场中的任何投资都一样，恰好弥补资本成本，不会提供任何净经济价值。

如果品牌不是无形的，那么上述道理就会更直观，但品牌的无形特征招致许多错误观点。多数品牌的产品都没能在市场中存活下来，在计算创立品牌的成本时，也应该将这些失败的例子考虑进来。创立高利润品牌的预期成本要考虑成功（和失败）的概率，因此实际开支应数倍于已建立的成功品牌的实际投资额。品牌的净收益应该理解为这种预期成本基础上的回报，因为没有哪种新品牌肯定能够获得成功。举例来说，如果新品牌成功的概率是 1/4，那么真实的回报率就应该等于未来净收益的现值除以 4 倍的实际投资额。

由于失败的品牌投资经常被人们忽视，很自然地导致了人们对于总体品牌投资收益率与少数成功品牌的投资收益率之间的混淆。这是一个严重的错误，它极大地高估了品牌的投资收益率，并且导致了人们产生品牌能够产生竞争优势这一错误观念。当然可口可乐、万宝路、吉列、英特尔等著名品牌确实在企业构筑竞争优势方面有所贡献，但更多为人们熟知的标志性的品牌都没有为其所有者带来任何超额回报，如库尔斯、旅行者、联邦快递、AT&T、施乐、本田、脆谷乐和麦当劳等。

品牌只有在为企业带来客户锁定的前提下才会产生竞争优势，如果与生产中的规模经济效益相结合，就会产生更为强大的竞争优势。我们需要将品牌价值与经济价值区分开，前者是客户愿意为特定品牌的产品支付的溢价，后者是品牌帮助创造的超额回报率。可口可乐是世界上最具价值的品牌之一，并非由于它能够帮助产品获得可观的溢价，毕竟没有人会愿意花费数千美元来显示自己是可口可乐的忠实粉丝，这种钱一般都花在奔驰汽车或阿玛尼服装上。尊尼获加和芝华士等苏格兰威士忌品牌有着比可口可乐品牌更高的价值，但其经济价值却低得多。

可口可乐品牌的高价值源自两个因素。第一，可乐饮用者在很大程度上有固定的消费习惯。如前所述，啤酒消费者的品牌忠诚度大大低于可乐饮用者。在外就餐时，人们常会根据所点的菜肴类型选择不同国家的啤酒品牌，而可乐饮用者会在可能的情况下坚持选择可口可乐或百事可乐。两大可乐品牌的市场份额较为稳定，这也是客户锁定程度高的标志。

流行性商品的品牌与可口可乐品牌形成了鲜明对比。尽管流行性商品的品牌因素非常关键，但是这些品牌是消费者喜新厌旧习惯的受害者。流行性商品的消费者本质上就是新鲜事物的追求者，品牌本身不会带来消费习惯或客户锁定。食品行业的消费习惯或客户锁定程度与消费频率相关：天天要买的食品的市场份额稳定性高于快餐连锁，后者的市场份额稳定性又高于全服务正餐餐厅。品牌在各类食品细分领域都很重要，但只有在重复消费建立起稳固的消费习惯并培育出一定程度的客户锁定之后，品牌才会创造竞争优势。拓展品牌至新市场的风险投资战略需要考虑到这些特征。

可口可乐品牌拥有巨大经济价值的第二个原因在于分销及广告方面的规模经济效益优势，其中广告的优势略低一些。这两项业务的固定成本比例都较高，意味着新进入者想要生存就必须获得较大的市场份额，但客户忠诚度等因素使得这几乎不可能实现。由于可口可乐的品牌优势使得它的产品售价大大高于成本，企业只要处理好与百事可乐之间的关系，就无须担心被那些试图靠低价取胜的新进入者抢走市场份额。

与此同时，创立新品牌的投资多由目标市场的规模决定，并不会随市场份额的上升而变化。分销体系的规模经济效益是保护可口可乐市场份额的有力武器，也在品牌创造中发挥着重要作用。可口可乐可以将创立新品牌的成本（广告、产品开发、渠道推广等费用）分摊到比竞争对手大得多的消费者群体上，当然百事可乐不在此竞争对手之列。由于这种规模经济效益，可口可乐在创立和维护新品牌方面享有比较优势：与那些位于无进入壁垒的市场中的企业相比，可口可乐和其他拥有经济特许权的企业更容易通过品牌扩展获利。不过由于面对着一个强力竞争对手，可口可乐仍需要考虑百事可乐的反应。

相反地，当微软考虑通过在 Windows 操作系统中添加新应用软件来进行品牌扩展时，其预期收入不会受到其他企业竞争性反应的影响。由于固定成本在微软的专有产品中占据了统治性地位，只要其竞争优势难以触动，新增收入带来的边际利润空间就非常高。成功推出新产品实际上会增强 Windows 操作系统的竞争优势，它提高了客户转向其他操作系统的转换成本，并且填补了产品组合中的空白，从而封堵了潜在新进入者进入这一市场的可能路径。网景的互联网浏览器曾一度对 Windows 系列软件构成威胁，直到微软免费在操作系统中包含 IE 浏览器才得以缓解。对竞争优势的

有效发掘与保护通常会衍生出积极的品牌扩展战略。[⊖]

　　但即使企业享有竞争优势，如果将品牌扩展到现有产品之外的市场里，获利能力通常也较低。新市场的竞争性会同时降低收入与利润率，即便存在超额回报，也只会等于利用现有品牌形象降低的进入成本，超出该水平的超额回报都会被那些愿意承担进入成本的竞争对手消除。如果这一市场同时也被其他试图进行品牌扩展的企业看中，那么任何超额收益都会被消耗掉。同时，品牌扩展的收益还可能被品牌形象由此受到的损害或原有市场中需求的缩减抵消。那些对于品牌扩展预期过于乐观的商业计划很可能忽视了未来新进入者入场竞争的影响。

　　总之，将现有品牌扩展到其他市场，尤其是没有进入壁垒的竞争性市场，品牌价值完全取决于因为无须新建品牌带来的成本节约。这种成本节约是成功进入新市场的必备要素。例如，微软开发 Xbox 产品进入电子游戏市场所需的成本和精力投入，远高于它将 Windows 操作系统从桌面计算机拓展到服务器和 PDA 领域所需的成本和精力。

＊＊＊

　　在并购、风险投资和品牌扩展三个企业发展方式当中，理解其他经济主体行为的战略性影响对于成熟的决策极为必要。财务细节或营销分析对于商业计划的实施是重要的，但如果忽视对整体竞争环境的把握，就会只见树木不见森林。在缺乏竞争优势和进入壁垒的情况下，新业务的开拓只有一个核心战略要务——高效运用所有所需资源。

⊖　从合作视角来看，微软这类企业还是让其他企业开发基于 Windows 操作系统的应用软件更好，因为可以节省重复开发和推广的费用，但相应的风险是微软的合作伙伴最终可能会背叛，且这种风险造成的损失远大于上述收益。

平等竞技场

在竞争性环境中兴旺发达

管理水平举足轻重

商业战略中的一个共识是，企业应该只在自己拥有某种竞争优势的市场中经营。我们对此不太同意，尽管本书用了大量篇幅强调在位企业竞争优势的重要性及识别、了解和利用竞争优势的必要性，但拥有可持续竞争优势的企业只是特例而非常态。大多数市场中的大多数企业都没有竞争优势，当这种竞争优势并非天然存在时，想创造是很难的。有的企业具备在某些市场中享有竞争优势的潜质。如果企业能做到明智地选择细分市场，勤勉工作以获得客户锁定，并且合理规划经营以取得规模经济效益，就有可能胜出，成为市场中的主导企业，并且受到进入壁垒的保护。

但是上述成功模式在现实当中并不常见：无论商业计划多么周密，执行多么完善，也很少有企业能培育出自己的竞争优势。大多数企业都没有进入壁垒保护，相反却面对着一批又一批的竞争对手。处于这种地位（见图 18-1 ⑤）的企业只有一个战略要务——毫不松懈地争取在所有经营环节实现最高效率。

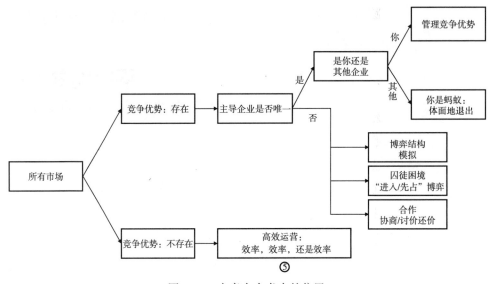

图 18-1　本章在全书中的位置

追求效率意味着控制各类费用：原材料、劳动力、厂房与设备器械甚至差旅娱乐，还要求在花费的资金上获得有产出性的回报：每小时劳动的产出是衡量生产率的标准，也同样适用于市场营销、研发、技术等资本开支，以及人力资源、财务管理和所有现代商业要素。因管理水平高在效率和生产率方面获得的回报，完全可以与由结构性竞争优势获得的收益相比，管理完善的企业不需要拥有结构性竞争优势就能在业绩上长期超过同行。与经济学的假设不同，企业在技术或市场机会的发掘能力上并非无差异，因此管理水平的差异必须要被纳入综合性战略分析的考虑之中。

生产力边界

高水平的生产力是现代人消费和工作等生活方式能够维持当下水准的关键，不妨比较一下两种工作状态的差别：一辈子挖煤与从事教育、护理等职业。可以说，正是生产力的提高使得我们的生活质量得以改善。回顾历史会使得这一结论更为有力：与 4 个世纪前相比，现代社会中的普通人都要比 1600 年的精英阶层寿命更长、身体更健康且物质生活更为富足。

传统研究将生产力的提高归因于资本投入、劳动力教育水平提高及技术进步带来的潜在产出增长，相应的政策措施则集中在削减政府债务以降低利率并刺激私人投资、加大教育投入以提高劳动者的生产力、鼓励或由政府直接资助研发行为上。

但人们常常忽略另一个视角：大多数企业都在生产力边界之内经营。这里的生产力边界指的是在给定资本投入、劳动力质量和技术水平的前提下，能够达到的最高生产力水平。生产力提高主要通过更有效地利用现有资源以缩小现实和生产力边界间的差距，而不是扩张生产力边界本身。因此，经济发展最关键的因素是好的管理者，尤其是那些注重高效运营的管理者。从这个角度来看，就企业的相对业绩而言，生产效率至少和生产力边界等结构性的经济条件一样重要。⊖现有证据完全支持这种观点。

以下几方面可以证明管理水平对提高生产力是有用的：

- 有些企业表现更好。
- 企业业绩可能在短期内发生变化。
- 制造业生产力的转变提升。
- 案例佐证。

有些企业表现更好

在企业层面，各行各业的企业在效率上都存在持续性的较大差异。表 18-1 给出了 3 家保险企业 1988～1991 年的成本水平。公认的行业龙头西北互助人寿保险和较为落后的康涅狄格互助人寿保险之间存在巨大差距。即便是位于行业平均水平的凤凰互助人寿保险，成本水平也达到了西北互助人寿保险的 2～3 倍，而且差异持续存在。2002 年，西北互助人寿保险的成本水平仍然低于凤凰互助人寿保险成本水平的一半。⊜

⊖ 不错的管理水平和高水平的生产效率并不总能带来高利润率，在市场中决定利润率的不是绝对生产效率，而是相对生产效率。如果一个行业内所有企业的生产效率都非常高且程度相当，那么它们之间的竞争将会使得大家的利润率都处在正常水平。

⊜ 康涅狄格互助人寿保险在此期间被兼并了，这或许也是其低效率的必然结果。

表 18-1　三家保险企业的成本水平（综合费用占保费的比重）

年份	康涅狄格互助人寿保险（%）	凤凰互助人寿保险（%）	西北互助人寿保险（%）
1988	20.9	16.7	6.8
1989	19.8	15.7	6.9
1990	20.2	14.9	7.4
1991	20.9	15.6	6.3

　　在解除管制后的长途电话市场中，企业间的效率差异同样巨大。长途电话的成本在很大程度上是固定的：全国性运营商必须拥有软件和控制力相似的全国性网络；新增流量带来的新增成本几乎可以忽略不计；收费和客户服务基本是自动化的，成本基本上也是固定的；全国性运营商之间的广告和营销成本差别不大。尽管软硬件方面的要求大体相似，但是 1990 年初 AT&T 的长途电话业务雇用了约 12 万名雇员，MCI 的相同业务只雇用了不足 5 万人，斯普林特的雇员数甚至还要更少。

　　类似的巨大效率差异也出现在许多其他行业乃至银行卡发卡这种特定业务中：行业龙头的成本是一般企业的 1/3～1/2。[⊖]这些差异也同样不是暂时性的：就像西北互助人寿保险的超强表现一样，差异常常会持续多年。此外，这些差异也不能归因于专有技术：差异在简单的低资本密集度、低技术性业务和复杂的高资本密集度、高技术性业务中都普遍存在。

　　一个典型的例子是贝尔系的电话公司，其中各家企业的效率差异长期以来高达 40%，无论以每条接入线路成本，还是类似每接入线路客户服务成本这样更加精确的指标来衡量都是如此（见表 18-2）。这些过去的姐妹企业使用的是相同的基本设备和支持系统，并雇用全国统一合同的劳动力。这些企业中有一些提高了生产效率，另一些则逐渐落后。在各国之间，也同样存在着企业之间那种无法由技术（这是全球各国都可获得的）、资本投入或劳动力质量来加以解释的生产效率差异，唯一可能的解释就是管理者的水平与责任心的差异。

　　[⊖]　对 6000 家工厂生产力的综合比较研究证实了这一观点，作者引用的其他一系列学术研究及斯隆基金会的行业研究也得出了相同的结论。参见 Baily、Hulten 和 Campbell 发表在《布鲁金斯论文集：微观经济学》（*Brookings Papers: Microeconomics*）上的论文《制造业工厂的生产力动态》（*Productivity Dynamics in Manufacturing Plants*）。

表 18-2 贝尔系电话公司的效率差异

	每条接入线路成本			每接入线路客户服务成本		
	1988 年（美元）	1991 年（美元）	变动	1988 年（美元）	1991 年（美元）	变动
新英格兰电话公司	482	436	−9.5%	41.7	46.1	10.6%
纽约电话公司	531	564	6.2%	47.6	49.3	3.6%
中南部贝尔公司	482	430	−10.8%	38.1	40.4	6.0%
美国西部电话公司	489	401	−18.0%	38.8	32.4	−16.5%
伊利诺伊贝尔公司	384	384	0.0%	36.0	39.7	10.3%
宾夕法尼亚贝尔公司	368	388	5.4%	29.6	36.2	22.3%

企业业绩可能在短期内发生变化

管理水平很重要的第二个证据是企业业绩的变化模式是高度偶然的。在企业层面，成本在某些年份会有高达 20% 的降幅，业绩提升也同样迅速，这背后的驱动因素往往是竞争压力。康柏在 1991 年危机后的 3 年里使每个员工的平均销售收入翻了 3 倍，其他时候业绩不变甚至恶化。企业和行业不断地在两个极端之间来回振荡，从业绩的显著提高到持平再到下降，而技术水平和资本投入却并没有什么变化。

相反地，潜在生产力水平的变动较为缓慢和有规律，而且几乎肯定只有向上的唯一方向。企业只能逐渐调整其劳动力，而劳动力来源的变化更为缓慢。即使是某个年度的高增量投资对于企业的总体资本存量的影响也相当有限。此外，大多数技术在企业和行业间的扩散也是缓慢且稳定的。

企业业绩变化的速度较快，而技术水平、资本投入、劳动力质量等潜在生产力水平决定因素的变化速度较慢。这两者变化速度之间的反差表明管理层对企业实施积极或消极的管理措施，在很大程度上会影响企业业绩的改善与恶化。

制造业生产力的转变提升

美国制造业在 1980～1985 年的生产力变化也是企业管理水平重要的有力佐证。从"二战"结束到 1970 年，美国的制造业生产力以每年约 3% 的速度增长，但1970～1980年年增速跌到了0.7%，这一数字远低于大多数发达工业国家。日本、德国和意大利的增长速度都超过了美国，加拿大和英国的情况也好一些。

于是，20世纪70年代末和80年代初成为美国的"逆工业化"时期，彼时许多人认为那之后所有的美国劳动者都得在被日本投资者收购的建筑物里为日本旅游者提供餐饮服务。然而，事实发生了逆转：1986～1991年，美国制造业生产力的增长开始加速，以2%的速度增长，无论是其绝对增速还是相对于大部分其他工业国家的增速都算较快的。20世纪90年代末，美国的高生产力增速已助其成为无可匹敌的超级经济大国。

1970～1980年和1985～1991年，主要工业国家相较于美国制造业的生产力增速如表18-3所示。

表18-3 主要工业国家相较于美国制造业的生产力增速

（1970～1980年和1985～1991年）

	1970～1980年	1985～1991年
日本	高5.2个百分点	高2.3个百分点
德国	高2.0个百分点	低1.1个百分点
加拿大	高0.2个百分点	低2.6个百分点
意大利	高2.4个百分点	水平相当
英国	高0.2个百分点	高1.1个百分点

这种大逆转无法用生产力增长的传统经济因素来解释。美国的政府预算赤字和实际利率（扣除通货膨胀率之后的利率）在20世纪80年代末要远远高于70年代末；劳动力队伍也没有得到人数更多或质量更优的劳动力补充，20世纪70年代开始学校的教育质量即使有所提高也没那么大的影响，且同期美国的研发支出相较于其他工业国家还下降了。

真正大幅改善的原因是美国企业经理人的态度、培训与关注点。1980年之前，美国的管理学教育主要集中在财务与市场营销而不是运营管理上。但从20世纪70年代后期开始，由于国际竞争压力，美国管理学教育的重点开始改变：对标分析法、流程再造、品管圈、全面质量管理、适时生产体系和六西格玛等管理工具和目标帮助管理者将关注点重新集中到了高效运营上。

经过了再不改革就会死的危险期后，美国制造业生产力提升的势头良好并被保持了下来。生产力的加快增长既不是由于资本投入增加和劳动力质量提高，也不是由于研发支出猛增，真正的原因是人们对于企业管理中业务高效运营的重新重视。

案例佐证

关于管理水平重要性的第四个也是最后一个证据，来自出处不同但结论相似的案例研究：企业、工厂之间生产力差异极大，持续时间极长，原因主要是管理水平的差别。下面的三个例子描述了这些研究的总体结论。

□ 案例 1：康涅狄格互助人寿保险

1990 年圣诞节前，一位刚跳槽到康涅狄格互助人寿保险的经理召集成立了一个特别小组，目标是在今后两年时间内将业务支持部门的生产力提高 35%。她过去也曾像这样定下一个目标后成功地将其实现，这次她试图在康涅狄格互助人寿保险运用相同的策略。在该计划开始实施之时，涉及的企业部门共有 500 名员工，最终目标是从中削减相当于约 175 名全职员工的相应职员数量。第一年的裁员目标是 25%，实际完成了 20%。尽管员工数量减少了，但是以各种标准衡量的服务质量都得到了提高，有效产出也增加了。第二年的裁员目标是剩余员工数量的 15%，实际完成了 6%（见表 18-4）。

表 18-4　康涅狄格互助人寿保险的员工数量变化（折算为全职员工数量）

年份	计划变动（名）	实际变动（名）	占部门员工数量的比重
1991	−125	−100	−20%
1992	−61	−28	−6%
1993	3	0	0%

不过第二年的裁员都是在上半年完成的。年中，企业总裁宣布自己将在 18 个月后退休，负责裁员计划的经理和合作部门的负责人都将注意力转向了总裁的继任问题上。企业在第二年的剩余时间和整个第三年里，生产

力改善计划都陷于停顿。显然，生产力提高的关键因素是管理者的注意力，当他们将注意力转向其他地方的时候，生产力的改善也就停止了。

除了管理者的注意力之外，企业业绩提高的其他驱动因素作用很有限。劳动力质量并未提高，也没有受过良好培训的新员工加入。企业所用的技术已经非常成熟，基本是 5～7 年前开发的，急于应用最新技术通常会遇到问题。有形或无形的资本投入非常关键，正如表 18-5 所示，这些投资的回报率都很高。这些都是业绩改进的结果。⊖当这一计划涉及的管理者齐心协力时，回报率为 50%～100% 甚至更高；而当注意力不那么集中时，回报率要低一些。最重要的要素还是管理水平。

表 18-5　康涅狄格互助人寿保险的开支与节余

（单位：百万美元）

年份	资本投入	增量开支	年度节余	净现金流
1991	3.6	2.2	1.7	−4.1
1992	0.7	0.5	3.7	2.5
1993	0.8	0.5	4.5	3.2

□ 案例 2：银行信用卡业务

在第二个例子中，分散管理者注意力的不是企业高管继任的问题，而是更为根本的问题。某家被公认为行业内效率顶尖的银行，发现自己信用卡业务的管理费用 1992～1994 年急剧上升（见表 18-6）。由于美国 1990～1991 年的经济衰退，1991 年时信用卡贷款损失增加了。起初这种熟悉的周期性现象并没有引起人们的警觉，但是这种损失水平在衰退结束之后一直延续到了 1993 年，于是人们开始转移注意力来解决这一问题。随着管理者将注意力转移到贷款损失问题上，运营效率开始下降。贷款损失是一个更重大的财务问题，因此优先解决它是没错的，但数据告诉我们，要在应付其他危机的时候继续保持高运营效率有多么困难。

⊖　80% 的内部收益率基于以下假设：无需额外资本投入；由于生产力的提高全年都有效，在 1994 年及之后的年份，年度节余金额将上升到 480 万美元；这一改善将延续至少 10 年。

表 18-6　信用卡业务：效率与贷款损失（1990 年的基准设定为 100）

年份	管理费用	净贷款损失
1990	100	100
1991	106	150
1992	103	156
1993	123	127
1994	131	101

□ **案例 3：罢工之后**

在 1989 年的一次为期两周的罢工中，一家贝尔系电话公司的 7.4 万名员工中有 5.2 万人离开了工作岗位，只剩下 2.2 万名管理人员和非工会职员维持电话公司的运转。在罢工的第一周，管理人员中除了 1000 人之外全部下到基层扛起罢工者留下的工作。到第二周结束时，边干边学使得这些人的工作效率大幅提高，因而有一半管理人员回到了其日常工作岗位，只留下 1.1 万人承担之前罢工者的职责，并且原来的那些管理工作也没落下。唯一未能完成的原有日常工作是将新住户接入电话网和兴建新的外部设施（线路、电话线杆和接线盒）。对这些任务的分析显示，要完成它们需要再增加约 4000 名工人。这次危机表明，企业只需要 2.6 万名员工就足以完成之前的所有工作，这个数字大约是过去员工规模的 1/3。人们的努力使得生产力在没有任何新资本和新技术投入的前提下翻了 3 倍，不过这是在管理人员注意力高度集中的情况下实现的。

总结上述案例，企业层面的生产力提高计划能够为投入的资本带来丰厚的回报，高达 5%～10% 的资本成本变动也不会影响其效果，而与之相关的劳动力方面的变化几乎可以忽略不计。在多数案例里，计划实施前后截然不同的业绩水平背后都是同一批员工产出的。

不过，企业的员工却可能减少。采用的技术还是已经成熟的"老"技术而非前沿技术。研究显示，采用未经检验的新技术常常适得其反，招致诸多问题。对许多企业而言，真正的"杀手级"软件是高度一体化的企业资源规划软件，有些企业正是由于未能有效应用它而被踢出局。业绩提升的关键因素是管理层注意力的持续聚焦。

管理层与企业业绩

注意力聚焦的重要性在其他卓越的企业中也得到了广泛研究。吉姆·柯林斯的现代管理经典著作《从优秀到卓越》就讲述了多家业绩一般的企业转变为业绩卓越企业的过程，几乎所有的转变都源自简单清晰的战略关注点：金佰利卖掉工厂将重心聚焦于纸制品销售；沃尔格林和克罗格专注于定义明确的区域市场里简单、基本的零售业务；富国银行将基础业务集中在西海岸地区；诺可将业务集中于特定钢材的产销；雅培聚焦于特定种类的药品；吉列专注于剃须技术与产品；菲利普－莫里斯始终以烟草为核心业务；电路城一直做家电零售（但没有试图圈定自己的统治地盘，这对其不利）；房利美聚焦抵押房贷业务；哪怕是将业务拓展到邮政机械以外的必能宝，也比其竞争对手 Addressograph 和施乐的业务更聚焦。

以上企业中的几家之后的经历更加证明了管理层注意力聚焦的重要性，业绩滑坡的企业几乎都有着管理层注意力分散的问题：吉列多样化进入电池领域；电路城试图在全国范围内开展复杂产品业务；沃尔格林将区域市场推向全国范围；菲利普－莫里斯将触角伸向食品和软饮料，还深陷烟草诉讼的泥潭。

业绩卓越的企业通常都将业务范围集中在特定行业甚至更小的细分市场。典型的例外是通用电气。⊖不过纵观其发展史，它也不是完全例外。在1981 年杰克·韦尔奇出任首席执行官之前，其前任放弃了通用电气原本在所有市场中保持数一数二地位的战略原则，进入了自然资源等陌生领域。在韦尔奇上任时，通用电气此前 15 年的净资产收益率为 17%～18%，且如果 20 世纪 70 年代没有进入自然资源领域的话，业绩可能会更好。

在杰克·韦尔奇掌权的 22 年中，通用电气净资产收益率上升至约

⊖ 伯克希尔－哈撒韦也是一个著名的例外，但其情况特殊且难以复制。它不是一家直接运营业务的企业（而是一家多元化控股公司），但首席执行官沃伦·巴菲特收购的企业都践行聚焦核心、控制成本，并严格管控现金流的原则。

24%，总利润规模也在加速增长，并在 2000 年成为全球最有价值的企业之一。尽管杰克·韦尔奇确实叫停了自然资源的相关业务，但是这个成绩依然不是靠简单地精简运营就能取得的，而是主要归功于通用电气金融服务公司。通过该公司，通用电气成功进军金融服务行业里的诸多领域，并获得了丰厚的利润。此外，通用电气还买下了国家广播公司，同时建立了一家独立的医疗产品集团。在杰克·韦尔奇治下，通用电气的经营领域由原来的 6 个（包括一个单独的国际部门）变为 11 个。

杰克·韦尔奇回归了企业原来的战略原则：在所处领域必须数一数二，否则就退出该市场。与此同时，在权力下放后企业各部门专注于降本增效。在其生涯早期，杰克·韦尔奇曾因裁员和削减成本作风强硬而获得中子杰克的称号（中子弹是一种伤人属性强但又不破坏物理设施的核武器）。通用电气虽然涉足了大量互不相关的领域，但是其战略原则清晰易行，这使得各级管理人员能够专注于效率，从而使企业获得出色的业绩。

从这个案例中可以得出一个提高生产力水平和经营业绩的经验：有效的战略规划并非高回报率的唯一来源。当然，战略是很重要的，不切实际的战略必然会带来糟糕的业绩。巴菲特曾注意到，优秀的管理层进入糟糕的行业也会被拖下水，忽视竞争优势与竞争性互动的糟糕战略是企业走向失败的主要原因。

但战略并非全部，执着战略规划而忽视经营效率同样很危险。无数证据表明，战略地位相同的企业也会存在业绩差异，且业绩可以在大环境没什么改善的情况下得到提升。这些都说明了管理水平的重要性。

战略规划应包含三个基本目标。第一，确定企业所处的竞争环境，了解竞争优势与进入壁垒方面的情况。如果企业享有竞争优势，那么第二个目标就是有效地判断和管理与其他对自己业绩有影响的企业之间的竞争性互动。第三个目标对有无竞争优势的企业都适用，即确定清晰、简单和精确的企业愿景，以便管理层能够聚精会神，专注于实现企业的愿景。本书倡导的战略分析方法就是为了帮助管理层实现上述三个目标。

资源或投资的回报率的衡量方法

在评估一家企业的业绩表现时，仅仅关注销售收入对应的收益（无论是营业利润还是净利润）是不够的。当仅观察单个企业的业绩或者比较同一行业内的企业时，这些指标具有一定的启发性。但由于不同行业创造每美元收入所需的资产或资源存在差异，且各企业的融资方式也有所不同，跨行业比较利润率容易造成谬误。因此，我们还需要采用一些其他方法来对不同行业的企业进行更合理的比较，同时更好地验证进入壁垒是否存在。

第一种方法是使用资产收益率，即净利润除以总资产。第二种方法是使用净资产收益率，即净利润除以资产负债表上股本的账面价值。这个指标衡量的是企业的所有者每投资 1 美元能获得多少美元的回报。第三种方法是使用投入资本回报率，这是我们在所需数据都可以得到的情况下优先采用的方法。这个指标同时呈现了股东及债权人的回报。一家盈利的企业可以在没有任何实际经营优化的情况下，通过加杠杆的方式（增加债务，降低股权融资的比重）来提高净资产收益率。更多的债务通常意味着更多的风险，但净资产收益率本身并不能反映债务情况，投入资本回报率通过将债务和股权共同视作投入资本完美地解决了这个问题。

用于计算分子（利润）和分母（投入资本）的方法很多。对于分子，我们倾向于采用经调整的营业利润，与计算营业利润率的做法相同，原因是经调整的营业利润剔除了税务筹划、利率及非经常性损益项目的影响。对于分母，我们用总资产减去无息流动负债来计算，后者包括应付账款、应计费用、应交税金和一些杂项。这些项目反映的是一家企业纯粹因为经营生意得到的不用支付利息的资金来源。此外，我们还应减去富余现金（在此定义为现金里超过收入规模1%的那部分现金），因为富余现金并非经营业务必需的，可用于偿还债务或回购股本。上述计算最终得到的分母是债务和股权融资支持、企业运营必需的资产总额。对于投入资本的计算还有其他更加复杂精妙的方法，但以上方法更易于实操计算，且在一般情况下已经够用了。

总资产－无息流动负债－富余现金（超过收入规模1%的那部分现金）＝投入资本

作者简介

布鲁斯·格林沃尔德

美国著名经济学家、哥伦比亚大学商学院罗伯特·海尔布伦终身金融与资产管理讲席教授（荣誉退休），兼任海尔布伦格雷厄姆与多德投资学中心（The Heilbrunn Center for Graham & Dodd Investing）学术主任，并在多家业内投资机构任职。格林沃尔德教授被《纽约时报》称赞为"华尔街大师的宗师"，是价值投资学术与实务领域的权威，在生产力和信息经济学方面也颇有建树。

格林沃尔德教授基于格雷厄姆价值投资课程及哥伦比亚大学商学院在投资领域的传统与积淀，创立了工商管理硕士价值投资项目（MBA Value Investing Program），为入选学生提供由顶级投资人授课的数十门投资课程、招聘求职机会、个人导师和业内社交活动等一系列丰富的教学与实践资源，培养了一代代成功的价值投资者。

因杰出的教学与实践，格林沃尔德教授获得多项褒奖，其中包括哥伦比亚大学商学院终身成就奖，格雷厄姆-多德、默里与格林沃尔德价值投资奖，以及哥伦比亚大学校长教学奖（该奖项旨在表彰哥伦比亚大学最优秀的教师）。格林沃尔德教授的课程广受欢迎，每年有超过 650 名学生选修他的课程，包括价值投资，战略行为经济学，全球化、市场与经济格局变化（与诺贝尔经济学奖获得者斯蒂格利茨教授共同授课）和传媒行业战略管理等。

格林沃尔德教授著作颇丰，包括《竞争优势：透视企业护城河》《价值投资》（第 1 版）、《价值投资》（第 2 版）、《全球化》《被诅咒的巨头》《劳动力市场的逆向选择》《增长的方法》和《关于货币经济学新模式》等，后两本与诺贝尔经济学奖获得者斯蒂格利茨教授合著。

格林沃尔德教授先后获得麻省理工学院电气工程学士、普林斯顿大学电气工程硕士与公共管理硕士及麻省理工学院经济学博士学位。在 1991 年加入哥伦比亚大学商学院之前，格林沃尔德教授于维思大学任教，在贝尔实验室担任经济学家，在哈佛大学商学院先后担任助理教授和副教授。

贾德·卡恩

戴维森-卡恩资本管理公司合伙人，拥有 20 多年的投资管理行业经验，曾在维思大学教授历史，与格林沃尔德教授成为同事和朋友，在之后几十年里做过咨询顾问、证券分析师和首席财务官。20 世纪 90 年代，卡恩先生进入投资管理行业，并与格林沃尔德教授合著了多本经典畅销书籍，包括《竞争优势：透视企业护城河》《价值投资》(第 1 版)、《价值投资》(第 2 版) 和《全球化》。卡恩先生拥有哈佛大学学士学位和加州大学伯克利分校历史学博士学位。

译 者 简 介

林安霁

CFA、CPA、ACCA Fellow，价值投资者，在国内外著名投资机构拥有丰富的实战经验。林先生毕业于北京大学光华管理学院，师从格林沃尔德教授，获得美国哥伦比亚大学商学院工商管理硕士学位，就读期间通过层层选拔入选前身为格雷厄姆价值投资课程的价值投资项目（MBA Value Investing Program），担任格林沃尔德教授的价值投资（Value Investing with Legends）和战略行为经济学（Economics of Strategic Behavior）课程助教，在第十届潘兴广场价值投资挑战赛中夺得冠军，并荣获院长提名的荣誉毕业生称号。林先生在研究与投资之余，翻译了多本专业著作，包括《竞争优势：透视企业护城河》《价值投资：从格雷厄姆到巴菲特》(第 2 版)《巴菲特的估值逻辑：20 个投资案例深入复盘》《格雷厄姆精选集：演说、文章及纽约金融学院讲义实录》《价值投资之道：世界顶级投资人的制胜秘籍》《新手学估值：股票投资五步分析法》和《换位决策：建立克服偏见的投资决策系统》。

樊帅

清泉石资本合伙人，于北京大学光华管理学院先后获得会计学学士、博士学位，曾协助开设北大光华价值投资课程并担任助教、辅导员，参与翻译价值投资经典著作《竞争优势：透视企业护城河》《价值投资：从格雷厄姆到巴菲特》(第 2 版)《格雷厄姆精选集：演说、文章及纽约金融学院讲义实录》，所著论文《价值投资：会计信息价值相关性累积效应检验》《基金经理利用基本面信息选股吗？——来自基金持仓方面的证据》发表于《会计研究》《投资研究》等期刊。